중국 주식회사 신주발행의 법적 규제

중국 주식회사 신주발행의 법적 규제

남옥매南玉梅

KOREA UNIVERSITY PRESS
고려대학교 출판문화원

추천사

중국 무한대학교 법과대학에서 상사법을 가르치는 남옥매 교수가 이번에 고려대학교 출판문화원에서 《중국 주식회사 신주발행의 법적 규제》를 출간하게 된 것을 진심으로 축하합니다.

필자는 중국 정법대학에 계신 오일환 교수님으로부터 2008년 상반기 남옥매 학생을 추천받아 2008년 8월 그녀를 처음으로 만나게 되었고, 그 후 그녀가 고려대학교 대학원(법학과) 석사과정 및 박사과정에 입학하여 공부하는 동안 그녀의 지도교수로서 학교 강의실 및 학교 내외에서 많은 시간을 같이 보냈습니다.

제가 2008년 8월 남옥매 학생을 처음 보았을 때, 그녀는 중국 정법대학을 졸업한 직후로서 매우 젊고 명랑하며 총명하고 열정이 충만하다는 인상을 받았습니다. 또한 그녀가 앞으로 변호사보다는 학문의 길을 가겠다고 하여 학문에 대한 열정이 남 다름을 매우 기쁘게 생각하였습니다. 남옥매 학생은 대학원에서 매우 열심히 강의도 듣고 또한 좋은 발표도 하였으며, 이 외에도 본인이 자청하여 저의 학부 및 법학전문대학원 강의도 열심히 수강하였습니다. 그녀는 학교생활에 매우 성실하였을 뿐만 아니라 대인관계도 매우 좋아 한국어가 부족한 중국 학생들을 많이 도와주었고, 학회 등에서 한국어와 중국어 간의 통역과 번역도 많이 하였습니다. 저는 이러한 여러 가지 점을 보고 그녀가 앞으로 상사법 교수로서 대성할 것이고 또한 한중 간의 학술 교류에도 크게 기여할 것이라고 생각하였습니다.

남옥매 학생은 고려대학교 대학원에서 필자의 지도로 2010년 8월에 〈상장회사 공개매수제도에 관한 연구 — 한중 비교를 중심으로〉로 법학 석사학위를 받았고, 2013년 8월에 〈주식회사의 신주발행에 관한 연구 — 중국법의 문제점과 개선방안을 중심으로〉로 법학 박사학위를 받았습니다. 현행 중국의 회사법 등에서는 주식회사가 신주를 발행하여 자금을 조달하는 것에 대하여 매우 엄격한 요건과 복잡한 절차를 규정하여 신주발행에 의한 자금조달이 매우 저조하고 주로 은행차입에 의하여 자금을 조달하는데, 남옥매 교수의 위의 박사학위 논문은 앞으로 중국의 주식회사가 보다 더 적극적으로 신주발행에 의한 직접 자금조달을 하고 더 나아가 이를 활성화하는 데에 입법론상 및 실무상 크게 기여할 것으로 기대합니다. 남옥매 교수는 최근 사채 발행에 의한 회사의 직접 자금조달에 관한 연구를 많이 하고 있는 것으로 알고 있습니다. 신주발행과 사채발행은 주식회사가 직접 자금조달을 하는 매우 중요한 두 날개에 해당하는데, 이 두 날개에 관한 남 교수의 훌륭한 연구가 밑거름이 되어 중국의 주식회사들이 하늘 높이 비상하기를 바랍니다.

앞으로 남옥매 교수가 건강을 잘 지키는 것은 물론 즐겁게 빈틈없는 연구를 많이 하여 중국에서 뿐만 아니라 세계적으로 훌륭한 학자가 되기를 진심으로 기원합니다. 끝으로 한 가지 당부를 더 드리자면, 남옥매 교수는 학문적인 면뿐만 아니라 인격적으로도 훌륭하여 남을 먼저 배려하고 다복하고 원만한 가정을 이루고 부모님 및 은사님들의 은혜를 항상 잊지 않는 타에 모범이 되는 훌륭한 학자가 되시기를 진심으로 바랍니다.

2016년 5월 23일

정찬형(鄭燦亨)

고려대학교 법학전문대학원 명예교수

추천사

중국 무한대학교에서 상사법을 연구하고 강의하는 남옥매 박사가 고려대학교 출판문화원에서《중국에 있어서 주식회사 신주발행의 법적 규제》라는 책을 출간하게 되었다. 박사학위 논문을 수정하여 내는 책으로 한국 유학 시절 동안의 노고가 담겨 있어 값지게 여겨지고, 또 학자 데뷔 후 처음으로 내는 책이라 그 의미가 매우 깊다고 하겠다. 남옥매 박사에게 진심 어린 축하를 보낸다.

남옥매 박사는 필자가 중국정법대학 학부에서 가르쳤던 제자로, 대학교 2학년 때 나의 증권법 강의를 수강하면서 인연을 맺었다. 그동안 내가 중국에서 가르쳤던 가장 우수한 조선족 제자 중의 한 사람으로 학문에 대한 열의가 높았고 훌륭한 논리력과 문장력을 갖추고 있었다. 그래서 대학 졸업 시 한국 상법의 대가인 고려대학교 법과대학의 정찬형 교수님께 추천하여 고려대에서 정 교수님의 지도하에 상법 석사과정과 박사과정을 마치게 하였다. 한국에서 유학하는 동안 중국법의 연구와 중한 양국 법제의 비교연구와 관련하여 수시로 나의 지도를 받았고 또한 나의 중한 비교법 연구 프로젝트에 적극적으로 참여하면서 학문적으로 많이 성장할 수 있었다.

박사학위 논문 주제와 관련하여 남옥매 박사는 일찍 나에게 조언을 구하였고 나는 중국 회사법상 신주발행제도가 발달하지 못한 현황에 비추어 중국 주식회사의 신주발행제도를 학위 논문 주제로 정할 것을 권하였다. 이를 받아들인 남 박사는 정찬형 교수님의 깐깐한 지도하에 한국의 관련 제도와 비교하여 학위논문을 완성하였고 그 논문이 바로 이 책으로 이어졌다. 남 박사의 중국 주식회사 신주발행제도에 관한 연구는 한국에 있어서 이 주제와 관련된 첫 체계적인 연구로 한국 학계의 중국 주식회사 자금조달제도에 대한 이해에 크게 기여할 것으로 여겨진다.

중국 기업들은 그동안 자금조달을 주로 은행을 통한 간접자금조달에 의존하였고 자본시장을 통한 직접자금조달은 대단히 미흡하였다. 따라서 회사법상 신주발행제도가 발달하지 못하였고, 상장회사들의 신규 자금조달에 대해서도 증권법에서 엄격히 규제하였다. 남 박사는 이 책에서 주요 국가의 신주발행제도를 고찰한 기초 위에서 중국 주식회사의 신주발행제도의 현황과 문제점에 대하여 전면적이며 체계적인 분석을 시도하였고, 향후 중국의 관련 제도 개선 방향에 현실적인 대안을 제시하였다. 특히 이 책에서의 연구가 비단 회사법적 연구에 국한되지 않고 증권법적 연구를 포함하고 있고, 비교법적·법해석학적 그리고 실증적 연구 등 다양한 방법론을 망라하고 있다는 점에서 높이 평가할 만하다. 비록 현재 중국에서의 주식회사 신주발행과 관련하여 이슈가 되는 최신 판례가 일부 빠져 있고 회사법적 규제목표와 증권법적 규제목표에 대한 구분이 잘 되어 있지 않은 등 문제점도 존재하지만 중국 주식회사의 신주발행제도의 기본적인 문제점에 대한 정확한 판단과 함께 필요한 개선점을 지적함으로써 한국 학계에서의 연구 효용도가 높을 뿐만 아니라 중국 학계에서의 연구에도 많은 시사점을 제공하고 있다. 남 박사가 이를 기초로 중국에서 관련 제도에 대한 더 깊이 있는 연구를 진행하기 바란다.

최근 한국에 유학한 중국의 많은 법학도들이 경제적인 이유로 실무 영역으로 빠지는 것이 대부분이지만 남 박사는 보기 드물게 학문에 뜻을 두고 중국의 명문 법대인 무한대학교 법학원에 자리를 잡았다. 남 박사도 한국에서 잠깐이나마 회계법인 삼일의 기업인수합병팀에서 일한 적이 있지만 본인 인생의 더 큰 가치를 실현하기 위해 학자로서의 길을 택하였다. 중국도 최근 대학에 자리잡는다는 것이 쉬운 일이 아니고 더군다나 명문 법대에 전임으로 임용된다는 것은 대단히 어려운 일이다. 남 박사의 경력과 학문적 자질을 중국 대학이 인정한 것이라고 하겠다. 남 박사는 중국에서 학자로서 이미 첫걸음을 내디뎠고 최근 많은 논문을 발표함으로써 학자로서의 신속한 성장을 예고하고 있다. 대학에서 남 박사를 가르쳤고 남 박사의 학문적 성장 과정을 지켜보고 있는 스승으로서 남 박사가 향후 중국에서 학자로서 대성하기 바라며 중국 상법학의 발전을 위하여, 그리고 중한 법학 교류를 위하여 큰 공헌을 하기 바란다. 또한 한국에서 유학하고 있는 후배들에게도 좋은 모범이 되기를 바란다.

중국정법대학 민상경제법학원 오일환 교수
2016년 5월 25일

머리말

이 책은 중국 주식회사의 유상증자에 관한 법적 규제를 중심으로, 필자의 박사학위 논문을 기초로 작성된 것이다. 해당 주제를 선택하게 된 이유는, 최근 몇 년 사이 중국 기업들은 해외 상장을 선호하게 되었는데, 2013년 기준으로 한국 코스피와 코스닥에 상장한 중국 기업 수는 14개에 달한다. 중국 기업이 해외 상장을 선호하는 이유는 여러 가지인데, 그중에서도 중국 국내 유상증자에 관한 규제의 특수성이 가장 중요한 원인이다. 현재 중국에서도 외국 기업들의 국내 상장을 허용하려는 움직임이 있고, 이러한 추세에 맞추어 미국, 홍콩, 싱가포르, 한국 등의 유상증자 관련 법규 및 자본시장 상장 발행 절차 등에 관한 저서 및 논문들이 중국 국내에 많이 소개되고 있다. 그러나 중국 국내법에 관한 저서는 외국에서 찾아보기 힘든 실정이다. 따라서 WTO 가입 후 중국에서도 외국인 투자자를 상대로 자본시장을 개혁하는 시기에, 중국 국내 현행 주식회사 유상증자에 관한 법적 규제를 소개하는 것이 필요하다는 점을 인식하고 이 책의 출판을 생각하게 되었다.

이 책은 중국 주식회사의 유상증자의 법적 규제를 중심으로 구성되었다. 제1장에서는 중국 주식회사의 자금조달 일반론에 대하여 서술하였다. 먼저, 중국에서 이용되고 있는 자금조달 수단에 대하여 간략히 소개하고, 이에 관한 이용 현황을 살펴본 후, 유상증자에 의한 자금조달이 활성화되지 못하고 있는 문제점을 지적하였다. 제2장에서는 한국 독자들이 중국 주식회사 유상증자 규제의 이해를 돕기 위하여, 유상증자에 관한 외국의 입법례를 소개한다. 주로 자본시장이 건전하게 발전된 미국·유럽연합의 소속 국가, 특히 독일의 신주발행법제 및 중국 법제에 영향을 주고 있는 일본과 한국의 법적 규정을 살펴본다. 해당 입법례에서는 자금조달의 기동성과 기존 주주 이익 보호를 어떻게 조화시킬 것인가, 그리고 자본시장에서의 발행 공시규정 등에 대하여 살펴본다. 제3장에서는 중국법상 유상증자에 관한 규정을 살펴보면서, 외국의 입법례와 비교하는 방식으로 중국 문제를 서술한다. 이 부분의 주요 내용은 중국 회사법에서 증자를 하는 기존 주주의 이익을 보호하는 신주인수권에 관한 중국의 입법 태도 및 신주발행의 결정과 신주발행에 관한 절차적 규제에 대하여 살펴보았다. 그리고 중국 증권법에서 규정한 공시규제도 살펴보고, 중국 회사법과 중국 증권법의 규정으로부터 중국이 현재 유상증자제도가 활성화되지 못하는 이유를 설명한다. 특히 이 부분에서는 2013년 12월 최근 개정된 중국 회사법의 자본제도에 관한 내용 및 현재 개정 작업 중의 중국 증권법에 관한 내용을 추가하였다.

이 책의 예상 독자는 중국법에 관심 있는 연구자·실무자 및 학생들이다. 법학은 사회과학으로 각 국가별로 자신의 발전 상황에 따라 법 제도적으로도 차이가 많다. 현재 대중국 투자가 활성화되면서, 학계와 실무계에서는 중국법에 관심이 깊어지고 있다. 이 책은 이러한 분들에게 좋은 자료가 될 것이다.

끝으로 이 책이 출판되기까지 감사드려야 할 분들이 많다. 필자를 석사과정부터 박사과정까지 학문적으로 지도하여 주시고, 생활적으로 보살펴주신 은사이자 지도교수님이신 정찬형 교수님께 진심으로 감사드리고, 중국에서나 한국에서나 학문적으로 지도하여 주신 중국 정법대학교 오일환 교수님께 진심으로 감사드리며, 개인 발전에 대하여 덕담을 하여 주신 채이식 교수님과 학문적으로 많은 도움을 주신 김용재 교수님 및 무한대학교 冯果 교수님께 진심으로 감사드립니다. 유학생활에서 많은 도움을 주신 연구실의 모든 선배님 및 후배님들께 감사를 드리고, 귀국한 후 무한대학교 생활을 적응할 수 있게 많은 도움을 주신 经济法教研室의 여러 교수님들에게 감사를 드리며 언제나 변함없이 사랑하고 앞길을 후원하여 주신 부모님과 남편께 감사드립니다. 그리고 이 책의 출간을 허락하여 주신 고려대 출판문화원에도 깊이 감사드립니다.

차례

표 차례

제1장

중국 주식회사에서의 자금조달 일반론

제1절 개관

주식회사는 사원(주주)의 출자에 의한 자본금을 가지고, 자본금은 그의 구성 단위인 주식에 의하여 분할되며, 사원(주주)은 그가 인수한 주식의 인수가액을 한도로 회사에 대하여만 책임을 지는(유한책임) 회사이다.[1] 이러한 주식회사의 설립과 운영에 있어 가장 중요한 것은 자금이다. 즉 회사의 자금은 회사 경영의 물적 원동력이며 에너지원이다. 한마디로 회사에 있어 자금은 마치 흐르는 피와도 같기 때문에 자금이 없는 회사는 운영이 불가능하다.

중국 주식회사의 발전 및 운영에서도 자금이 중요한 위치를 차지하기는 마찬가지다. 그러나 현행 중국 회사법 및 증권법에서 존재하는 문제점으로 인하여 자금조달과 관련하여 법규 적용 면에서 상호 모순되며, 주주 및 투자자 이익을 보호하는 장치가 제대로 작동되지 못하고 있다. 이러한 문제점은 주식회사의 원활한 자금조달에 악영향을 미치고 있을 뿐만 아니라 나아가 자본시장의 건전한 발전 또한 저해하고 있는 상황이다. 이러한 원인으로 많은 중국 기업은 해외상장을 선택하고 있으며, 많은 중국 기업은 인접한 한국을 선택하게 된다.

1 정찬형, 《회사법강의(상)》(제18판)(서울: 박영사, 2015), 619면.

현행 중국 주식회사는 사채발행이나 신주발행을 통한 직접 자금조달 방식보다는 은행에 의하여 간접적으로 자금을 조달하고 있다. 직접 조달 방식 중에서도 특히 신주발행의 이용률은 가장 낮다. 기업 자금조달의 용이성과 편의성을 둘러싸고 2013년 말에 중국 회사법이 개정되었고, 중국 회사법을 기초로 하고 있는 중국 증권법은 현재 개정 중이다. 본문의 첫 부분인 개관에서는 먼저 중국에서 자금조달 수단의 이용 현황을 간략히 살펴보고, 다음으로 직접 자금조달 수단인 신주발행과 사채발행의 이용에 대하여 중점적으로 살펴보며, 마지막으로 해외시장으로부터 자금을 조달하는 현황에 대하여 살펴보겠다.

제2절 중국에서 자금조달의 이용 현황

I. 중국 자금조달 방법의 이용 현황

주식회사는 영업활동을 위해 많은 자금을 필요로 하고, 필요한 자금을 확보하였는지의 여부는 사업의 성패로 이어질 수 있다. 주식회사의 자금은 회사가 향후 상환의무를 부담하는지 여부에 따라 자기자금과 타인자금으로 나눌 수 있다. 주식회사의 자기자금에는 주식의 발행에 의하여 조달되는 자금이고, 타인자금은 사채의 발행, 금융기관 등으로부터의 차입금에 의하여 조달되는 것이다.

중국에서 주식회사는 타인자금에서도 은행차입에 의하여 자금을 조달하는 것이 대부분이고 신주발행이나 사채발행에 의한 자금조달 비중은 그리 크지 않다. 아래에서는 중국 자금조달 이용 현황에 대하여 살펴보고, 직접 자금조달 수단의 이용률이 낮은 원인을 분석하겠다.

〈표 1〉 중국 자금조달 수단의 이용 현황

(단위: 억RMB)

연도	2003년	2004년	2005년	2006년	2007년	2008년	2009년
전체	35,154 (100%)	29,024 (100%)	31,507 (100%)	39,874 (100%)	49,705 (100%)	59,984 (100%)	130,747 (100%)
은행차입	29,939 (85.1%)	24,066 (82.9%)	24,617 (78.1%)	32,687 (82.0%)	39,205 (78.9%)	49,854 (83.1%)	105,225 (80.5%)
국채	3,525 (10.0%)	3,126 (10.8%)	2,996 (9.5%)	2,675 (6.7%)	1,790 (3.6%)	1,027 (1.7%)	8,182 (6.3%)
회사채	336 (1.0%)	327 (1.1%)	2,010 (6.4%)	2,266 (5.7%)	2,178 (4.4%)	5,446 (9.1%)	12,320 (9.4%)
주식	1,357 (3.9%)	1,504 (5.2%)	1,884 (6.0%)	2,246 (5.6%)	6,532 (13.1%)	3,657 (6.1%)	5,020 (3.8%)

출처: 마리리, 〈회사법상 자본관련제도에 관한 연구 — 한국과 중국의 비교를 중심으로〉, 법학박사학위논문(전남대학교, 2011.2), 102면.

〈표 1〉에서 알 수 있듯이, 중국은 금융기관에 의한 자금조달(은행차입)이 절대적인 비중을 차지하고 있으며, 주식에 의한 자금조달 비중은 매년 꾸준한 성장세를 보이고 있지만, 전체 자금조달 규모에서 차지하는 비중은 10%에 불과하다. 현행 중국에서는 주식에 의한 자금조달이 활성화되어 있지 않고, 거의 모두 금융기관에 의하여 자금을 조달한다.

과거 중국 주식회사의 발전 상황과 중국 자본시장의 발전 상황을 고려할 때 은행차입에 의한 자금조달이 높은 비중을 차지하고 있는 것은 이해할 수 있겠지만, 자본시장이 날로 발달하고 중국 주식회사도 점차적으로 국제화되고 있는 현재까지 은행차입에 의한 자금조달이 여전히 제1위의 자금조달 수단으로 이용되는 것은 이해하기 어려운 상황이다. 예컨대, 신주발행과 사채발행을 통하여 자금을 조달하는 경우, 반드시 증권감독관리위원회의 인준을 받아야 하므로 절차적으로 복잡하고 발행비용이 높은 단점이 존재한다. 이럼에도 불구하고 자본시장의 발달로 은행에 의한 자금조달 방식이 기업실무에서 가장 중요한 지위를 차지하고 있는 것은 불합리한 것이며, 이는 또한 주식회사의 발전 나아가 자본시장의 활성화를 저해한다. 그러므로 제도적인 차원에서 주식회사의 자금조달 수단이 원활하게 이용될 수 있도록 뒷받침할 필요가 있다.

II. 신주발행과 사채발행에 의한 자금조달의 이용 현황

주식회사가 영업상의 자금을 조달하는 방법에는 신주의 발행과 사채의 발행이 있다. 신주발행과 사채발행은 회사가 금융기관으로부터 융자(은행차입)하는 것과는 달리, 널리 대중으로부터 필요한 자금을 흡수하는 방법이다. 그러나 사채는 단지 자금의 조달에 그치지만, 신주발행은 자금조달인 동시에 회사의 구성원인 주주의 가입을 가져오는 효과가 있으므로, 회사조직을 확대시키는 결과가 있다. 이 밖에 주식과 사채에 의한 자금조달에는 다음과 같은 기능상의 차이가 있어, 회사는 자신의 사정에 의하여 신주발행으로 자금조달을 할 것인지, 아니면 사채발행으로 자금조달을 할 것인지를 결정하게 된다.

주식에 의한 자금조달의 기능은 다음과 같다. (i) 회사는 이익이 있는 경우에만 주주에게 이익배당을 하므로, 안정적인 이자지급이 불확실한 경우, 신주발행을 선택하여 자금조달을 할 것이다. (ii) 부채비율이 과도하게 높은 경우 회사는 자기자본비율을 높이고자 신주를 발행할 것이다. (iii) 회사의 주가가 과대평가(overpriced)되어 있다고 판단한다면 회사는 사채 대신 신주를 발행할 것이다. (iv) 생산비 중에서 고정비용의 비율이 커서 매출액 변동에 따라 영업 레버리지도(영업이익변동률)가 높은 주식회사의 경우에는 낮은 수준의 부채비율을 유지해야 하므로 신주발행을 선택하게 될 것이다.[2]

사채에 의한 자금조달의 기능은 다음과 같다. (i) 주식발행으로 자금조달을 하면, 새로운 주주의 가입을 가져오기 때문에 기존주주의 지분율이 하락할 수 있으므로 기존주주의 지배권을 유지하기 위하여 사채를 발행한다. (ii) 회사는 배당압력을 피하기 위하여 주식 대신 사채를 발행한다. (iii) 사채는 상환기일 및 이율이 확정되어 일정 기간 안정된 자금의 사용과 자금계획 수립이 용이하다. (iv) 배당에 대하여 법인세법상 손금으로 인정되지 않는 반면에, 사채이자비용은 손금인정으로 인한 법인세 절감효과가 있기 때문에 사채를

2 문준우, 〈주식회사의 자금조달에 관한 연구: 주식과 사채를 중심으로〉, 법학박사학위논문(고려대학교, 2010.6), 32면.

발행한다. (v) 구사채보다 저렴한 이자율로 신사채를 발행할 수 있을 때, 사채를 발행한다.[3]

주식과 사채는 앞서 열거한 기능상의 차이가 존재하여 회사는 자신의 사정에 따라, 자금조달 수단을 결정하여야 한다. 아래에서는 신주발행 및 사채발행에 의한 중국의 자금조달 현황에 대하여 살펴보겠다.

〈표 2〉에서 알 수 있는 바와 같이, 중국에서 사채발행에 의한 자금조달은 꾸준한 성장세를 보이고 있는 데 반하여, 신주발행은 2008년부터 2010년까지는 지속적인 성장을 가져왔지만 2011년부터 2012년까지는 하락세를 보이고 있다. 즉, 사채발행으로 자금을 조달하는 것은 꾸준히 성장하고 있지만, 신주발행으로 자금을 조달하는 것은 중국 주식시장의 상황에 따라 다르다. 2007년부터 2010년까지 중국 주식시장은 지속적으로 발전하였고, 이러한 주식시장의 발전에 따라 신주발행에 의한 자금조달도 활성화되었다. 그러나 2011년에 주식시장이 침체되면서, 신주발행도 침체되기 시작하였다. 그러므로 중국에서 신주발행은 자본시장의 상황에 과도로 의거한다는 문제점이 존재하고, 이를 해결하려면 반드시 신주발행 제도에 존재하는 문제점을 파악하여야 한다.

그리고 신주발행은 사채발행과 달리 원금보장이 되지 않는 특징을 갖고 있다. 신주발행의 이러한 특징으로 감독당국은 신주발행을 엄격히 규제하여

〈표 2〉 중국 신주발행 및 사채발행에 의한 자금조달 이용 현황

단위: 억(RMB)

시간	주식시장에 의한 자금조달				채권시장에 의한 자금조달		
	공모	사모	주주배정	합계	전환사채	회사채	합계
2008년	1063.29	361.13	151.57	1575.99	55.60	288.00	343.6
2009년	255.86	1614.83	105.97	1976.66	46.61	638.40	685.01
2010년	377.15	2172.68	1438.25	3988.08	717.30	603.00	1320.3
2011년	132.05	1664.50	421.96	2218.51	413.20	1262.20	1675.4
2012년	104.74	1867.48	121.00	2093.22	157.05	2471.97	2629.02

출처: 中國證券管理委員會(www.csrc.gov.cn)

3 문준우, 전게 논문(주 2), 32면.

회사가 신주발행을 통하여 "圈钱"[4]할 것을 방지하려고 하였다.[5] 그러나 이러한 엄격한 규제는 신주발행의 투기행위를 억제하는 것보다 신주발행의 활성화를 저해하고 있다. 즉, 현행법에서는 주식회사의 신주발행에 대하여 엄격한 요건 및 복잡한 절차를 규정하였고, 이로부터 자본시장의 투기행위를 억제하려고 하였으나, 사실상 이러한 제도적인 규정은 자금조달 수단으로서의 신주발행의 기능을 억제하였다.[6]

2013년 12월에 개정된 중국 회사법에서는 회사 차원에서의 유상증자의 자금납입을 정관자치 사항으로 규정하여 제도적 차원에서 완화된 규정을 하였지만, 자본시장을 통한 신주의 모집 등에 관하여 여전히 발행심사 차원에서 엄격하고 복잡한 절차를 규정하고 있어, 회사의 직접 자금조달의 비효율성을 추진하였다. 중국 국내법의 이러한 문제점으로 인하여 국내기업은 신주발행에 대한 규제가 상대적으로 완화된 외국 자본시장에 의하여 자금조달을 선호하고 있다.

III. 해외시장에 의한 중국기업의 신주발행 이용 현황

일반적으로 중국 국내 기업들은 상장을 통하여 신주를 발행하여 자금조달을 한다. 그러나 중국 거래소에 상장을 원하는 대기 중인 기업들이 많아 최소 2-3년의 대기 기간이 필요하며, 과대한 비용이 소요된다. 그리고 중국 증권감독관리위원회의 엄격한 심사를 거쳐야 하기 때문에, 중소기업의 경우 상장심사를 통과하기 어렵고 또한 필요한 자금의 조달도 용이하지 않아, 많은 기업들은 상장조건이 상대적으로 완화된 외국 증권거래소에서 상장하기를 원

4 자본시장에서 말하는 圈錢이란 주식회사가 투자자의 이익을 고려하지 않고, 악의적으로 투자자의 자산을 정당한 목적 없이 차지하는 행위를 말한다. 즉, 허위적 투자로 투자자를 유인하여, 투자자가 투자한 자금을 약정한 목적에 사용하지 않는다는 것을 말하는 뜻으로 법률용어는 아니다.

5 孙珏鹏 · 占超, 〈关于当前形势下我国股权再融资监管的思考〉, 《金融经济》, 第7期(2008), 15면.

6 宋睿 · 刘晓春 · 高倩, 〈我国上市公司再融资存在的问题及对策〉, 《北方工业大学学报》, 第20卷 第4期(2008.12), 13면.

한다. 외국 증권거래소에서 상장하는 경우, 본국에서와 달리 기업의 인지도를 높일 수 있고, 보다 강화된 경영투명성과 투자자보호를 통해 시장의 우호적인 평가를 받을 수 있는 장점이 있다.[7]

〈표 3〉에서 알 수 있는 것처럼, 2009년 대비 2010년 중국기업 해외 상장 건수는 점차적으로 늘어나는 추세이다. 그 중에서도 중국 본토와 가장 가까운 홍콩에서 상장하는 것이 전체 해외 상장 대비 86%에 해당하고, 중국과 인접한 한국이나 싱가포르를 제외한 자본시장이 상대적으로 발달한 미국이나 프랑스에서 상장하는 것이 보통이다. 그리고 이러한 중국 기업은 해외 자본시장에서도 해외 메인보드시장[8]에서 상장하는 것이 아니라, 해외 GEM(Growth Enterprise Market)시장[9]을 통하여 상장하는 것이 대부분이다.

이 밖에 중국에서 해외 자본시장을 통하여 신주를 발행하는 것으로 자금을 조달하는 주요 원인은 국내의 엄격한 신주발행 제도에서 탈피하는 것 외

〈표 3〉 중국 기업의 해외 각 시장 IPO 현황

(단위: 백만달러/건)

시장	2009			2010		
	조달금액	IPO건수	평균조달금액	조달금액	IPO건수	평균조달금액
홍콩메인보드	24,835	52	478	28,829	71	406
NYSE	459	5	92	2,628	22	119
NASDAQ	1,479	8	185	1,258	23	55
싱가포르 메인보드	147	5	29	280	8	35
코스닥	96	3	32	179	4	45
프랑크푸르트	73	1	73	121	1	121
코스피	41	1	41	0	0	0
싱가포르 Catalist	5	1	5	0	0	0
홍콩 GEM	4	1	4	0	0	0
합계	27,139	77	352	33,295	129	258

출처: 안옥화 · 김은화, 《중국 주식시장 특성과 외국기업의 활용방안》(서울: 자본시장연구원, 2011), 30면.

7 안옥화·김은화, 《중국 주식시장 특성과 외국기업의 활용방안》(서울: 자본시장연구원, 2011), 27면.

8 메인보드시장이란 전통적인 증권시장을 말하는데, 증권을 발행하고 상장하는 가장 주요한 증권시장을 가리킨다. 한국에서는 코스피가 있고 중국에서는 주판시장(主板市场)이 있다.

9 GEM시장이란 상장에 있어 메인보드시장과 달리 성장성이 있는 기업들에게 메인보드시장보다 완화된 상장요건을 적용하는 증권시장을 말한다. GEM시장의 대표적인 예는 미국의 나스닥시장이고 중국에서는 창업판(차스닥이라고도 함)이 있다.

〈표 4〉 한국에서 상장한 중국 기업의 현황(2011.2)

구분	기업명	상장일	국적	비고
유가증권시장	연합과기	2008. 7. 28.	중국	원주상장
	중국원양	2009. 5. 22.	중국	원주상장
	화풍집단	2007. 11. 26.	중국	KDR상장
코스닥시장	3노드디지탈	2007. 8. 17.	중국	원주상장
	코웰이홀딩스	2008. 1. 29.	중국	원주상장
	중국식품포장	2009. 3. 27.	중국	원주상장
	차이나그레이트	2009. 5. 29.	중국	원주상장
	중국엔진집단	2009. 12. 4.	중국	원주상장
	글로벌에스엠	2009. 12. 23.	중국	원주상장
	차이나하오란	2010. 2. 5.	중국	원주상장
	차이나킹	2010. 3. 31.	중국	원주상장
	이스트아시아스포츠	2010. 4. 23.	중국	원주상장
	웨이포트	2010. 7. 23.	중국	원주상장
	성융광전투자	2010. 9. 15.	중국	원주상장

출처: 禹昌禄 · 吴日焕,《中国企业赴韩国投资法律指南》(北京: 中国政法大学出版社, 2014), 제180면.[10]

에 기업의 글로벌화를 추진하기 위한 의도도 존재한다.

최근 몇 년 이래 중국기업들은 중국과 인접한 한국 자본시장에 점차적으로 관심을 갖기 시작하였고, 한국 자본시장에서 자금을 조달하는 것을 선호하고 있다.

한국에서 상장한 중국기업들은 원주상장[11]과 DR(주식예탁증서)상장[12]을 많이 선택한다. DR(Depositary Receipts)는 국내 주식의 국제적 거래를 원활하게 하기 위하여 고안된 유가증권이고, 언제나 원주와의 상환을 전제로 하고 있으므로 진정한 해외 상장으로 보기 어렵다.[13]

10 표의 내용은 2014년에 출판한 저서를 인용한 것으로, 현재 한국에서 상장한 중국 기업은 표에서 열거한 기업과 다를 수 있다.

11 원주상장이란 해외 증권시장에서 기업공개를 추진하는 방법으로 해외 증권시장에서 국내기업이 주식을 직접 발행하는 것을 말한다.

12 DR발행이란 해외 증권시장에서 기업공개를 추진하는 방법이다. 즉, 해외증권시장에서 자국에서 상장을 한 기업이 자금조달이나 이미지 제고 등 원인으로 국내 주식을 예탁결제원에 DR발행인의 명의로 예탁하고 해외에서 DR발행인의 명의로 DR을 발행하여 국내 주식이 해외로 나가야 할 경우는 없다[정성구, 〈해외원주상장과 관련한 국내법상의 문제점〉, 《BFL》(서울대학교 금융법센터), 제14호(2005.11), 73면].

13 정성구, 전게 논문(주 12), 70면.

한국에서 상장한 중국기업들 중에서 DR의 방식을 택한 기업은 단 하나뿐이고, 이를 제외한 기타 회사는 모두 주식예탁증서가 아닌 주권을 한국증권시장에 상장하는 원주상장을 택하고 있다. 그러나 중국기업은 한국자본시장에서 원주상장을 성공적으로 수행하였지만, 한국과 중국 법제도 측면에서 존재하는 차이점으로 인하여 법적 문제가 발생할 수 있다. 특히, 해외 상장을 택한 중국기업의 상장유인은 기업의 대외적인 이미지 제고뿐만 아니라, 중국 국내의 상장요건을 갖추지 못하는 기업이 상장을 희망하거나, 국내 상장으로 인하여 부담하여야 할 각종 의무들로부터 회피하려는 경향이 존재한다. 한국과 중국 자본시장 규제법규에서 존재하는 차이점으로 중국 기업이 한국에서 상장하는 경우, 다음과 같은 문제점이 초래될 수 있다. 해외 원주상장의 경우에는 발행회사가 중국법상 여전히 비상장회사로 취급되므로, 중국 국내의 회사법과 해외증권시장에 적용되는 자본시장법을 모두 충족하여야 하는 문제점이 존재한다. 이 밖에 중국과 한국의 기업지배구조의 차이로 인하여 한국증권시장에 요구하는 상장요건으로서의 기업지배구조와 중국 국내의 기업지배구조 사이에 충돌이 발생할 수 있다. 예컨대, 한국에서는 신주발행을 이사회 결의사항으로 정하고 있지만, 중국에서는 주주총회결의사항으로 정하고 있어, 이러한 법적인 충돌은 이론적인 문제를 발생시킬 수 있는 여지가 존재한다.

이뿐만 아니라, 중국기업은 해외에서 외국인의 신분으로 특수목적회사를 설립하고, 해당 특수목적회사가 다시 중국 국내기업을 매수한 후, 특수목적회사를 해외에서 상장하는 방식으로 중국기업의 해외 직접상장의 엄격한 국내 심사를 회피하여 해외상장을 실현하였다.[14] 이러한 방식으로 해외 상장한

14 중국기업 해외상장 시 많이 사용하고 있는 방식은 해외에서 특수목적회사를 설립하고 해당 특수목적회사를 상장시킨 후 다시 국내 비상장기업을 인수하여 결과적으로 국내기업이 해외에서 상장되는 효과를 가져온다. 이는 한국 자본시장법에서 말하는 기업인수목적회사(SPAC-Special Purpose Acquisition Company)와 비슷하다. 즉, 일정한 기간 내에 다른 법인과 합병하는 것을 유일한 사업목적으로 모집을 통하여 주권을 발행하고 그 주권을 주식시장에 상장하는 명목회사(Paper Company)를 말한다. 그러나 우회상장의 경우, 비상장기업이 정상적인 상장절차를 거치지 않고 상장기업과의 일정한 기업결합 등을 통하여 비상장기업의 주식이 간접적으로 상장이 되어 비상장기

중국기업은 해외 자본시장을 통하여 조달한 자금을 반드시 국내기업의 경영을 위하여 사용하지 않을 수 있다는 단점이 존재하므로, 국내 자금의 유출을 초래할 수 있다. 그러므로 중국 국내의 신주발행 법적 규제를 개정하여 중국기업이 중국에서 신주발행에 의한 자금조달을 추진하는 것이 근본적인 해결안이라고 생각한다.

제3절 중국에서 자금조달의 수단

I. 금융기관에 의한 차입

은행차입에 의한 자금조달이란 주식회사가 은행을 상대로 신용 또는 담보를 제공하여 필요한 자금을 조달하는 간접적인 자금조달방식을 말한다. 은행차입에 의한 자금조달은 일종의 차입계약에 포함되므로, 계약서에서 명시된 상환기간 내에 원금 및 이자를 상환해야 하는 특징을 갖고 있다. 차입기간에 따라 장기차입과 단기차입으로 나눌 수 있고, 대출기관에 따라 정책성 은행에 의한 차입과 상업은행에 의한 차입으로 나눌 수 있으며, 담보 유무에 따라 신용대출과 담보부대출로 나눌 수 있다.

은행차입에 의한 자금조달은 주식회사로 하여금 필요한 자금을 신속하게 조달할 수 있고, 주식회사는 은행과 차입조건을 협상할 수 있는 장점이 있지만, 상환기한 내에 원금 및 이자를 상환할 압력 및 차입자금의 사용용도에 대한 제한 등 단점이 존재한다. 이 밖에 대출에 의하여 조달한 자금의 규모가 제한적이어서 회사의 자금수요를 충족할 수 없을 가능성이 존재한다. 그러나

업이 상장의 효과를 얻는 것으로 정의된다[김성균, 〈우회상장 규제의 개선방안에 관한 연구〉, 법학석사학위논문(고려대학교, 2011.12), 8면]. 그러므로 SPC를 설립하여 상장하는 것과 우회상장방식은 간접상장이라는 점은 동일하지만, SPC를 설립하여 상장하는 것은 어디까지나 자신의 자회사를 상장시켜 다시 합병하는 것을 말하고 우회상장은 이미 상장되어 있는 다른 회사와의 합병을 통하여 상장하는 것을 말하므로 상장수단으로 이용되는 대상 회사가 다르다.

중국에서 사채와 신주의 발행에 관한 규제가 엄격하여, 주식회사의 자금조달은 거의 모두 금융기관에 의한 대출이 절대적인 지위를 차지한다.

II. 사채발행

사채발행에 의한 자금조달은 주식회사가 중국 증권법에서 정한 절차에 따라 사채를 발행하여 일정기간 후 원금 및 이자의 상환을 약속하는 방식으로 하는 직접자금조달 수단이다. 중국에서 사채발행에 의한 자금조달은 주로 회사채(기업채)의 발행을 말한다. 다음에서는 이에 대하여 차례로 살펴보겠다.

1. 회사채

중국 회사법에서 정한 회사채란 회사가 일정한 법적 절차에 따라 발행하고, 약정한 상환기한에 원금과 이자를 상환하는 유가증권이다(中會 제153조). 비록 회사법에서는 회사채에 대하여 정의를 하였지만, 중국의 사채시장은 역사적인 원인으로 동일한 기능을 갖고 있는 회사채에 대하여 "3원화된 사채 종류에 관한 이원화된 사채시장 및 그에 따른 3분화된 감독관리체계"를 형성하였다. 다음에서는 발행인과 발행 · 유통시장에 따라 3원화된 회사채 종류의 발행 · 유통시장 및 각각의 감독관리체계에 대하여 살펴보겠다.

가. 국유독자기업이 발행하는 회사채

중국 회사법에서 정한 국유독자기업이란 국가가 단독으로 출자하고, 국무원 또는 지방정부가 국유자산감독관리기구(國有資産監督管理機構)에게 수권하여 출자하여 설립한 유한회사를 말한다(中會 제64조 제2항). 이러한 방식으로 설립된 국유독자기업에서는 사원총회를 설치하지 않고, 국유자산감독관리기구(國有資産管理機構)가 직접 사원총회의 권한을 행사할 수도 있고, 회사의 이사회에게 사원총회의 일부 권한을 위임할 수도 있다. 다만 회사의 합병 · 분할 · 해산, 그리고 자본금의 증가 · 감소 및 회사채의 발행 등 사항은 반드시 국유자산감독관리기구가 직접 행사하여야 하며, 이사회에게 위임할 수 없다(中會 제66조). 그러므로 국유독자기업은 국유자산감독관리기구의 결정에 의하여 회사채를 발행할 수 있는데 이렇게 발행된 회사채를 중국에서는 기업채(企業債)라고 부른다. 기업채의 경우, 은행 간 채권시장(銀行間債券市場)에서 발행 · 유통되고, 국가발전과개혁위원회(國家發展與改革委員會)의 감독을 받으며, 2013년 6월 이전 중앙국채등기결산회사(中央國債登記決算會社)[15]에서 예탁결제되고, 2013년 6월 이후에는 상해청산소(上海清算所)[16]에서 예탁결제된다.

나. 일반기업이 발행하는 중기어음(中期票據)

일반 기업이 발행하는 회사채를 발행 · 유통장소에 따라 중국에서는 중기어음(中期票據)과 회사채(會社債券)로 나눈다. 중기어음은 은행 간 채권시장(銀行間債券市場)에서 발행 · 유통되고, 거래상협회(交易商協會)[17]의 감독을 받으며, 현재 상해청산소에서 예탁결제된다. 은행 간 채권시장은 기관투자자들만을 대상으로 개설되었을 뿐만 아니라 발행심사 면에서도 중국인민은행 자체 법규에 따라 신고제를 시행하고 있다. 이 밖에도 결제시스템으로는 채권변동을 즉시 반영할 수 있는 전량결제시스템(gross settlement)을 이용하고 있다. 발행대상 · 발행심사 및 결제시스템 등의 차이점으로 인하여 현재 중국의 사채

15 중앙국채등기결산회사(中央国债登记结算有限责任公司)는 1996년에 중국인민은행 · 재정부 및 여러 개의 금융기관에서 은행간 채권시장의 예탁과 결제를 위하여 공동으로 출자하여 설립된 결세기관이다(출처: http://www.chinabond.com.cn/Channel/10050993, 최종방문일: 2015.4.27).

16 상해청산소(上海清算所)는 2009년에 중국인민은행의 주로도 은행간 사채시장에서 발행 · 거래되는 중기어음을 결제하는 기관이다(출처: http://www.shclearing.com/gywm/gsjj, 최종방문일: 2015.4.27).

17 거래상협회(交易商协会)는 2007년에 중국인민은행의 주도하에 은행 간 사채시장의 감독기능을 수행하기 위하여 설립된 것이다(http://www.nafmii.org.cn/fzlm/GYWM/ 201202/t20120227_4278.html. 최종방문일: 2015.4.27.). 은행 간 사채시장에 관하여 기존에는 중국인민은행이 직접 감독기능을 수행하였지만, 은행 간 사채시장의 위험이 중국인민은행의 재무건정성을 위협할 것을 방지하기 위하여, 중국인민은행은 거래상협회를 설립하여 감독권을 거래상협회로 이전하였다. 중국 사채시장의 시장화 개혁과 관련한 자세한 사항은 남옥매, 〈중국 사채시장의 시장화 개혁 및 법적 과제〉, 《고려법학》(고려대학교법학연구원), 제77권(2015)을 참조 바람.

시장은 은행 간 사채시장이 중심을 이루고 있다.

다. 일반기업이 발행하는 회사채

앞서 기술한 중기어음은 은행 간 채권시장에서 발행 · 유통되고 있는 회사채를 말하고 있으나, 이 부분에서의 회사채란 증권거래소(상해증권거래소와 썬쩐증권거래소)에서 발행 · 유통되고 있는 회사채를 말한다. 따라서 중기어음과 회사채는 발행인으로부터 볼 때 별 차이가 없으나, 발행 · 유통되고 있는 사채시장이 달라, 적용되고 있는 법규가 다르며 이는 다시 사채시장의 불균형한 발전을 초래하였다. 증권거래소에서 발행 · 유통되고 있는 회사채는 기관투자자 외에도 일반 투자자에게도 개방하고 있으며, 발행심사 면에서 현행 중국 증권법에 따라 엄격한 인준제(核准制)를 적용하고, 결제시스템은 주식과 동일한 차감결제시스템(net settlement)을 이용하고 있다.

라. 회사채의 발행 규모 및 감독 · 예탁결제기관의 특징

〈표 5〉 최근 3년간 사채시장 발행규모 통계수치

	사채			중기어음			기업채		
	2012	2013	2014	2012	2013	2014	2012	2013	2014
발행규모	788.40	3219.91	2482.30	8153.30	6916.10	9770.40	6499.31	4752.30	6961.98
비율	5%	21%	13%	53%	46%	51%	42%	33%	36%

출처: 중국증권감독관리위원회 사이트 · 중국채권정보 사이트 · 상해결산소 사이트 공시자료

〈표 5〉에서 알 수 있듯이 중국 사채시장은 사채 영역에서 중앙은행이 주도로 하고 있는 은행 간 사채시장이 중심을 이루고 있고, 개혁위원회가 관할하는 국유기업 자금조달의 주된 수단인 기업사채시장이 그 다음이며, 거래소에서 발행하는 사채 시장이 가장 낮은 비중을 차지하고 있다. 이는 양 사채시장의 발행대상 · 발행심사제도 및 결제시스템의 차이가 주된 원인이다.

현행 중국 사채시장의 특징을 한마디로 개괄한다면 "3원화된 사채 종류에 관한 이원화된 사채시장 및 그에 따른 3분화된 감독관리체계"라고 할 수 있

〈표 6〉 사채시장에 따른 관할기관 및 예탁결제기관

<table>
<tr><th rowspan="2"></th><th rowspan="2">명칭</th><th rowspan="2">감독기관</th><th colspan="2">예탁결제기관</th></tr>
<tr><th>2013년 6월 이전</th><th>2013년 6월 이후</th></tr>
<tr><td>증권거래소</td><td>사채</td><td>증권감독관리위원회
(證券監督管理委員會)</td><td colspan="2">중국증권등기결산회사
(中国证券登记结算公司)</td></tr>
<tr><td rowspan="2">은행 간
사채시장</td><td>기업채</td><td>국가발전과개혁위원회
(国家发展与改革委员会)</td><td rowspan="2">중앙국채등기 결산회사
(中央国债登记 结算有限责任公司)</td><td rowspan="2">상해청산소
(上海清算所)</td></tr>
<tr><td>중기어음</td><td>거래상협회
(交易商协会)</td></tr>
</table>

다. 이는 계획경제체계를 배경으로 하고 있는 중국 자본시장제도의 발전과정에서 형성한 독특한 사채시장이다. 3원화된 사채 종류란 사채 성질을 갖는 사채를 발행주체 및 발행시장에 따라 사채 · 기업채(企业债) · 중기어음의 형식으로 명칭을 달리하였고, 이원화된 사채시장은 거래 채권의 발행 주체에 따라 증권거래소 시장과 은행 간 사채시장을 말하며, 3분화된 감독관리체계란 사채의 유형에 따라 증권감독관리위원회와 국가발전과 개혁위원회 및 중앙은행 산하의 거래상 협회로 나뉘는 것을 말한다.

2. 전환사채

중국에서는 전환사채의 발행주체를 상장회사로만 제한하여, 상장회사는 주주총회결의에 의하여 전환사채를 발행할 수 있다고 규정하였다(中會 제161조). 이 밖에 전환사채 발행전 중국 증권감독관리위원회의 인준을 받아야 한다(中會 제161조).

중국 회사법에서는 전환사채의 발행에 대하여 원칙적인 규정만을 두었고, 구체적인 규정은 증권감독관리위원회에서 제정한 전환사채관리잠행방법(可转换公司债券管理暂行办法)과 상장회사가 전환사채를 발행하는 데 관한 시행방법(上市公司发行可转换公司债实施办法)을 적용하여야 한다.

기존 전환사채에 대하여 허가제도(许可制)를 시행하였으며, 발행요건에 대하여도 엄격한 제한을 두었다. 즉, 발행회사는 전환사채 발행전 省급 인민정부의 추천으로 증권감독관리위원회에 허가를 신청하여야 한다(전환사채관리잠행방법 제8조). 그리고 상장회사가 전환사채를 발행하는 데 관한 일반적인 재무규정을 규정하였다. 예컨대, 최근 3년 지속적으로 영업이익이 있어야 하고, 부채비율은 70% 이하여야 하며, 전환사채의 발행한도는 1억RMB 이상이어야 한다(전환사채관리잠행방법 제9조).[18]

2001년에 이르러 사채발행에 대하여 기존의 허가제도(许可制)를 인준제도(核准制)로 개정하였다. 즉, 사채발행에 있어 반드시 국무원이 수권한 기관의 인준을 받아야 한다(中會 제154조).

앞서 살펴본 바와 같이, 중국에서 전환사채의 발행주체는 상장회사로 제한되어 있으며, 법에서 정한 재무적인 요건 등을 충족한 상장회사는 증권감독관리위원회의 인준을 취득한 후 비로소 발행할 수 있다.

III. 신주발행

신주발행에 의한 자금조달이란 주식회사가 성립된 후 자금조달의 목적으로 신주를 발행하여 직접적으로 자금을 조달하는 방식을 말한다. 신주발행에 의한 자금조달은 사채발행과 달리 상환기한 만료 후 원금 및 이자를 상환할 의무가 없고, 조달한 자금은 직접적으로 회사의 자본금이 되며, 새로운 주주의 가입을 가져오는 효과가 있으므로, 기존주주의 의결권이 희석되고, 지배권이 약화될 수 있다.

중국에서 신주발행에 대하여 회사법, 증권법 및 각종 증권감독관리위원회에서 제정한 규장에 의하여 규제를 하고 있는데, 이에 대한 자세한 내용은 제4장에서 살펴보겠다.

18 이 밖에 사채누적발행액은 회사 순자산의 40% 이하여야 하고, 모집한 자금은 국가산업정책에 부합한 용도에 사용하여야 하며, 최근 3년 평균 이익률이 10% 이상이어야 한다(에너지산업, 원자재산업 및 기초시설산업의 경우, 이익률이 7%)(전환사채관리잠행방법 제9조).

Ⅳ. 워런트

중국 회사법에서는 주식과 사채에 관하여만 규정하였고, 이를 제외한 기타 증권에 대해서는 "국무원이 제정한 법규"에 의하여 발행할 수 있다는 원칙적인 규정만을 두었다(中會 제131조).[19] 그러므로 중국에서 워런트가 발생된 계기는 법에 의하여 발행된 것이 아니라, 주식시장의 수요에 의하여 발행된 것이다. 즉, 주식유통화개혁[20]으로 비유통주식을 보유한 주주가 유통주식을 보유한 주주들에 대한 보상의 수단으로 워런트제도(중국에서는 이를 "權證"이라 함)을 도입하였다.[21] 즉, 유통주주들이 비유통주주들에 비하여 상대적으로 높은 인수가액으로 주식을 인수하였고, 주식유통화개혁을 통하여 비유통주식이 유통되었고, 비유통주식과 유통주식은 동일한 유통가액으로 거래할 수 있게 되었다. 이러한 원인으로 주식유통화개혁으로 인하여 높은 인수가액으로 인수한 유통주식이 비유통주식과 동일한 가액에 거래할 수 있게 되는데, 이로써 유통주식을 보유한 주주들에게 발생한 경제적인 손실을 보상하는 차원에서 그들에게 워런트를 부여하였다.

중국 증권감독관리위원회에서는 워런트의 발행 · 상장 · 거래 및 정보공시에 대하여 감독하고(上海证券交易所权证管理暂行办法 제4조), 증권거래소는 워런트 발행 신청에 대하여 20일 내에 심사의견을 제시하고(上海证券交易所权证管理暂行办法 제6조) 발행 여부가 결정된다. 거래소로부터 워런트 발행신청

19 2014년 4월에 중국증권감독관리위원회에서는 〈우선주관리방법(优先股管理办法)〉을 공포하여 중국은 정식으로 종류주식제도를 도입하였다. 그러나 보통주를 중심으로 구성된 중국 회사법에서는 우선주관리방법의 상위 법규로 우선주 주주의 권리를 보장하는 내용이 결여되어 있으므로 우선주 발행 시 법률 적용 면에서 문제점이 발생할 수 있다. 이에 대한 자세한 내용은 남옥매, 〈자금조달수단으로서의 중국 우선주제도에 관한 연구〉, 《법학연구》(인하대학교법학연구소), 제17집 제3호를 참조 바람.

20 주식유통화개혁에 관한 구체적인 내용은 이 책 제3장의 내용을 참조 바람.

21 유통할 수 있는지의 여부에 따라 주식을 유통주식과 비유통주식으로 나뉜다. 그중에서 국유주식(國有股)은 유통할 수 없으므로 비유통주식으로 분류되고, 사회공중주식(社會公衆股)은 유통할 수 있으므로 유통주식이라고 분류된다. 유통주식과 비유통주식은 중국 자본시장 발전 초기에 나타난 것이며, 자본시장의 발전에 따라 유통주식과 비유통주식 간의 차이를 해소하기 위하여 주식유통화개혁을 진행하였다. 현재 주식유통화개혁의 완성으로 현재 중국에서는 비유통주식이 없어졌다.

허가를 받은 후, 발행인은 발행전 2-5개 영업일 내 지정된 신문사 또는 홈페이지에서 워런트 발행설명서를 공시하여야 한다(上海证券交易所权证管理暂行办法 제7조).

앞서 살펴본 바와 같이, 워런트의 발행은 국무원 증권감독관리위원회의 인준을 받지 않고 거래소의 허가로 발행된다. 그리고 중국에서 발행한 워런트는 자금조달 수단보다도 주식유통화개혁으로 인한 유통주주에게 보상의 수단으로 활용되는 목적으로 도입된 것이므로 자금조달 성격을 가진 신주인수권 또는 신주예약권이 아니다. 주식유통화개혁이 완성된 오늘날 워런트는 거의 발행되고 있지 않다.[22]

22 중국에서 워런트는 주식유통화개혁에서 유통주주에게 보상의 수단으로 발행된 것이고 회사 자금조달 수단으로 사용되는 것이 아니므로 시대의 특수성이 있다. 이러한 원인으로 주식유통화개혁의 완성으로 워런트도 2008년부터 증권거래소에서 거래되지 않고 있다(출처: 상해 증권거래소 http://www.sse.com.cn/assortment/warrants/list/)(최종 방문일: 2013.6.9).

제2장
신주발행에 관한 각국의 입법례

제1절 개관

상법상의 신주발행에는 회사 설립 시의 신주발행과 회사 설립 후 자금조달을 직접적인 목적으로 하는 신주발행이 있다. 보통의 신주발행은 회사 설립 후 자금조달을 직접적인 목적으로 하고 있으므로 회사의 재산이 증가한다. 그러므로 이를 실질상 증자 또는 유상증자라고 하는데, 이는 사채발행과 함께 회사에 의한 직접자금조달방법이 된다.[23]

이 책의 연구 범위는 회사 성립 후의 자금조달을 직접적인 목적으로 하는 신주발행이다. 이러한 보통의 신주발행에서 상법(회사법)에서 가장 문제되는 것은 신주인수권과 신주발행 시 회사 내부로부터 거쳐야 할 절차들이다. 그리고 신주발행과 관련한 증권법의 특례규정에서 가장 문제되는 것은 공개의 방식으로 신주를 발행할 때 감독당국의 감독이다. 다음에서는 이와 관련한 각국의 입법례에 대하여 살펴보겠다.

23 정찬형, 전게서(주 1), 1068면.

제2절 미국

I. 서론

미국의 신주발행에 대한 법적 규제는, 모범사업회사법(Model Business Corporation Act: MBCA)에서 보면 수권자본제도를 채택하면서 신주인수권을 인정하지 않고 있다. 그러나 신주인수권을 허용하는 일부 주(예컨대, 뉴욕주)도 존재한다. 수권자본제도하에서 이사회가 자유롭게 신주를 배정하므로, 신주발행 시 미국에서 문제되는 것은 신주발행의 공정성이다. 미국에서는 여러 가지 판례를 통하여 신주발행의 공정성을 판단하는 기준을 형성하였으며, 이에 근거하여 불공정한 신주발행을 규제하고, 기존주주 이익과 회사이익의 균형을 이루고 있다. 그리고 신주 공모 시 증권등록신고서제도를 도입하여 공시규제를 강화하였고, 부실기재와 오해적 진술 및 허위적 기재로부터 일반투자자들을 보호하여, 자금조달의 원활성을 보장하였다. 다음에서는 앞서 언급한 사항을 구체적으로 살펴보겠다.

II. 신주인수권

1. 규정현황

신주인수권에 관한 미국 모범사업회사법을 살펴보면, "회사 정관에서 신주인수권을 인정하지 않는 한 주주는 신주인수권을 갖지 아니 한다"라고 규정되어 있어, 원칙적으로 신주인수권을 인정하지 않는 태도이다[MBCA 6.30조 (a)항]. 그러나 미국의 각 주는 신주인수권을 인정하는 주(New York, Nebraska 등 18개 주)와 인정하지 않는 주(New Jersey, Delaware 등 25개 주)로 나뉘어 있다. 그러므로 미국은 일반적으로 신주인수권을 인정하지 않고, 신주발행 시 기존주주는 이사 충실의무 위반으로 신주발행의 공정성에 기하여 자신의 이익을 보호한다.[24]

다음에서는 미국의 판례에 의하여 형성된 신주인수권의 성질에 대하여 간략히 살펴보고, 모범사업회사법 및 주 회사법의 신주인수권 규정 현황을 살펴보며, 신주발행 공정성 심사기준에 대하여 살펴보겠다.

2. 신주인수권 법리의 발전연혁

가. 신탁법리에 입각한 신주인수권

미국의 주식회사 발전 상황을 살펴보면, 처음에는 신탁법리에 따라 일반적인 기업경영은 이사에게 위임되고, 중요한 사항은 주주총회결의에 의하여 결정된다. 특히, 신탁법리에 의하여 주주권을 정의하였는데, 이에 의하면 회사는 재산의 수탁자이고, 주주는 지분비율에 따라 수익자로서의 권리를 갖고, 회사재산은 회사에 속하지만 형평법상 주주가 공동소유자이다.[25] 미국에서 처음에 주주의 신주인수권을 인정한 것도, 이러한 신탁법리에 의하여 Gray v. Portland Bank 사건을 통하여 판시되었다.

• Gray v. Portland Bank[26]

[사실관계]

1807년의 Gray v. Portland Bank사건은 Gray가 Portland Bank을 상대로 신주발행과 관련하여 손해배상책임의 소를 제기한 것이다. Portland Bank는 발행주식총수 1000주가 있었고, Gray에게 신주인수권을 부여하지 않는 조건으로 Gray를 반대하는 자들에게 액면가액 100불로 신주 2000주 발행하였다. 회사영업실적이 좋아짐에 따라 신주의 공정가치는 110불로 인상하였다. 첫 주주총회에서 주주들은 자본금을 10만 불로 하였고, Gray는 70주를 인수하였으

24 폐쇄회사에 대하여는 판례법상 이사의 충실의무에 근거하여 주주의 신주인수권이 인정되고 있다[이동승, 〈신주인수권의 현대적 의의〉, 《상사법연구》(한국상사법학회), 제18권 제1호(1999), 157면].

25 Samuel Willston, "History of the Law of Business Corporation before 1800 II," 2-3 *Harvard Law Review* 149,149(Oct.15,1888).

26 3 Mass. 364(1807)

며, 주식대금을 적시에 납입하였다. 1802년 주주총회결의를 통하여 자본금을 30만 불로 증자하였고, 이사회는 미발행 신주 2000주를 기존주주 및 대리인을 상대로 발행하였다. Gray는 신주 140주에 대하여 청약을 하였지만 거절되었고, 최종적으로 신주는 액면초과로 발행되었다.

[판시사항]

법원은 신주 최종납입기일의 공정가치(fair value)와 인수가치(subscription price)의 차이를 Gray의 손실로 인정하였다. Sewall 판사는 "회사 정관과 이사회결의에서는 원고 및 기존주주들이 주식보유비례에 의하여 신주를 배정받을 권리를 인정함으로써 기존주주들의 신주인수권을 보호하여야 한다"고 주장하였다. 그리고 Sedgwick 판사는 "회사자본이 배수로 증가할 때 다수결에 의하여 소수주주의 주식보유비율을 박탈할 수 없다"고 판시하여, 신주발행 시 이사회가 기존주주의 주식보유비율을 함부로 희석할 수 없다는 것을 판시하였다.

[판례 의의]

미국 매사추세츠주의 법원은 1807년에 Gray v. Portland Bank의 판결을 통하여 신주인수권을 처음으로 언급하였지만, 이는 단지 기업의 인적 성격을 반영하여 신탁법리에 의하여 회사는 재산의 수탁자이며, 주주는 지분비율에 따라 수익자로서의 권리를 갖는다고 판시하였다. 그러므로 해당 판결은 보통법상의 신주인수권에 관한 이론을 구성하지는 못하였다.[27]

나. 계약이론에 입각한 신주인수권

신탁법리에 입각한 신주인수권 이론 이후, 보다 체계적으로 신주인수권을 정립할 수 있는 계약이론이 나타나게 되었다. 계약이론 또한 판례에 의하여 형성되었으며, 1819년 Trustees of Dartmouth College v. Woodward사건[28]을

27 Henry S. Drinker, Jr. "The Preemptive Right of Shareholders to Subscribe to New Shares," 43-4 *Harvard Law Review* 587, 588(Feb,1930).

28 Trustees of Dartmouth College v. Woodward, 17 U.S. 518(1819)판례의 사실관계를 요약하면, 1769년 England의 왕(King)은 Dartmouth College에게 정관 내용을 신설하여 토지를 신탁하였다.

통하여 회사 정관은 위탁자와 수탁자간의 계약임을 명시하였고, 1820년의 Livingston v. Lunch 사건을 통하여 회사의 정관은 회사와 주주의 계약임을 명시하였다.[29] 계약이론에 입각한 신주인수권을 가장 명확하게 정비한 판결은 Stokes v. Continental Trust Co.이다.

• Stokes v. Continental Trust Co.[30]

[사실관계]

원고(Daniel Webster)가 피고(New Hampshire주위원회)를 상대로 액면가액으로 221주를 발행하거나 또는 221주에 해당하는 시장가치와 액면가액 간에 존재하는 가격 차이를 배상하는 것을 청구한 소송이다. 1901년 가을 주식의 시장가치는 425불이었고, Blair & Co회사는 450불의 인수가액으로 5000주 신주를 인수할 것을 청약하였다. 1902년 1월 주주총회를 개최하였는데, 원고는 주주총회에서 증자결의에 동의한다고 하였다. 1902년 1월 주주총회 개최 시 주식의 시장가치는 550불이었고, Blair & Co회사의 청약으로 1904년 4월에 700불로 인상하였다. 이에 대하여 원고는 증자결의에서 자신이 배정받아야 할 221주에 대하여 소송을 제기하였다.

[판시사항]

법원은 원고의 신주발행 청구를 거절하였지만, 손해배상청구를 인정하였다.

1816년에 미국 독립전쟁의 결과로 New Hampshire주위원회는 학교를 사립으로부터 공립으로 변경하였고, 이에 대하여 Daniel Webster는 소송을 제기하였다. 연방대법원(United States Supreme Court)은 이에 대하여 "정관은 본질적으로 왕과 수탁자 간의 계약이고, 비록 미국은 더 이상 왕의 식민지가 아니지만, 계약은 여전히 유효하며, 주법은 계약을 저해하는 법을 통과하지 못한다"고 판시하였다(출처:http://en.wikipedia.org/wiki/Dartmouth_College_v._Woodward최종방문일: 2013.4.15). 동 판례는 특허주의 시대하에서 정관에 의한 특허권 부여나 정관변경에 대한 허가를 좌우하던 주권력의 자의를 배제함으로써 기업활동의 안정성을 확보하는 면에서 중요한 의의가 있다.

29 Livingston v. Lunch에서 법원은 "회사의 기본정관은 주와 회사, 회사와 주주(또는 주주상호 간)의 계약의 기초로서 주와 회사의 계약에 의하여 회사에 법인격을 부여하고, 회사와 주주(또는 주주상호 간)의 계약에 의하여 주주의 권리가 발생한다"라고 판시하여 보통법에서 계약이론이 정립되었다[이동승, 〈주주의 신주인수권 배제와 정당화 — 비교법적 고찰을 중심으로〉, 《경영법률》(한국경영법률학회), 제7권(1997), 417면].

30 186 N.Y.285, 78 N.E.1090(1906).

손해배상액의 산정할 때, 법원은 주식의 액면가액과 Blair & Co회사의 신주인수청약가액 간 존재하는 차이를 원고의 손해로 인정하였다. 다수 결의에 동의한 Vann 판사는 "회사는 partnership과 비슷하다. 그러므로 신주발행 시 주주는 자신의 주식보유비례에 해당하는 주식을 인수할 고유적 권리(inherent right)를 갖고 있으며, 주주는 동 권리를 포기할 수 있지만, 주주의 동의 없이 해당 권리를 박탈할 수는 없다." 그러므로 원고는 신주를 배정받을 권리가 있다.

[판례 의의]

계약이론에 입각한 주주의 신주인수권이란 주주의 권리는 회사와 주주의 계약으로부터 발생하였고, 주식이란 이러한 계약으로부터 발생한 재산권이며, 신주인수권도 주주에게 인정되는 이익배당청구권 · 잔여재산분배청구권 및 의결권의 권리처럼 주주의 동의 없이 다수결로 박탈할 수 없는 기득권이라고 인정하였다.[31]

3. 신주인수권의 규제연혁

가. 모범사업회사법상 신주인수권의 규제연혁

미국의 모범사업회사법은 1946년 미국변호사협회(American Bar Association)가 기존 NCCUSL(National Conference of Commissioners on Uniform State Laws)에서 1928년에 제정한 "Uniform Business Corporation Act"를 1943년에 "Model Business Corporation Act"로 명칭을 변경한 법규를 승인한 것이다. 미국 모범사업회사법(1943)은 일리노이(Illinois)주의 성문법에 기초한 것이고, 1950년과 1969년의 개정을 거쳐 30여 개 주에서 널리 시행되었다. 1984년에 모범사업회사법은 대폭 개정되었으며, 각 섹션별로 공식주석(official comment)을 추가하였고, 용어를 대폭 간소화하였다.[32] 미국 모범사업회사법의 개정에 따라 주주의 신주인수권도 여러 차례의 개정을 하였으며, 다음에

---

31 이동승, 전게 논문(주 29), 418면.

32 Robert W. Hamilton, *The Law of Corporations,* 5th Ed.(Minneseta: West Group, 2000), p. 75.

서는 신주인수권에 관한 개정 연혁을 살펴보겠다.

(1) 1950년 모범사업회사법

1950년 모범사업회사법 제24조에서는 신주인수권을 상대적 권리로 인정하고, 정관의 규정에 의하여 배제 또는 제한할 수 있도록 하는 입법형식(opt out system)을 취하였다. opt out system을 취한 모범사업회사법 제24조에서는 사외주식(outstanding shares)[33] 3분의 2의 찬성으로 종업원 또는 임원에게 신주인수권을 배제한 상태에서 신주를 배정할 수 있음을 규정하였다.

(2) 1955년 모범사업회사법

1955년 모범사업회사법에서는 제24조를 대신할 수 있는 "제24조 대체조항"(alternative section 24)을 신설하여, 기본정관에서 주주의 신주인수권을 인정하는 경우를 제외하고는 신주인수권을 인정하지 않는 입법형식(opt in system)을 취하였다.

(3) 1969년 모범사업회사법

1969년 모범사업회사법에서는 대체조항 제24조를 제26조로 이전하고, opt out system을 채택한 제24조를 "section 26A. shareholders preemptive right alternative"라는 조문으로 제26조의 A로 이전하였다. 이로써 모범사업회사법에서는 신주인수권을 원칙적으로 인정하지 않는 입장을 취하게 되었다.

(4) 1984년 모범사업회사법

1984년 모범사업회사법에서는 1969년 모범사업회사법과 동일한 입법방식을 취하였음.

---

33 여기서 말하는 사외주식(outstanding shares)이란 발행된 주식에서 자기 주식을 뺀 주식을 말한다.

(5) 2006년 모범사업회사법

현행 미국 모범사업회사법에서는 "회사의 주주는 정관에서 정하는 경우를 제외하고 신주인수권을 갖지 않는다"(MBCA 6.30조 제1항)고 규정하여, 원칙적으로 신주인수권을 인정하지 않는 opt-in방식을 취하였다.

현행 모범사업회사법의 신주인수권에 관한 규정은 아래와 같다. 모범사업회사법 제6.30조(Shareholders' Preemptive Rights) 제b항에 의하면, 정관에서 신주인수권을 인정하였더라도, b항 제3호에서 정한 네 가지 주식과 제4호 · 제5호에서 정한 사항에서는 신주인수권이 배제되며, 제6호에서는 신주인수권자가 미인수 또는 미납입으로 발생한 실권주에 대하여 규정하였다. 구체적으로 보면 신주인수권이 배제되는 네 가지 주식은 "(i) 이사 · 임원 · 대리인 · 종업원 · 자회사 또는 관계회사에 대한 보상차원에서 발행되는 주식, (ii) 이사 · 임원 · 대리인 · 종업원 · 자회사 또는 관계회사에 대하여 보상차원에서 제공되는 전환권 또는 선택권에 의하여 발행되는 주식, (iii) 정관의 규정에 의하여 회사 설립 후 6개월 내에 발행되는 주식, (iv) 현물출자에 따라 발행되는 주식"이다(MBCA 제6.30조 제b항 제3호). 그리고 신주인수권이 인정되지 않는 경우로는 (i) 의결권은 없으나 이익배당이나 회사 재산에 대한 우선권이 있는 주식에 대하여 신주인수권을 배제하고 있다(MBCA 제6.30조 제b항 제4호), (ii) 보통주는 전환권이 있거나 또는 보통주에 대한 신주인수권이 있는 경우가 아닌 한 우선주에 대한 신주인수권이 없다(MBCA 제6.30조 제b항 제5호), (iii) 신주인수권이 있는 주주가 신주를 인수하지 않거나 또는 인수하였지만 1년 동안 납입을 하지 않는 경우 이사회가 인정한 가액으로 신주를 배정할 수 있다(MBCA 제6.30조 제b항 제6문).

나. 미국 주 회사법상의 신주인수권

(1) 개관

미국 각 주에서는 주법에서 신주인수권을 인정하는 방식과 회사 정관에 의하여 신주인수권을 부여하는 방식으로 나뉜다. 정관의 규정으로 신주인수권을 부여하는 주는 델라웨어주를 비롯한 25개 주이고,[34] 주법에서 신주인수권을 인정하는 주는 뉴욕주를 비롯한 18개 주이다.[35] 아래에서는 정관의 규정으로 신주인수권을 인정하는 델라웨어주 일반회사법과, 주법에서 신주인수권을 법정하는 뉴욕주의 사업회사법에 대하여 살펴보겠다.

(2) 델라웨어주 일반회사법(General Corporation Law: DGCL)(2013)[36]

델라웨어주 회사법은 신주인수권에 있어 모범사업회사법과 동일한 입법 태도를 취하였다. 즉, 회사의 정관으로 신주인수권 인정 여부를 결정하는 것이다.

델라웨어주 일반회사법에서 정한 "회사 정관의 필요적 기재사항"(DGCL 제102조)에 의하면, 회사의 주주는 신주 또는 전환사채를 인수할 권한이 있다(DGCL 제102조 제b항 제3문)고 규정하여, 정관의 규정으로 신주인수권을 인정할 수 있다.

(3) 뉴욕사업회사법(New York Business Corporation Law: NYBCL)(2013)

① 신주인수권의 법정

뉴욕사업회사법에서는 주주의 신주인수권을 법정하고 있다. 즉, 기본정관과 제622조에서 달리 정함이 없는 경우, equity shares[37]·equity shares를 인수할 권

34 델라웨어, 노스, 캐롤라이나, 뉴저지, 뉴햄프셔, 루이시아니, 메사추세츠, 몬타나, 미시간, 미시시피, 버몬트, 아리조나, 아이다호, 아이오와, 아칸사스, 오레곤, 오클라호마, 와이오밍, 위스콘신, 인디아나, 일리노이, 캔사스, 캘리포니아, 켄터키, 테네시, 펜실바니아, 플로리다 등이 있다[김세경, 〈신주의 제3자 배정의 정당성 심사기준 — 적대적 M&A에 대한 방어 가능성 검토〉, 법학석사학위논문(고려대학교, 2011.12), 13면].

35 뉴욕, 네바다, 네브라스카, 노스 다코다, 뉴멕시코, 로드 아이랜드, 메인, 미네소타, 버지니아, 사우스 다코다, 사우스 캐롤라이나, 알라바다, 오하이오, 워싱턴, 유타, 코네티컷, 콜로라도, 텍사스 등[김세경, 상게 논문(주 34), 13면].

36 델라웨어주 일반회사법 원문은 아래 교재를 참조함. R.Franklin Balotti/Jesse A. Finkelstein, *The Delaware Law of Corporations & Business Organizations*(Statutory Deskbook 2010 Edition)(Austin:Wolters Kluwer Law & Business), p. 2010-2-1-107(Corp.-103).

37 equity shares란 이익배당 또는 잔여재산에 대하여 우선권이 있는지 여부에 관계없이 무제한의 배

한이 있는 주식·equity shares로 전환될 수 있는 주식 및 기타 증권을 발행하거나, 또는 위에서 나열한 증권에 인수옵션을 부여하여, 이로 인하여 unlimited dividend rights[38]가 침해될 우려가 있는 주주는 신주인수권이 있다(NYBCL 제622조 제b항).

② 신주인수권의 배제 사유

우선, 정관에서 달리 정함이 없으면, 제622조에서 정한 증권이 합병 또는 현물출자에 의하여 발행되거나 또는 주식매입권(options) 및 전환권(conversion rights), 선택권(option rights)의 행사에 의하여 발행된 경우 신주인수권이 배제된다(NYBCL 제622조 제e항).

다음으로 회사 설립 시 정관에서 정한 수권주식 중 미발행주식이 회사 설립 이후 2년 이내에 발행되거나 옵션의 대상으로 되는 경우에 신주인수권은 배제된다. 그리고 회사가 보유한 자기주식과 회사정리계획에 의하여 발행된 증권은 신주인수권이 배제된다.

4. 신주발행 공정성에 관한 심사기준

가. 이사의 신주배정자유와 신주발행의 불공정성

미국의 모범사업회사법에서는 신주인수권을 법정하고 있지 않았으므로, 수권주식총수 범위 내에서 이사회결의에 의하여 신주발행을 결정한다. 그러므로 이사는 수권주식 범위 내에서 자유로이 신주를 배정할 권한이 있다(MBCA 제6.01조 제a항). 그리고 불공정한 신주발행의 발생을 예방하기 위하여, 미국에서는 이사의 신인의무(duty of fiduciary)에 기초하여 신주발행을 규제한다.

당 및 분배의 청구권이 있는 주식을 말한다(NYBCL 제622조 제a항 제2문).

38 Unlimited dividend right란 우선주에 대한 이익배당 이후 존재하는 이익배당금 또는 청산배당금의 잔액의 전부 또는 일부에 관하여 금액상 무제한의 권리를 의미한다(NYBCL 제622조 제a항 제1호).

즉, 이사는 반드시 회사를 구성하는 주주들의 이익을 고려하여 재량권을 성실하게(in good faith) 행사하여 신주발행을 결정하여야 한다.[39]

구체적으로 볼 때, 신주발행에는 여러 가지 동기가 존재하고, 불공정한 신주발행에 해당하는지 여부는 신주발행 동기에 근거하여 판단할 수 있다. 예를 들면, 자금조달 · 영업재산의 취득 · 종업원지주제도의 창설과 같은 회사의 정당한 사업목적을 추진하는 것을 주된 목적으로 하는 신주발행은 공정하다고 판단할 수 있다. 그러나 지배권의 유지 · 강화 및 획득을 주요 목적으로 하는 신주발행은 불공정하다고 판단할 수 있다.[40] 즉, 신주를 발행하게 된 동기를 심사하여 회사의 정당한 사업목적을 추진하는 데 해당하는 경우, 경영판단원칙(business judgment rule)[41]이 적용되어 이사가 면책되지만, 지배권의 유지 · 강화 · 획득에 해당하는 경우 이사의 충실의무 위반으로 보아 손해배상책임을 부담하여야 한다.

그러나 적대적 공개매수의 방어수단으로 신주를 발행할 때, 회사 존립을 위하는 동시에 지배적 이익을 유지하는 효과가 있으므로 신주발행의 불공정성을 판단하기 어렵다. 회사 존립의 측면으로 볼 때, 신주발행은 이사의 합목적성을 추구하는 주의의무의 범위에 해당되지만, 지배이익을 유지하는 측면에서 볼 때 사익추구를 금하는 충실의무의 범위에 해당한다.[42] 그러므로 불공정한 신주발행을 판단하는 기준도 신주발행이 이중성을 띠게 된 후로부터 수정되기 시작하였다. 다음에서는 기존의 "주요목적기준"을 살펴본 후, "수정

39 Victor Morawetz, "The Preemptive Right of Shareholders," 42-2 *Harvard Law Review* 188, 188(Dec.,1928).

40 이동승, 〈주주의 신주인수권에 관한 연구 — 그 배제요건을 중심으로〉, 법학박사학위논문(고려대학교, 1998.6), 156면.

41 미국 판례상 나타나는 경영 판단의 요소들을 종합할 때, 경영판단의 원칙이란 "회사의 목적 범위 내의 행위, 그 권한 내의 사항에 대하여, 이사가 행한 의사결정이 합리적 근거가 있으며, 회사이익을 위한 것이라는 신뢰하에, 다른 영향을 배제하고 독립적 판단을 통하여 성실히 이루어졌다는 조건을 갖추면, 법원은 그 판단에 개입하여 거래를 무효로 하거나 그로 인하여 발생한 손해에 대하여 이사에게 책임을 추구하지 않는다"는 것이다[Harry G. Henn/John R. Alexander, *Laws of Corporation*, 3th ed.(Minnsota:West Publishing Co., 1983), p. 551].

42 이동승, 전게 논문(주 40), 156면.

된 주요목적기준"도 함께 살펴봄으로써 미국의 신주발행을 규제하는 법리에 대하여 살펴보겠다.

나. 신주발행의 공정성에 대한 심사기준

(1) 전통적인 주요목적기준

전통적인 "주요목적기준"은 정당한 사업목적과 지배관계에 영향을 주는 목적이 혼재되어 있는 경우, 어느 것이 주요목적인지를 판단하여 신주발행의 공정성을 판단한다. 정당한 사업목적으로 판단되는 경우, 이사는 경영판단원칙을 적용하여 보호받게 되지만, 지배관계에 영향을 줄 목적으로 신주가 발행되는 경우, 이사는 충실의무위반으로 신주발행이 불공정하다고 판단된다. "주요목적기준"에 의하여 제3자 배정을 통한 기업제휴가 회사의 장기목적이었던 경우에는 정당한 사업목적으로 판시하고 있다.

• Cummings v. United Artists Theatre Circuit, Inc[43]

[사실관계]

원고는 피고회사의 주식을 매입함으로써 피고회사의 경영진을 퇴진시키려고 하였다. 그러나 예전부터 피고회사와 합병을 진행하려고 하였던 A회사는 피고회사와 합병을 완료하였고, A회사가 보유하고 있는 B회사의 지분을 피고회사에게 합병대가로 지급하였다. A회사의 지분출자의 대가로 피고회사는 A회사에게 신주를 발행을 하였다. 이에 원고는 피고회사를 상대로 신주발행 무효의 소를 제기하였다.

[판시사항]

피고회사는 오랜기간 동안 합병을 추진하여 왔고, 합병으로 인하여 신주를 발행하게 된 것이므로, 해당 신주발행은 정당한 사업목적이 존재한다고 판단될 수 있다. 이에 의하여 원고의 청구를 기각하였다.

---

43 Cummings v. United Artists Theatre Circuit, Inc., 237 Md.1,15(1964).

이와 관련하여 “주요목적기준”에 의하여 불공정한 낮은 발행가액으로 제3자에게 신주를 배정하여 회사의 지배관계를 변동하는 경우, 불공정한 신주발행이라고 판시하였다.

• Ross Transport, Inc. v. Crothers[44]

[사실관계]

수권주식 5000주 범위 내에서 Ross Transport회사 창립총회는 주당 20달러씩 1035주를 발행하였다. 3개월 후 이사 겸 피고 윌리엄스는 그의 자식과 다른 이사인 피고 Ross에게 수권주식 범위 내에서 365주를 발행하였으며, 피고가 해당 신주를 인수한 후 윌리암스와 Ross가 회사의 지배주주로 되었다. 신주발행 당시 Ross Transport회사는 자금상황이 좋았고, 신주발행에 의하여 자금조달할 필요가 없었다. 그리고 신주발행 시 이사회 결의도 거치지 않았고, 기타 주주들에게 신주를 인수할 기회조차 부여하지 않았다. 이러한 이유로 원고는 신주발행 무효의 소를 제기하였다.

[판시사항]

신주발행 시 이사는 회사의 이익을 위하여 성실하게 행동할 신인의무(fiduciary duty)를 부담하고,[45] 자기에게 신주를 발행하는 경우 해당 거래가 회사에 대하여 공정하다는 사실을 증명하여야 한다. 본 사안의 사실관계에서 알 수 있는 바, 신주발행 당시 회사의 자금사정이 좋았고, 자금조달의 필요성이 없었지만, 피고들은 신주인수를 통하여 지배주주가 되었다. 그러므로 이사는 지배관계에 영향을 줄 목적으로 신주를 발행하였다는 것을 판단할 수 있으므로 신인의무 위반을 인정할 수 있다.

---

44 Ross Transport Inc. v. Crothers, 45 A.2d 267 Md(1946).

45 이사의 신인의무(fiduciary duty)의 내용에는 주의의무(duty of care)와 충실의무(duty of loyalty)가 있으며, 미국법률협회(American Law Institute)에서는 주의의무는 의사에 대한 의사결정의 질과 연관되고 충실의무는 특정거래의 적정성의 평가와 관련된다고 한다[김홍식, 《M&A개론》(서울: 박영사, 2009), 98면].

(2) 수정된 주요목적기준

적대적 공개매수의 열풍으로 인하여 기존의 "주요목적기준"은 변화를 맞게 되있다. 변화의 원인은 적대적 공개매수에서 대상회사의 이사가 신주발행을 방어수단으로 활용한다면, 그 행위 자체는 현직고수(現職固守)라는 이사의 사익으로 충실의무에 반하게 된다. 반면, 방어수단으로 활용하지 않아, 매수자가 성공적으로 대상회사를 매수하는 경우, 회사이익을 위하여 성실하게 직무를 수행해야 할 주의의무를 위반하게 될 것이다. 이른바 적대적 공개매수의 방어수단으로 신주발행을 활용하였는지 여부에는 혼합동기(mixed motive)가 존재할 것이고 이사의 주된 동기가 무엇인가를 심사하는 것이 신주발행이 공정하였는지 여부를 판단하는 중점이 되었다. "수정된 주요목적기준"에서 회사이익을 위하여 신주를 발행하는 것은 "전통적인 주요목적기준"과 동일하고, "수정된 주요목적기준"과 "전통적 주요목적기준"의 다른 점은 객관적으로 당해 공개매수의 정책이 회사정책과 대립하여 회사에 위협이 된다고 볼 합리적인 근거와 당해 위협과 방어수단의 합리적 관계성에 대하여 증명을 하여야 한다는 데 있다.[46]

적대적 공개매수의 방어수단의 정당화 요건을 제시한 판례는 Cheff판결과 Unocal판결이다. Cheff판결에서 이사가 경영판단원칙을 적용하기 위하여 공개매수가 회사의 정책과 효율성에 위협이 존재한다는 합리적 근거가 있다는 것을 증명하여야 한다.

• Cheff v. Mathes[47]

[사실관계]

Cheff일가는 Holland Furnace Company의 18.5%에 해당하는 지분을 보유하고 있고, Cheff는 Holland회사의 CEO이다. Maremont가 주식시장에서

46 이동승, 전게 논문(주 40), 160면.

47 Cheff v. Mathes, 199 A. 2d 548(Del. 1964).

Holland회사의 발행주식 6%를 매입할 때, Cheff는 Maremont에 대하여 조사를 진행하였고, 조사 결과 Maremont는 여러 회사를 매수하는 것으로 유명한 회사라는 사실을 알게 되었다. 그리고 Maremont는 주식시장에서 지속적으로 Holland회사의 주식을 매입하였고 최종 주식보유비율이 11%까지 달하였다. Maremont는 Cheff에게 자기가 소유하고 있는 Motor Products Corporation과 흡수합병할 것을 통지하였다. Maremont의 의도를 알게 된 Cheff는 이사회를 소집하여 Maremont가 보유하고 있는 Holland회사의 주식을 매입하기로 결정하였다. 그러나 Maremont는 Holland회사의 주식을 대량 보유하고 있고, Holland회사 주식시가보다 높은 매수가격을 제시하였기 때문에 결과적으로 Holland회사는 자기주식 취득으로 인하여 많은 채무를 부담하게 되었다. Holland회사의 주주는 회사의 자금을 이용하여 Maremont가 보유하고 있는 Holland회사 주식을 매입하는 이사회의 의사결의는 현직 이사의 직위를 영속시키기 위한 것이라는 이유로 손해배상책임을 제기하였다.

[판시사항]

이에 대하여 델라웨어주 대법원은 주회사법(Delaware General Corportaion Law)에 의하여 회사는 자기주식을 매입할 수 있는 권한을 갖고 있지만 이사회가 단지 자기 지위의 영속화를 위한 목적으로 회사자금을 이용하여 자기주식을 취득하는 것은 부당하다. 그러나 회사의 지배권과 관련된 위협을 제거하기 위하여 회사의 자금으로 자기주식을 매입하는 것에 대하여 이사는 이익 상반 상황에 직면하게 될 것이고, 회사 이익을 위하여 방어수단을 사용하였다는 것을 증명할 수 있는 경우 방어행위를 정당화할 수 있다. 결과적으로 법원은 직접적인 조사, 전문가로부터의 의견수렴 및 Holland 이사회로부터 Maremont의 주식취득이 현행 회사 정책 및 효율성에 비추어 공개매수가 위험하다고 믿을 합리적인 근거(reasonable grounds)가 존재한다고 판단되어, Holland이사회가 채택한 방어수단이 정당하다고 판시하였다.

적대적 공개매수의 정당한 방어수단이라는 요건을 제시한 또 다른 판례는 Unocal판결이다. 해당 판례에 의하면, 이사는 회사의 정책과 효율성에 대하여 위협이 존재하다는 합리적 근거를 증명하는 것 외에, 해당 위협과 관련하여 방어행위가 합리적이라는 것도 함께 증명하여야 한다. 아래에서는 해당 판례에 대하여 살펴보겠다.

• Unocal. v. Mesa Petroleum Co.[48]

[사실관계]

Mesa Petroleum회사는 Unocal회사의 발행주식 13%를 취득하였고, 계속적으로 발행주식 37%에 대하여 주당 54달러로 해당하는 존속회사의 채무증서와 교환하는 2단계 공개매수(two-tier tender offer)를 개시하는 것으로 잔여주주를 축출할 것을 목적으로 하였다. 이에 대하여 Unocal회사는 고문변호사의 법률자문과 재무고문의 견해에 기초하여 합리적인 판단과 선의에 따라 Mesa Petroleum회사의 2단계 공개매수가 강압적이고 부적절하다는 결의를 내렸고, 공개매수에 대한 방어수단으로 Unocal회사의 주식 49%에 대하여 Mesa Petroleum회사를 제외한 모든 주주를 상대로 주당 72불의 가격으로 자기주식을 매입하기로 결의하였다. 이에 대하여 Mesa Petroleum회사는 자기만 제외된 것이 부당하다는 이유로 Unocal회사의 자기주식취득금지의 소송을 제기하였다.

[판시사항]

이에 대하여 델라웨어주 대법원은 이사회에게 자사주 취득에 있어 광범위한 재량권을 인정하였다. 이에 근거하여 이사들이 자기이익을 주된 목적으로 하지 않는다면 회사가 주주를 차별적으로 취급할 수 있다고 보았다. 그리고 공개매수로 인하여 이사가 회사의 정책 및 효율성에 위협이 된다고 신뢰할 만한 합리적인 근거를 증명한다면, 이사는 성실함과 합리적인 조사를 거쳤다고 보았다. 또한 이사는 그의 방어행위가 제기된 위협과 관련하여 합리적이어야 한다는 것을 증명하여야 한다. 이 경우 법원은 공개매수의 성질과 회사에

48 Unocal. v. Mesa Petroleum Co., 493 A. 2d 946(Del. 1985).

대한 영향력, 그리고 합리성을 판단함에 있어 공개매수의 가격 · 공개매수의 성질과 시기 · 공개매수의 위법성 등을 심사하였다. 결과적으로 법원은 Mesa Petroleum회사의 2단계 공개매수는 강압적이고 매수가격이 부적절하다는 이유로, Unocal회사의 방어행위가 제기된 위협(공개매수)에 대하여 합리적이라고 판시하였다.

III. 신주발행의 절차

1. 신주발행의 결정

미국의 경우 수권자본제도(authorized capital system)를 채택하고 있다. 수권자본제도에 의하면 자본금은 정관의 필요적 기재사항이 아니고 정관에는 회사가 발행할 주식총수(수권주식총수)만을 기재하고, 수권주식총수 중 일부만이 인수되어도 회사는 성립되고, 회사 성립 후 수권주식 범위 내에서 이사회의 결의로 신주를 발행하여 자금조달을 할 수 있다.[49] 다만 기본정관에 의하여 수권주식 범위 내의 신주발행권한을 주주총회에게 부여할 수 있다(MBCA 6.21).

미국의 수권자본제도하에서 수권주식총수 범위 내의 신주발행사항은 이사회의 권한사항이다. 수권주식의 범위를 초과하여 주식을 발행하려면 정관변경에 해당하므로 주주총회의 결의를 거쳐야 한다. 그리고 신주발행결정과 관련한 신주의 종류와 수 · 신주의 발행가액과 납입기일 · 인수방법 등에 관한 사항은 회사의 정관 또는 법규 등에 규정이 있는 경우, 그에 따라야 하며, 규정이 없는 경우 원칙적으로 이사회 결의에 의하여 결정된다.

49 정찬형, 전게서(주 1), 616면.

2. 신주발행 그 밖의 절차

가. 발행가액

(1) 액면발행의 원칙

주식발행에 있어, 미국에서는 액면발행을 원칙으로 하고 있다. 이러한 액면발행의 원칙은 회사의 채권자와 주주를 보호하기 위한 것이다. 그러나 시가가 액면금액에 미달하거나 자본이 잠식된 회사가 액면금액에 의한 발행을 고수하면 신주발행으로 자금조달이 불가능하므로, 이러한 경우에는 예외적으로 액면미달발행으로 발행가액으로 정할 수 있다.[50]

(2) 액면미달발행 시 주주의 책임

액면미달발행에서는 대체적으로 무상주[51]의 발행, 할인주[52]의 발행 및 주식인수의 대가로 재산 또는 용역(property or services)에 의한 재산출자 등이 있다. 해당 액면미달발행을 넓은 의미에서 물탄 주(water stock)라고 부른다.[53]

델라웨어주 일반회사법에서는 회사로 하여금 앞서 언급한 물탄 주를 인수한 주주에 대하여 발행가액과의 차액을 납입할 것을 청구할 수 있다고 규정하였다(DGCL 제162조). 이 밖에 법원도 물탄 주를 인수한 주식인수인을 상대로 회사의 차액청구권을 인정하였다.[54]

---

50 Handley v. Stutz, 139 U.S. 417(1891): 해당 판례에서 법원은 액면금액 미만의 발행에 대하여 계속존속하는 회사로서 추가자금이 필요한 회사는 액면금액 미만의 발행가액이라도 성실하게 가능한 최선의 가액으로 주식을 발행하는 경우에는 지기발행으로 채권자에 대한 책임을 부담하지 않는다고 판시하였다.

51 무상주(bonus share)는 회사가 주식을 아무런 대가(consideration)를 받지 않고 발행한 것이다.

52 할인주(discount share)란 회사가 주식의 발행가액의 일부만 납입받고 주식을 발행하는 것이다.

53 따라서 금전에 의한 출자가 아닐 때에는 출자가액의 과대평가가 있게 마련이고, 이같이 과대평가된 대가에 대하여 발행되는 주식을 좁은 의미에서의 물탄 주라고 한다[임재연, 《미국회사법》(서울: 박영사, 2006), 179면].

54 Scully v. Automobile Finance Co., 109 A. 49(Del. 1920).

나. 대가(consideration)

(1) 신주발행으로서의 대가

신주인수 시 주식인수인은 반드시 주식인수 대가로 현금만을 지급하는 것은 아니다. 주식인수인은 주식인수 대가로 현금(cash) · 재산(property) · 용역(service) 등을 지급할 수 있으며, 재산과 용역은 평가가 가능하여야 할 뿐만 아니라 공정하여야 한다. 그리고 신주발행에 있어 이사회는 주식인수 대가의 적정성(adequacy of consideration)에 대하여 주의의무를 다하여 합리적으로 판단하여야 한다(MBCA 6.21).

그리고 장래의 용역제공을 대가로 하여 주식인수를 하는 것은 유능한 임직원을 채용하는 데 필요하다. 그러나 약정한 장래의 용역을 제공하기 전, 회사가 파산하는 경우, 제공될 용역은 회사에게는 의미가 있지만 대외적으로는 재산적 가치가 인정되기 어려우므로 채권자 보호에 문제가 존재한다.[55] 미국 모범사업회사법에서는 이를 허용하고 있지만[MBCA 제6.21(b)], 주법에서 이에 관한 규정을 달리하고 있다. 예컨대, 델라웨어주 일반회사법에서는 장래에 제공될 용역을 대가로 신주를 발행할 수 없다고 규정하였지만, 뉴욕사업회사법에서는 이를 허용하였다(뉴욕사업회사법 제504b). 그리고 장래계약의 이행을 확보하기 위하여, 회사는 주식인수인이 이행완료 시까지 주식을 회사에 보관시키거나 유통을 제한하는 별도의 약정을 할 수도 있다[MBCA 6.21(e)].

(2) 대가의 평가

대가의 평가와 관련하여, 미국 모범사업회사법에서는 규제완화와 기업육성의 취지를 살리기 위하여 대가에 대한 적정성만을 평가하도록 규정하였다[MBCA 6.21(c)]. 그러나 기존 판례에서는 종래에 제공한 대가로서의 재산과 용역은 이사의 신의성실 여부를 불문하고 오직 진정한 가치(true value)한도

55 임재연, 전게서(주 53), 191면.

내에서만 유효하다고 보았다.[56] 그러나 현재는 신의성실원칙(good faith value)에 따라 사기나 고의적인 과대평가가 없다면 대가에 대한 이사의 판단을 존중하는 것이 일반적인 판례입장이다.[57]

IV. 발행시장에서의 신주발행

1. 공시제도

가. 미국증권규제 관련 법규

미국의 증권시장은 18세기 말에 발행된 국채시장에서 유래하였다. 그 후로 남북전쟁을 거치면서 철도증권을 중심으로 하는 거래가 활발하게 되었고, 제1차 세계대전 기간에 발행된 거액의 국채가 전쟁 이후에 상환되면서 투자자들이 국채상환자금으로 다른 증권에 투자하여 1920년 10월의 주가대폭락을 계기로 증권시장이 붕괴되었다. 이러한 역사적 배경하에 1933년부터 1940년 사이에 연방의회는 증권규제에 관한 각종 연방법을 집중적으로 제정하였다.[58][59]

1933년에 제정된 Securities Act of 1933(증권법)은 1929년의 증권시장의 붕괴를 계기로 "증권의 공모" 절차에서 사기로부터 투자자를 보호하기 위한 법으로, 증권의 가치에 관한 투자자의 판단에 필요한 모든 중요한 정보의 완전공개와 사기 및 부실표기(fraud and misrepresentation)를 금지하였다. 동법에서 규정된 공시방법은 증권거래위원회(Securities and Exchange Commission)에 등록신고서(registration statement)를 제출하는 것이다. 이 밖에 동법은 공시의

---

56 William E. Dee Co. v. Proviso Coal Co., 125 N.E. 24(1919).

57 First Nat. Bank of Council Bluffs v. One Craig Place, Ltd., 303 N.W.2d 688(1981).

58 임재연,《미국 증권법》(서울: 박영사, 2009), 6면.

59 1933년부터 1940년 사이에 제정된 증권관련 법규는 주로, Securities Act of 1933(증권법), Securities Exchange Act of 1934(증권거래법), Public Utility Holding Company Act of 1935(공익사업지주회사법), Trust Indenture Act of 1939(신탁증서법), Investmen Company Act of 1940(투자회사법), Investment Advisors Act of 1940(투자자문업자법) 등이 있다.

무가 면제되는 경우와 공시의무 위반으로 부담하여야 할 민사책임과 형사책임 등을 규정하였다. 다음에서는 미국 연방증권법에서 정한 신주발행에 관한 공시제도에 대하여 살펴보겠다.

나. 연방증권법상의 등록신고서제도

(1) 등록신고의무

증권을 공모(public offering)하기 위하여 먼저 발행인이 발행인과 증권에 대한 모든 중요한 정보를 포함하는 등록신고서(registration statement)를 SEC에 제출하고, 일정한 기간이 경과 된 후, 비로소 등록신고서의 효력이 발생하고, 증권을 매도(sale or sell)[60]할 수 있다(Securities Act of 1933 제5조 a). 그리고 투자자를 보호하기 위하여 증권을 발행하는 회사의 재무상태에 관한 정보의 완전공개를 규정하였는데, 이는 증권의 공정한 공모를 보장하기 위한 것이다.

(2) 등록신고서의 작성

등록신고서와 관련하여 Securities Act of 1933 제7조 규정(information required in registration statement)이 적용되는데, 해당 규정에서는 Schedule A와 Schedule B를 규정하였다. Schedule B는 발행인이 외국정부 또는 기관일 경우에 적용하고, Schedule A는 그 외의 경우에 적용한다[Securities Act of 1933 제7조 a(1)]. 그러므로 신주발행은 Schedule A를 적용하는데, Schedule A에 의하면 등록신고서에 포함될 구체적인 내용은 발행인의 상호 · 발행회사의 설립준거 주 · 발행인의 주된 영업소 · 이사의 성명과 주소 · 인수인의 서명과 주소 · 발행인의 실제 사업의 성격 · 계약의 전부 또는 일부가 등록신고서 제출일 이후에 이행되어야 한다는 내용 · 등록신고서 제출일로부터 2년 이내에 체결된 중요한 계약의 체결일자 · 재무제표(balance sheet) 및 손익계산서(income statement)

---

60 매도(sale or sell)는 증권이나 증권상의 이익을 유상으로 매도 또는 처분하는 일체의 계약이다 [Securities Act of 1933 제2조 a(3)].

등이다.[61]

그리고 미국 증권법상 정보는 크게 사실정보(factual or hard information)와 예측정보(forward looking information)으로 나뉘고, 사실정보는 과거의 확고한 불변의 사실에 기초한 정보를 말하고 객관적으로 증명이 가능하다. 그러나 예측정보는 소위 soft information의 일종으로 주관적인 분석, 예측 및 의견을 말한다. 예측정보에 대하여 미국 증권법에서는 예측정보의 공시가 선의로(in good faith)로 이루어졌고, 합리적인 근거(reasonable basis)가 있으면 면책된다고 규정하고 있다.[62]

(3) 신고서의 효력발생

발행인이 제출한 등록신고서가 유효하게 발효될 때까지 일정한 대기기간이 존재한다. 즉, SEC가 등록신고서를 접수한 날로부터 20일이 경과하면 자동으로 효력이 발생한다[Securities Act of 1933 제5조 b(1), 제6조 a]. 대기기간 중 투자설명회(roadshow), 서면청약으로 예비투자설명서,[63] 묘석광고,[64] 간이투자설명서[65] 등 구두청약과 서면청약이 허용된다. 대기기간이 경과되면 등록신고서의 효력이 자동으로 발행되고, 모든 증권거래가 허용된다.

다. 일괄등록제도

일괄등록제도는 향후 여러 번에 걸쳐 발행될 증권에 대한 등록신고서를 미리 하나의 신고서에 의하여 일괄하여 제출하는 것을 말한다. 발행인이 시장상황에 따라 수시로 등록신고서를 작성하여 SEC에 제출하여야만 증권발행이 가능하다면, 적시에 자금을 조달할 수 없을 뿐만 아니라, 시간과 비용이 과다하

61 임재연, 전게서(주 58), 162면.

62 김병연, 〈미국 연방증권법상 부실공시에 대한 민사책임과 예측정보에 대한 면책조항〉, 《연세법학》(연세법학회), 제8권 제2호(2002년), 126-127면.

63 예비투자설명서(preliminary prospectus or red herring)란 대기기간에 등록신고서의 중요한 내용 중 발행가액과 인수인에 관한 부분 등을 제외한 투자설명서이다.

64 묘석광고(tombstone advertisement)란 신문에 실린 증권의 공모에 관한 간단한 광고를 말한다.

65 간이투자설명서(summary prospectus)란 약식의 등록신고서이다.

게 소요되는 문제가 있다.

미국 증권거래위원회에서는 회사 자금조달의 편의성을 도모하기 위하여 1982년에 미국 증권법에 일괄등록제도를 도입하였다. 지분증권, 즉 주식발행의 경우에 장래 증가물량이 알려져 물량수급면에서 주가에 부정적인 영향을 미치기 때문에 일괄등록제도의 도입 초기 사채발행에서 많이 이용되었다. 이러한 문제점을 인식하고 미국에서는 1993년 증권법을 개정하여 지분증권, 즉 주식의 일괄등록 시 장래 발행예정 주식 수를 신고하지 않고, 발행예정 주식의 종류만 신고하도록 하여, 1993년 이후에는 주식의 발행에 있어서도 일괄등록제도의 이용률이 증가하고 있었다.

일괄등록의 가장 큰 문제점은 일괄등록신고서 제출 후 발행회사에 중요한 사건이 발생하면, 일괄등록신고서만으로 투자자에게 충분하고 적절한 정보가 제공되기 곤란하다는 것이다. 이를 해결하기 위하여 학설상 견해에서는 일괄신고서 내용에 변경이 있는 경우 발행인은 새로운 신고서를 제출하여야 한다고 주장하였다.[66]

라. 등록신고서의 면제

등록신고서의 면제에는 면제증권과 면제거래가 있다. 면제증권은 증권의 성질상 사전에 충분한 정보공시가 되었다고 볼 수 있는 경우에 한하여 매도방법 · 규모 · 상대방을 불문하고 공시규제가 적용되지 않는 증권을 말한다. 주로 연방정부증권 · 지방채증권 · 은행증권 · 신탁기금에 대한 권리증서 · 단기어음, 그리고 종교 · 자선 · 교육단체가 발행하는 증권 · 저축대부기관이 발행하는 증권 · 철도장비 관련 신탁 · 파산의 경우 재산관리인이나 파산관재인이 법원의 승인을 얻어 발행하는 증서 및 주정부의 보험감독관 · 은행감독관 등의 감독을 받는 회사가 발행한 보험 · 양로보험 · 연금계약 등이 있다(Securities Act of 1933 제3조 a의 제2항 · 제8항). 그리고 면제거래에 해당하는 것

66 Rishi, Smeeta S., "Impact of the SEC's Rule 415 on Individual Investors," 46 *Ohio State Law Journal* 223, 224(1985).

은 발행인 · 인수인 · 딜러 외의 자에 의한 거래, 그리고 사모 · 딜러의 거래, 증권거래소나 장외시장에서 고객의 주문에 의한 브로커의 거래, 부동산으로 담보된 약속어음의 청약이나 매도를 포함한 거래, 자위능력 있는 투자자를 상대로 하는 청약이나 매도를 포함하는 거래 등이 이에 해당한다(Securities Act of 1933 제4조 제1항 · 제6항).

2. 공시제도 위반 시의 처벌

가. 민사책임

발행공시의무를 위반하여 민사책임을 부담하는 경우로는 등록신고서의 부실표시(Securities Act of 1933 제11조)와 투자설명서의 부실표시(Securities Act of 1933 제12조 a항의2) 및 공시의무 자체의 위반(Securities Act of 1933 제12조 a항의1) 등이다. 구체적으로 볼 때, 등록신고서의 부실표시에 대하여 손해배상을 규정하였고, 투자설명서의 부실표시 및 공시의무 자체를 위반한 경우에는 취소 및 원상회복을 규정하였다.

등록신고서의 부실표시에 대하여는 손해배상책임을 부담한다. 즉, 등록신고서에 중요한 사실에 관하여 허위의 표시가 있거나, 기재하여야 할 중요한 사실 또는 기재된 내용에 대하여 오해가 발생하지 않기 위하여 필요한 사실이 누락된 경우에, 이러한 사실을 모르고 증권을 매수한 투자자는 증권발행자를 상대로 손해배상을 청구할 수 있다(Securities Act of 1933 제11조). 부실표시에 대한 민사책임은 크게 1차적 책임(primary liability)과 2차적 책임(secondary liability)으로 나눌 수 있다. 전자는 공시서류의 작성에 참여한 자들이 부담하는 책임이고, 후자는 작성에 참여하지 않는 자에게 부과되는 책임이다. 제1차적 책임은 발행인과 공시서류의 작성에 참여하는 자에 대하여 부과하는 민사책임으로, 이는 증권시장에 자금을 투자하는 투자자의 이익을 보호하였다.[67] 즉, 투자자가 투자결정을 내릴 중요한 정보인 공시서류에 부실기

67 김병연, 전게 논문(주 62), 111면.

재가 존재하여, 그 부실기재를 믿고 투자자들이 손해를 입었을 때, 해당 규정에 의하여 손해를 보전받을 수 있다.

투자설명서의 부실표시 및 공시의무 자체를 위반한 경우에는 거래의 취소 및 원상회복을 규정하였다. 즉, 등록신고서와 투자설명서에 관한 공시의무를 위반하여 증권을 모집하거나 매도한 자는 그 매수인에 대하여 이자를 포함한 지급한 대가에서 얻은 수익을 공제한 금액을 반환하거나 또는 매수인이 그 증권을 이미 매도한 경우에는 손해를 배상할 책임이 있다(Securities Act of 1933 제12조 a항의 1). 그리고 증권매수인이 증권의 매수를 취소하려면 매수인의 손해를 증명할 필요가 없고, 단지 피고로부터 증권을 매수한 사실과 피고가 공시규제를 위반한 사실만을 증명하면 된다.

나. 형사책임

발행공시의무 위반 시 사기금지에 관한 규정을 적용하여 형사책임을 부담한다(Securities Act of 1933 제17조). 즉, 누구든지 운송 또는 통신의 방법이나 수단 또는 우편 이용으로 증권의 매도청약 또는 매도에 있어서 직접 또는 간접적으로 아래 행위를 행하는 경우, 위법이다. (i) 사기를 위한 수단 · 계획 또는 방법을 사용하거나, (ii) 중요한 사실에 관하여 허위적인 표시를 하거나 또는 표시가 행하여진 당시의 상황에 비추어 오해를 방지하기 위한 중요한 사실의 표시를 누락하거나 금전이나 재산을 취득하거나, (iii) 매수인에게 사기 또는 기망이 되거나 될 수 있는 거래 · 관행 또는 영업절차에 종사하는 것 등이 있다. 따라서 해당 형사책임은 매도에만 적용되는 것이 아니라, 매도의 청약에도 동일하게 적용된다.

의도적으로 공시규제를 위반하거나 등록신고서에 기재한 중요한 사실에 대하여 표시의 누락이 있는 경우 10,000불 이하의 벌금 또는 5년 이하의 징역에 처하고, 벌금과 징역은 병과할 수 있다(Securities Act of 1933 제24조).

V. 소결

앞서 언급한 내용을 종합하면, 미국의 신주발행에 관한 법적 규제는 수권자본제도하에서 신주인수권을 법정하지 않고, 이사회가 수권주식 범위 내에서 신주를 자유로이 배정할 권한이 있다. 그러므로 이사회의 재량에 의하여 신주를 발행하는 것에 가장 문제되는 것은 불공정한 신주발행이다. 불공정한 신주발행을 판단하는 기준은 여러 판례에 의하여 형성되었고, 그중에서 가장 대표적인 것은 "수정된 주요목적기준"이다. 즉, "수정된 주요목적기준"에 의하면, 신주발행의 전제로 회사의 상황으로부터 회사의 정책과 효율성에 대한 위협이 존재한다고 신뢰한 사실적인 근거가 있어야 하고(위협의 합리적인 근거), 회사가 직면한 위협과 관련하여 신주발행의 수단이 합리적이어야 한다(위협과 수단 간에 합리적인 관계가 존재). 이 밖에, 수권자본제도하에서 회사의 자본적 기초를 튼튼히 하기 위하여, 액면발행을 원칙으로 하고, 액면미달발행(물탄 주)을 예외로 규정하였으며, 액면미달 발행 시 일부 주법에서는 인수한 주주에 대하여 회사가 발행가액과의 차액을 납부하는 것도 함께 규정하였다.

그리고 자본시장에서의 신주발행은 투자자의 이익을 보호하기 위하여, 공시규제로 등록신고서제도를 도입하였고, 매번 등록신고서를 제출하는 번거로움을 해결하기 위하여 일괄등록제도도 도입하였으며, 일괄등록제도의 활용으로 등록신고서제도에서 존재하는 자금조달의 편의성 및 기동성 문제를 해결하였다. 그리고 등록신고서제도하에서 등록신고서에 부실기재 또는 오해적 진술 및 허위적 기재로부터 투자자의 이익을 보호하기 위하여 공시규제 위반 시의 처벌규정을 함께 규정하였다.

제3절 유럽연합

I. 서론

유럽통합이란 커다란 목적을 위하여 유럽연합[European Union: 과거의 유럽경제공동체(European Economy Community)]의 구성국들은 자국의 국내법을 유럽연합의 지침(Directive)에 따라 조화시킬 의무를 부담하고 있다. 이러한 목적에 의하여, 1976년 12월 13일 유럽경제공동체 이사회는 회사법 제2지침으로 불리우는 자본지침(EEC Directive on Company's Capital)(이하 "Company's Capital"라고 약칭함)[68]을 제정하여, 공개회사의 설립과 자본유지 및 변동을 규정하였다.[69] 해당 자본지침에서 여러 개의 조항을 두어 신주발행을 규제하였다. 아래에서는 이에 대하여 상세히 살펴보겠다.

II. 신주인수권

1. 규정현황

유럽 제2지침인 자본지침은 경제의 발전에 따라 여러 번의 개정을 하였다. 개정의 결과, 기존 제29조에서 규정한 신주인수권을 현재 제33조로 옮겨왔다.[70] 이에 의하면 주주총회결의에서 정한 Maximum한도 내에서 신주발행권한을

68 full name은 Directive 2012/30/EU of the European Parliament and of the Council of 25 October 2012 on coordination of safeguards which, for the protection of the interests of members and others, are required by Member States of companies within the meaning of the second paragraph of Article 54 of the Treaty on the Functioning of the European Union, in respect of the formation of public limited liability companies and the maintenance and alteration of their capital, with a view to limited liability companies and the maintenance and alteration of their capital, with a view to making such safeguards equivalen (출처:http://ec.europa.eu/internal_market/company/capital/index_en.htm, 방문일: 2013.06.03.).

69 김영곤, 〈신주인수권의 법리〉, 《법학연구》(한국법학회), 제22집(2006), 222면.

70 Company's Capital Article 33 (1): Whenever the capital is incressed by consideration in cash, the shares must be offerd on a pre-emptive basis to shareholders in proportion to the capital represented by their shares.

경영진(corporate body)에게 위임할 수 있고, 경영진은 위임받은 범위 내에서 자신의 권한에 의하여 신주를 발행할 수 있다. 이 밖에 신주인수권이 인정되는 경우를 현금으로 출자하는 경우로 한정한 특징이 있다. 아래에서는 이에 대하여 상세히 살펴보겠다.

2. 신주인수권의 법정 및 제한

현행 제2지침에서 신주인수권에 대하여 제33조에서 규정하고 있다. 즉, 현금출자에 의한 자본증가 시 주주는 기존주주의 지분에 비례하여 신주를 우선적으로 배정받을 수 있으므로(Company's Capital 제33조 제1항), 주주의 신주인수권을 인정하였다. 이러한 주주의 신주인수권은 법규나 회사 정관에 의하여 제한하거나 배제될 수 없고, 단지 주주총회결의에 의하여만 제한될 수 있다(Company's Capital 제33조 제4항).[71] 그리고 신주인수권을 배제하기 위하여 경영진은 신주인수권의 제한이나 배제에 관한 이유와 발행가액의 정당화 근거를 기재한 서면보고서를 주주총회에 제출하여야 하며, 해당 결의는 자본지침 제44조의 규정인, 의결권 총수 또는 자본의 3분의 2 이상으로 결의되어야 하며, 구성국 법률에서 정한 절차에 따라 공시되어야 한다(Company's Capital 제33조 제4항).

그리고 신주인수권 배제와 관련하여 이익배당이나 잔여재산 분배에 참가할 권리가 제한된 주식에 신주인수권을 인정하지 않고(Company's Capital 제33조 제2항 a호), 신주인수권이 있는 종류주식을 발행하는 경우, 신주인수권의 행사순서로 먼저 종류주주가 신주인수권을 행사하고 다음으로 보통주주가 행사한다(Company's Capital 제33조 제2항 b호).

71 Company's Capital Article 33 (4): The right of pre-emption may not be restricted or withdrawn by the statutes or instrument of incorporation. This may, however, be done by decision of the general meeting.

III. 신주발행의 절차

1. 신주발행의 결정

제2지침인 자본지침에서는 인허자본제도(subscribed capital)를 채택하였고, 현금출자에 의한 자본증가는 반드시 주주총회결의에 의하여야 한다(Company's Capital 제29조 제1항)고 규정하였다. 그리고 주주총회결의에 따라 경영진에게 위임한 신주발행권은 최장 5년이다(Company's Capital 제29조 제2항).

2. 신주발행 그 밖의 절차

가. 비현금출자에 의한 신주발행

신주는 현금을 제외한 기타 대가(consideration)에 의하여 발행될 것을 허용한다. 비현금으로 신주발행 대금을 납입할 때에는 반드시 액면가(nominal value)의 25%를 납부하여야 하고, 무액면주식(absence of a nominal value)인 경우에는 accountable par의 25%를 납입하여야 한다(Company's Capital 제30조). 그리고 비현금으로 자본금을 증가할 때, 대가는 반드시 증자결의로부터 5년 내에 이행 완료되어야 한다(Company's Capital 제31조 제1항).

비현금으로 신주대금을 납부하여 증자할 때, 하나 또는 여러 개의 회사로부터 독립된 전문가의 보고가 있어야 한다. 해당 전문가는 자연인일 수도 있고, 회사일 수도 있으며, 이는 구성국들의 국내법에 의하여 구체적으로 결정된다(Company's Capital 제31조 제2항)

나. 현금출자에 의한 신주발행

현금출자에 의한 신주발행 시, 기존주주는 자신의 지주비율에 의하여 신주를 인수할 권한이 있다(Company's Capital 제33조 제1항). 즉, 현금출자에서만 기존주주의 신주인수권을 인정한다.

현금출자에 의한 신주발행 시 신주인수권이 인정되므로, 회사는 신주인수권자에 대한 통지의무가 있다. 즉, 회사의 주주는 서면으로 통지받을 권한이 있으며, 주주는 반드시 공시일(the date of publication) 또는 서면통지발송일(dispatch of the letters)의 14일 전에 신주인수권을 행사하여야 한다(Company's Capital 제33조 제3항).

IV. 발행시장에서의 신주발행

1. 공시제도

유럽연합은 EU 자본시장 통합을 지원하기 위하여 1999년 5월에 'EU 집행위원회'(European Commission)가 금융서비스 통합 시행계획을 담은 제안서인 '금융서비스이행계획'(Financial Services Action Plan: FSAP)을 발표하여, 2000년 3월에 리스본 유럽위원회(European Council)가 승인함으로써 자본시장 통합을 추진하였다.[72] 해당 '금융서비스이행계획'의 목적은 EU 내에 단일한 금융서비스 및 상품 도매시장을 형성하고, 안정성 있는 금융소매시장을 형성하여, 금융시장 환경변화에 유연하게 대처할 수 있는 최고수준의 건전성 기준 및 감독제도를 도입하는 것이다.

단일 금융시장을 형성함에 있어, 가장 근본적인 조치는 통합증권시장의 주춧돌인 금융투자서비스지침(ISD)를 up-grade하는 것이다. 개별 회원국의 감독당국은 영업행위규칙을 적용할 수 있는 재량권을 갖고 있는데, 이러한 재량권을 변경하기 위하여 다음과 같이 규제하는 방향을 통일하였다. 즉, 금융서비스 소비자를 전문적 투자자와 비전문적 투자자로 구분하여, 전문적 투자자의 경우 영업행위규칙의 선택을 계약쌍방에게 맡겼으며, 비전문적 투자자의 경우 host state[73]의 영업행위규칙을 적용하게 하였다.[74]

---

72 이용우, 《EU금융서비스 통합 시행계획(FSAP)의 구조와 체계》(서울: 자본시장연구원, 2011), 19면.
73 host state는 다른 회원국을 말함.
74 이용우, 전게서(주 72), 20면.

공시제도와 관련된 EU의 지침은 증권신고서 지침(Prospectus Directive)(이하 "PD"라고 약칭함),[75] 투명성 지침(Transparency Directive: TD), 불공정거래금지 지침(Market Abuse Directive), 금융시장 지침(Market in Financial Instruments Directive: MiFID) 등이 있는데, 정보공시와 관련하여 증권신고서 지침을 적용하여야 한다. 해당 지침에 따르면 본 지침의 주요목적은 주식 등 유가증권을 EU내에서 공모 또는 상장하고자 하는 행위를 규제하기 위한 것이다(PD 제1조). 이 밖에 효율적인 증권발행을 위하여 여권(passport)의 개념을 도입하여, 사업설명서의 작성 · 승인 · 배포에 대한 필요요건을 회원국 간 일치시켜 주식공모 및 규제시장에서의 증권거래에 대하여 home state[76]의 감독당국이 허가한 후, 증권발행기관이 허가된 사업설명서를 갖고, EU 전역에서 공모 및 규제시장에서의 거래를 할 수 있게끔 하였다.[77] 즉, 본국의 감독당국으로부터 신고서의 승인을 받으면, EU 내 다른 국가에서 별도의 신고서 승인 없이 자유롭게 공모를 할 수 있다.

2. 공시제도 위반시의 처벌

각 Member State의 권리를 침해하지 않는 원칙하에서, Member State 국내법과 조화를 이루기 위하여 공시의무에 따르지 아니한 자에게 일정한 행정처벌, 민사처벌 및 형사처벌을 할 수 있다. 다만 Member State는 해당 조치들이 유효하고 비례적일 것을 확보하여야 한다(PD 제25조 제1항). 이 밖에 각 Member State의 주관 부처에서는 반드시 본 지침을 위반하여 부과한 처벌을 공개하여야 한다. 다만 처벌을 공개하는 것이 자본시장의 안정성을 중대하게 해하거나 또는 당사자에게 비례적이지 못한 손해(disproportionate damage to

75 일부 연구보고서에서는 해당 지침을 "사업설명서지침"이라고도 번역하였다[이용우, 전게서(주 72), 76면]. 해당 지침의 full name은 Directive 2003/71/EC of the European Parliament and of the Council of 4 November 2003 on the prospectus to be published when securities are offered to the public or admitted to trading and amending Directive 2001/34/EC(출처: http://www.esma.europa.eu/system/files/ProspectusDir_2003_71.pdf 방문일: 2013.05.04.).

76 home state란 발행기관이 등록오피스를 가지고 있는 국가를 말한다.

77 이용우, 전게서(주 72), 77면.

the parties)를 초래할 수 있는 경우에는 제외된다(PD 제25조 제2항).

V. 소결

앞서 언급한 내용을 종합하면, 유럽연합에서는 인허자본제를 채택하고 있지만, 주주총회결의에서 정한 최대(Maximum)한도 내에서 경영진에게 신주발행을 위임할 수 있다. 그리고 현금출자의 자본증가 시 신주인수권을 법정하였으며, 신주발행 시 14일 전 신주인수권자에게 통지하여야 한다. 그리고 비현금으로 출자하여 증자하는 경우, 회사로부터 독립된 전문가의 보고가 있어야 한다고 규정하였다.

그리고 자본시장의 신주발행은 투자자의 이익을 보호하기 위하여, 공시규제로 사업설명서제도를 도입하였으며, 효율적인 증권발행을 위하여 여권(passport)의 개념을 도입하여 사업설명서의 작성 · 승인 · 배포에 대한 필요요건을 회원국 간 일치시켜 주식공모 및 규제시장에서의 증권거래에 대하여 home state의 감독당국이 허가한 후, 증권발행기관이 허가된 사업설명서를 갖고, EU 전역에서 공모 및 규제시장에서의 거래를 할 수 있게끔 하였다. 그리고 공시의무의 이행을 확보하기 위하여, 행정처벌, 민사처벌 및 형사처벌 등을 규정하였다.

제4절 독일

I. 서론

유럽연합 지침을 본받아, 독일 주식법에서는 신주인수인수권을 법정하는 동시에, 자금조달의 기동성을 추구하기 위하여 인허자본제도를 채택하여 감사회의 동의로 신주발행권한을 이사회에게 부여하였다. 즉, 회사성립 후 또는 정관 변경 후 최장 5년까지 기본자본의 2분의 1을 넘지 않는 범위 내에서 이사회는 감사회의 동의로 신주발행을 할 수 있다(독일 주식법 제202조).

그리고 신주인수권 배제와 관련하여 독일 주식법에서는 형식적인 절차로 주주총회 특별결의와 명시적인 공고 및 이사회의 보고의무를 규정하였다. Kali & Salz판례[78]를 통하여 신주인수권을 배제하는데 관한 실질적인 요건으로 회사이익기준을 제시하였다. 즉, 주주평등원칙에도 불구하고 신주인수권의 배제는 회사이익상 필요하고 회사이익과 주주이익의 비교형량에 따를 때에 신주인수권 배제가 정당성이 있다는 것을 설명하여야 한다. 이 밖에 발행시장에 의한 신주발행으로 자금조달을 추진하기 위하여, 공모사업설명서법을 제정하여, 사업설명서를 제출하는 것으로 공시규제를 강화하였다. 아래에서는 앞서 말한 사항에 대하여 구체적으로 살펴보겠다.

II. 신주인수권

1. 규정현황

독일에서는 1891년 상법에서 주주의 신주인수권을 법정하였고, 1897년 · 1931년 · 1937년 및 1965년의 독일 상법(주식법)이 이를 개정하였다.[79] 그 후로

78 이 사건의 사실관계는 다음과 같다. 피고 Salzdethfurth주식회사는 파산위기에 직면하였으나 담보재산의 부족으로 은행차입을 기대할 수 없는 상황이었다. 이에 피고회사는 재무구조의 개선을 위하여 Winterschall주식회사와 그 자회사인 Burbach 주식회사로부터 이들 회사가 가지고 있었던 다른 회사(Kali & Salz 주식회사)의 지분을 현물출자받고 이에 대한 대가로 Salzdethfurth 주식회사의 자본을 증가하여 신주를 발행해 줌으로써 피고회사의 지급능력의 위기를 불식시키는 한편, 피고회사의 상호를 Kali & Salz 주식회사로 변경하였다. 이미 Salzdethfurth 주식회사의 주식을 43.4% 소유하고 있던 Winterschall 주식회사와 그 자회사인 Burbach주식회사는 이번의 현물출자로 그 지분이 총 71.7%로 상승하였고, 신주인수권이 배제당한 주주의 지분비율은 그에 따라 감소되었다. 자본비율이 감소한 주주는 주주총회결의에 대하여 신주발행 취소의 소를 제기하였다. 결과적으로 동 사건에서는 법원은 회사의 신용이 경색된 상황에서 은행차입을 기대할 수 없게 되자 대주주의 현물출자를 대가로 대주주를 상대로 신주를 발행하는 것은 회사에게 이익이 존재한다고 인정하였다[김세경, 전게 논문(주 34), 24면].

79 [獨]Karsten Schmidt,[譯]안성포, 〈Deutsches Aktienrecht-Reform in Permanenz〉(독일 주식법-지속적인 개혁), 《상사법연구》(한국상사법학회), 제22권 제1호(2003년), 281면.

1978년 독일 주식법 개정으로 신주인수권배제의 형식적 요건을 강화하였고, 1994년 독일 주식법 개정으로 신주인수권배제의 실질적 요건을 규정하였다.

1994년 독일 주식법이 신주인수권배제에 관한 실질적 요건을 규정하게 된 주요 계기는 1990년대 초 독일경제가 불황에 처하면서 주식회사의 자금조달이 어렵게 되었고, 법정신주인수권에 대한 재검토로 자금조달의 문제점을 해결하려고 하였다. 주주의 신주인수권이 효율적인 자금조달의 장애물이 된 이유는 신주인수권을 인정하여 주주에게 우선적으로 신주를 배정할 경우, 소정의 절차를 거쳐야 하므로 시간적인 지연이 있고, 시가발행으로 신주를 발행하는 경우 주주들이 실권할 확률이 높고 이러한 실권은 다시 자금조달의 좌절로 이루어지고 있기 때문이다.[80][81]

독일 주식법에서는 세 가지 유형의 자본증가를 규정하였다(독일 주식법 제2장). 첫째는 주주총회 특별결의(총자본의 4분의 3 이상 다수결로 통과)에 의한 "투자를 조건으로 하는 자본증가"(독일 주식법 제182조 내지 제191조)이고,[82] 둘째는 주주총회 특별결의에 의하여 이루어지는 "조건부 자본증가"(독일 주식법 제192조 내지 제201조)이며,[83] 셋째는 주주총회 특별결의로 회사 정관을

80 이동승, 〈독일의 신주인수권론 — 신주인수권배제원리를 중심으로〉, 《강원법학》(강원대학교), 제9권(1997), 289면.

81 이 밖에 독일에서 2012년 주식법을 개정하여, 다양한 자금조달 수단으로 종류주식을 규정하였다. 즉, 회사가 의결권 없는 우선주를 발행하는 현재의 법적 상황에서 자금조달의 탄력성을 통하여 비누적적 우선주의 발행을 허용하는 것과 전환사채의 전환권을 회사에게도 부여하는 내용이다[김은경, 〈독일의 2012년 개정주식법에 관한 소고〉, 《상사법연구》(한국상사법학회), 제31권 제1호(2012년), 245면].

82 "투자를 목적으로 하는 자본증가"의 주주총회 특별결의는 반드시 각종 주식을 보유하는 주주의 동의를 얻은 후 비로소 효력이 발생하며(독일 주식법 제182조 제2항), 신주를 발행의 주주총회 특별결의에서 신주발행 시 최저가액을 결의하여야 하며, 액면초과발행만을 허용한다(독일 주식법 제182조 제3항). 그리고 기본자본에서 미납자본이 존재하는 경우, 미납자본의 납입 가능성이 존재하는 경우, 신주발행으로 자본증가를 하지 못한다(독일 주식법 제182조 제4항). 이 밖에 자본증가의 주주총회 특별결의에서 "현물출자를 조건으로 하는 자본증가"에 대하여 결의하지 않는 한 "현물출자로 인한 자본증가"는 무효이다(독일 주식법 제183조).

83 주총특별결의에 의한 "조건부 자본증가"는 (i) 전환사채를 보유한 채권자가 전환권을 행사할 때, (ii) 다수의 기업과 합병할 때, (iii) 회사 또는 지주회사의 종업원 및 집행임원의 신주인수권을 보장하기 위한 경우에 행하여진다(독일 주식법 제192조 제2항). 이러한 "조건부 자본증가"는 자금조달 이외의 목적으로 주주총회 특별결의에 의하여 이루어지고 있으므로, 그 성질상 신주인수권배제를

변경하고 이사회에게 수권을 하여 이사회가 행하여지는 "인허자본범위 내에서의 자본증가"(독일 주식법 제202조 내지 제206조)이다.[84] 독일의 신주인수권 법제의 특징은 한마디로 주주의 신주인수권을 법정하고, 신주인수권배제의 조건을 강화한 것이다.

2. 신주인수권의 법정

독일은 신주인수권을 법정한 대표적인 국가이다. 독일 주식법에 의하면 신주발행시 주주는 기본자본에서 자신이 소유한 주식비율에 따라 신주를 인수할 권리가 있다(독일 주식법 제186조 제1항). 그리고 신주인수권에 관한 독일 주식법 제186조는 강행 규정이므로, 정관으로 신주인수권을 강화하거나 제한할 수 없다.

3. 신주인수권의 배제

독일 주식법에서는 세 가지 방식의 신주발행을 규정하였는데, 그중에서 "조건부 자본증가"는 기업합병 및 신주인수권부사채의 전환권 행사 등 목적으로 이루어지고 있으므로 신주인수권배제에 관한 독일 주식법 제186조의 규

전제로 하고 있으므로, 주주의 신주인수권에 관한 규정이 적용되지 않는다[이동승, 전게 논문(주40), 48면]. 그 밖에 "조건부 자본증가"에서 "전환사채를 보유한 채권자가 전환권을 행사"의 경우, 신주발행 액면가액은 주주총회결의 시 기본자본의 2분의 1를 초과할 수 없고, "다수의 기업과 합병할 때" 그리고 "회사 또는 지주회사의 종업원 및 집행임원의 신주인수권을 보장"하기 위한 경우 액면가액은 기본자본의 10분의 1일을 초과할 수 없다(독일 주식법 제192조 제3항). 현물출자의 "조건부 자본증가"의 경우, 반드시 출자하려는 현물, 현물을 구입한 인원 및 현물출자로 발행한 주식의 액면가액에 대하여 규정하여야 한다(독일 주식법 제194조 제1항).

84 "인허자본범위 내에서의 자본증가"는 주주총회의 특별결의하에 회사 정관에서 이사회에게 최대 5년간의 권한을 위임하여 투자를 목적으로 하는 신주를 발행하는 것으로 기본자본을 인허자본범위로 증가할 수 있다(독일 주식법 제202조 제1항). 인허자본의 액면가액은 수권전 기본자본의 2분의 1를 초과할 수 없고, 감사회의 동의를 취득한 경우에 한하여 신주를 발행할 수 있다(독일 주식법 제202조 제3항). 수권범위에서 현물출자를 규정한 경우에 한하여 현물출자로 주식을 발행할 수 있다(독일 주식법 제205조 제1항). 수권범위 내에 현물출자에 대하여 규정하였지만, 현물출자의 범위, 현물을 인수한 인원 및 현물출자로 인하여 발행한 신주의 액면가액에 대하여 명시하지 않는 경우, 이사회는 감사회의 동의를 취득한 후 앞서 나열한 사항들에 대하여 비로소 자신의 권한으로 정할 수 있다(독일 주식법 제205조 제1항 · 제2항).

정이 적용되지 아니한다. 그리고 "인허자본범위 내에서의 자본증가"는 "투자를 목적으로 하는 자본증가"에 관한 신주인수권배제의 규정이 준용된다(독일 주식법 제203조 제1항). 그러므로 신주인수권배제에 관한 독일 주식법의 규정은 주로 제186조를 둘러싸고 전개된다.

가. 형식적 요건

(1) 자본증가결의에서의 신주인수권배제

기본자본을 증가하는 결의에서 부분적으로 또는 전체적으로 신주인수권을 배제할 수 있다(독일 주식법 제186조 제3항 제1문). 즉, 신주인수권배제결의는 기본자본증가의 결의와 불가분하다. 그러므로 신주인수권배제결의에 하자가 존재하는 경우 기본자본증가의 하자를 초래할 수 있는데, 이와 반대로 기본자본 증가의 결의에 하자가 존재하는 경우 신주인수권배제결의에도 하자가 존재한다고 판단될 수는 없다.[85]

(2) 주주총회특별결의에 의한 신주인수권배제

신주인수권배제에 관한 결의는 법률이나 회사 정관에 의하여 규정한 자본증가결의의 요건을 충족하여야 할 뿐만 아니라 주주총회 특별결의의 요건도 충족하여야 한다. 즉, 기본자본의 4분의 3 이상 다수의 결의로 신주인수권을 배제할 수 있다(독일 주식법 제186조 제3항 제2문). 다만 회사는 정관에 의하여 신주인수권배제결의요건을 강화할 수 있다(독일 주식법 제186조 제3항 제3문).

(3) 명시적인 공고

독일 주식법에 의하면, 주주총회의 소집은 반드시 법률이나 회사 정관에 의하여 회사이익을 위하여 소집되어야 한다(독일 주식법 제121조 제1항). 그리고 주주총회의 소집일정 및 이와 관련한 사항은 회사 공고지에 공고되어야 하며

85 이동승, 전게 논문(주 40), 51면.

(독일 주식법 제124조 제1항), 주주총회에서 신주인수권배제를 결의하는 경우 독일 주식법 제124조 제1항에 의하여 해당 결의사항을 공고하여야 한다(독일 주식법 제186조 제4항).

(4) 이사회의 보고

독일 주식법에서 신주인수권배제와 관련하여 이사회에게 보고의무를 규정하였다. 이사회는 주주총회에서 신주인수권의 일부 또는 전부가 배제된다는 서면보고를 하여야 하고, 보고서에 발행가액이 타당한지 여부에 관한 설명도 포함하여야 한다(독일 주식법 제186조 제4항).

이사회에게 보고의무를 부과하는 주요목적은 주주총회에서 신주인수권의 배제에 관한 결의를 할 때, 이사회의 보고의무는 주주에게 적절한 판단을 할 수 있게 회사운영의 각도에서 의견을 제시할 수 있다. 그리고 신주인수권배제를 반대하는 주주들을 사전에 설득시키는 것으로 신주발행무효의 소가 제기되는 것을 방지할 수 있다. 이 밖에 법원 또한 이사회 보고서로 결의의 정당성을 심사할 수 있다. 그러므로 신주인수권 배제에 관한 이사회의 보고의무는 신주인수권 배제를 둘러싼 신주발행 취소의 소가 남발하는 것을 저지하는 데 있어 적극적인 작용이 있다.

나. 실질적 요건[86]

(1) 실질적 요건 존재 필요성

재산권적 측면에서 볼 때, 신주인수권의 배제는 이익지분과 잔여재산분배상

86 신주인수권배제의 실질적 요건과 관련하여 독일 판례의 경향을 살펴보면, 점차적으로 강화되는 추세를 엿볼 수 있다. 초기에는 신주인수권 배제는 완전한 처분권에 맡겨져 있다는 취지의 "히베르니아"(Hibernia)판결(1908)에서 시작하여, 주주평등 원칙에 의하여 다수 주주의 자의적인 조치를 배제한 "미니막스"(Minimax)판결(1964)을 거쳐, 회사이익과 비례성에 의한 정당화 심사의 원칙을 정한 Kali & Salz판결(1978)에 이르기까지 심사기준이 지속적으로 강화되었다. "홀츠만"판결(Holtzman)(1982)에 이르러 이사의 보고의무를 강화하여 배제되는 소수주주의 완벽한 보호를 가져왔으며, 동 판결 이후 신주인수권에 대하여 회사이익을 판단함에 있어 이사회의 경영판단을 존중하는 경향으로 완화되었는데, "ARAG"판결(1997)에서는 이사의 경영판단원칙을 최초로 인정하였다[김세경, 전게 논문(주 34), 20면].

의 지분 및 의결권을 상대적으로 감소시키기 때문에, 신주인수권이 배제된 주주는 보상을 받지 않으면, 보유하고 있는 지분의 내재가치가 신주의 발행 조건에 따라 희석화되어 경제적 손실과 지배적 손실을 입을 수 있다. 그러므로 신주인수권의 배제는 기존주주의 이익에 영향을 초래할 수 있으므로, 형식적인 요건뿐만 아니라 실질적인 요건도 함께 검토할 필요가 있다.

(2) 실질적 요건 정당성 심사기준

① 공서양속에 의한 심사기준

초기에는 공서양속에 기초를 두어 신주인수권 배제의 실질적 정당성을 심사하였다. 즉, Reich법원은 다수가 법률상의 규칙에 위반하지 않고, 다수의 결의가 부정한 방법으로 행하여지지 않았으면, 공서양속을 위반하는 것에 해당하지 않고, 다수자는 소수자의 이익을 보호할 의무가 없다고 판시하였다.[87] 생각건대, 이와 같이 다수결에 의하여 신주인수권을 배제하는 것은 결과적으로 다수결에 의한 다수자의 특별이익만을 추구할 뿐, 회사이익을 희생하는 문제점이 존재하게 된다.

그리고 공서양속에 기초하여 신주인수권을 배제할 때, "다수의 주주는 전체의 이익범위 내에서 필요 이상으로 소수주주의 권리를 침해하지 않도록 노력할 사회적 책임이 있다. 그러므로 증자 시 소수주주권을 침해하는 경우, 증자의 목적이 보다 나은 수단에 의하여 달성될 수 있는가에 대하여 회사 집행부와 그 배후에 있는 대주주는 신중하게 심사할 필요가 있다"고 판시하여,[88] 신주인수권 배제의 주주총회결의에서 다수결 원칙으로 결정함으로 인하여 발생할 수 있는 권리남용으로 소수주주의 이익을 해하는 것을 방지하기 위하여, 독일 주식법 제153조에서 "주주의 신주인수권배제에 대하여 특별다수결 원칙"을 규정하였다.

87 RGZ 68, 235-Hibernia[정주환, 〈신주인수권의 배제와 회사의 이익에 관한 연구(I)〉, 《사법행정》(한국사법행정학회), 227권(1979.11), 52면].

88 RGZ 132, 163-Victoria[김세경, 전게 논문(주 34), 21면].

② 주주평등원칙에 의한 심사기준

주주평등원칙의 문언상 의미는 모든 주주는 동등한 조건하에서 동등하게 취급되어야 한다는 것인데, 신주발행 시의 주주평등원칙은 독일 주식법 제186조 제1항에서 "주주는 자신이 기존에 가진 주식의 비율에 따라서 법정의 신주를 인수할 권리를 갖는다"고 규정하고 있다.

신주인수권 배제와 관련하여, 주주평등원칙을 위반하여 신주를 차등발행한 예로는 미니막스(Minimax)판례이다.[89] 해당 판례에서 이사회는 일부 주주가 회사를 지배할 것을 방지하기 위하여, 해당 주주들의 신주인수권을 배제하여 신주를 차등발행한 것이 문제가 되었다.[90] 법원은 이에 대하여 "개별주주에게 신주배정한 이사회의 결의는 특정자를 우대하거나 특정 주주를 위하여 신주인수권을 배제하여서는 아니 된다. 그러나 실질적으로 정당하고 자의성이 없는 경우에 주주의 불평등 취급은 허용된다"고 판시하였다.[91] 즉, 주주평등 원칙은 예외 없이 적용되는 것이 아니라, 주주에 대한 차별적인 취급이 회사의 특정한 이익을 보호하기 위하여 필요하고, 또한 이에 관한 주주와의 이익과 비례성이 있을 때에는 허용된다는 것이다.[92]

③ 회사이익기준

독일에서는 Kali & Salz(칼리운트잘츠)판결을 통하여 신주인수권배제의 실질적 요건으로 회사이익기준을 제시하였다. Kali & Salz판결에서는 회사가 이성적인 상인의 고려에 따라 목적물의 취득에 대해 급박한 이익을 가지고 있고, 회사이익을 위하여 반드시 신주인수권을 배제하여야 하는 상황이며, 회사의 이익과 신주인수권이 배제되는 주주의 비례적 지분손실과 의결권손실을 비교하였을 때, 회사이익이 더욱 중요한 경우 비로소 신주인수권배제의

89 BGHZ 33, 175(186 ff)-Minimax

90 [德]托马斯 莱赛尔 · [德]吕迪格 法伊尔, [译]高旭军 · 单晓光 · 刘晓海 · 方晓敏,《德国资合公司法(Recht der Kapital-gesellschaften)(第三版)》(北京: 法律出版社, 2005), 322면.

91 김세경, 전게 논문(주 34), 22면.

92 김재범, 〈주주평등의(株主平等) 원칙을 개관함〉,《안암법학》(안암법학회), 제4호(1996), 687면.

실질적 정당성이 인정된다고 판시하였다.[93]

(3) 신주인수권배제에 관한 실질적 요건의 증명책임

신주인수권배제의 실질적 요건에 관한 증명책임은 원칙적으로 주주총회결의 취소의 소와 관련하여 주주가 증명책임을 부담하여야 한다. 그러나 주주가 증명책임을 부담하는 경우 어려움이 있고, 회사가 필요한 모든 서류 및 정보를 보유하고 있다는 점을 감안하여 취소되는 결정에 결정적인 사유들을 구체적으로 설명하는 것은 회사의 의무라고 판시하여, 신주인수권배제에 관한 실질적 요건의 증명책임을 회사에게 부여하였다.[94]

III. 신주발행의 절차

1. 신주발행의 결정

독일의 경우 자본금에 관하여 총액인수제도를 채택하고 있다. 즉, 자본금이 정관의 절대적 기재사항이고 회사의 설립 시에 자본금 총액에 해당하는 주식의 인수를 요하는 제도이다. 총액인수제도는 회사의 설립 시에 자본적 기초를 확보하고 회사채권자를 보호하는 장점은 있으나, 회사 설립과 자금조달에 탄력성이 없다는 단점이 있다. 이러한 자금조달의 단점을 해결하기 위하여 총액인수제도를 완화하여 인허자본제도를 규정하였는데, 회사 성립 후 또는 정관 변경 후 5년까지 기본자본의 2분의 1을 넘지 않는 범위 내에서 감사회의 동의만으로 이사회가 신주발행할 수 있게 하는 것이다(독일 주식법 제202조).

2. 신주발행 그 밖의 절차

가. 개관

독일 주식법에서 정한 신주발행의 유형은 3가지가 있다. 즉, "투자를 목적으

93 [德]托马斯 莱赛尔 · [德]吕迪格 法伊尔, [译]高旭军 · 单晓光 · 刘晓海 · 方晓敏, 전게서(주 90), 322면.
94 이동승 전게 논문(주 40), 141면.

로 하는 자본증가"(독일 주식법 제182조 · 191조), "조건부 자본증가"(독일 주식법 제192조 · 201조) 및 이사회권한으로 신주발행을 할 수 있는 "인허자본범위내에서의 자본증가"(독일 주식법 제202조 · 제206조)이다.

"투자를 목적으로 하는 자본증가"는 일반적으로 우리가 알고 있는 자금조달 목적인 유상증자이고, "조건부 자본증가"는 제3자가 전환권 등을 행사하는지 여부에 의하여 결정되는 성질상 신주인수권 배제를 전제로 하고 있는 증자방식을 말하며, 세 번째인 "인허자본범위 내에서의 자본증가"는 감사회의 동의로 이사회가 신주를 발행하는 것을 말한다.[95]

앞서 살펴본 바와 같이 세 가지 자금조달 유형에서 독일입법모델에 비추어 볼 때, 가장 완전한 자금조달 절차를 거치는 것은 "투자를 목적으로 하는 자본증가"이다. 그러므로 다음에서는 "투자를 목적으로 하는 자본증가"에 관한 신주발행 절차에 대하여 살펴보겠다.

나. 신주발행결의의 신고

주식회사의 발행주식총수의 4분의 3 이상을 대표하는 특별결의로 투자를 조건으로 하는 자본증가(유상증자)에 관한 결의를 한다. 다만 종류주식을 발행하는 경우, 종류주주의 특별결의도 있어야 한다(독일 주식법 제182조 제1항 · 제2항). 그리고 신주발행이 주주총회 특별결의에 의하여 이루어진 후, 해당 결의를 공고하여야 한다. 즉, 이사회와 감사회 의장은 기본자본 증가의 결의를 상업등기부에 등록하여야 하는데, 현물출자의 경우 현물출자 심사보고서도 상업등기 시에 함께 제출하여야 한다(독일 주식법 제184조 제1항).

다. 신주인수권자에 대한 청약최고

독일은 주주의 신주인수권을 법정하였고, 법에 의하여 주주의 신주인수권을 배제하지 않는 한, 기존주주는 주식보유비율에 따른 신주를 배정받을 권리가 있다(독일 주식법 제186조 제1항). 신주발행회사는 신주배정기준일 2주 전 신

95 이에 대한 자세한 규정은 이 책의 독일 신주인수권 부분의 각주를 참조 바람.

주인수권자에게 청약최고를 하여야 하며(독일 주식법 제186조 제1항), 회사의 공고방법에 따라 이를 공고하여야 한다(독일 주식법 제186조 제2항).

라. 주식인수

반드시 2부의 주식인수청약서(서면)에 의하여 주식인수에 관한 청약을 하고, 주식인수청약서에는 인수할 주식의 수량 · 종류 · 발행가액 및 회사의 의무제한사항을 규정하여야 한다(독일 주식법 제185조 제1항). 주식인수청약서에 기재하지 않은 회사의 면책사항은 회사에 대하여 효력이 없다(독일 주식법 제185조 제4항). 그리고 자본증가결의가 이미 등기되고 주식인수인이 주주의 권한 및 주주의 의무를 이행한 경우, 그는 주식인수청약서의 무효를 제기할 수 없다(독일 주식법 제185조 제3항).

이 밖에, 독일 주식법에서는 신용기구(발행업무를 담당하는 중개업자)가 발행예정주식을 일차적으로 총액인수하고, 다시 신용기구를 통한 간접적인 신주발행방식을 허용하였다. 다만 총액인수방식을 채택하려면 사전에 주주총회의 결의가 있어야 하고, 이사회에게 신용기구와 주식인수계약을 체결할 권한을 위임하여야 한다. 그리고 이사회와 신용기구가 체결한 주식인수계약에는 반드시 주주의 신주인수권에 관한 내용이 포함되어야 하고, 주주는 신용기구를 통하여 주식인수청약최고를 받게 된다. 이 밖에 이사회는 회사공시방법으로 신용기구에게 납입한 수수료를 공시하여야 한다(독일 주식법 제185조 제5항). 비록 이러한 총액인수의 방식은 단기적으로 신용기구가 회사의 주주로 되지만, 해당 신용기구는 회사의 신주발행 업무를 대행하는 것에 불과하기 때문에 주주의 신주인수권을 배제하는 것에 해당하지 않는다.[96]

마. 등기 · 신고 · 효력

이사회와 감사회 의장은 상업등기부에 자본금 증가의 내용을 등기하여야 하고(독일 주식법 제188조 제1항), 등기하는 즉시 자본증가의 효력이 발생한다

96 [德]托马斯 莱赛尔 · [德]吕迪格 法伊尔, [译]高旭军 · 单晓光 · 刘晓海 · 方晓敏, 전게서(주 90), 324면.

(독일 주식법 제189조). 그리고 등기하기 위하여 회사소재지 법원에 신고하여야 한다(독일 주식법 제188조 제3항). 등기와 신고는 동시에 진행할 수 있다(독일 주식법 제188조 제4항).

IV. 발행시장에서의 신주발행

1. 공시제도

가. 독일증권규제 관련 법규

독일에서 증권거래법(Wertpapierhandelsgesetz: WpHG)은 독일 자본시장법의 기본법이고, 그 다음으로 거래소법(Börsengesetz)과 주식취득 및 인수에 관한 법률(Wertpapierübernahmegesetz: WpÜG)가 있다. 그리고 공모와 관련하여 제정된 특별법인 공모사업설명서법(Gesetz über Wertpapierverkaufsprospekte und Änderung von Vorschriften über Wertpapierevom)이 있다.

독일 자본시장법의 핵심인 독일증권거래법(WpHG)은 1994년 제2차 자본시장육성법(2.Finanzmarktförderungsgesetz: FMFG) 제1조에 따라서 제정되었고, 1995년 1월 1일에 발효되었으며, 이로부터 증권거래법은 독일내의 금융시장의 기능성과 경쟁능력을 진흥하는 것과 금융광장으로서 독일의 매력을 증대시키는 목적을 추구하였다.[97] 독일 증권거래법의 규제중심은 내부자거래의 퇴치, 수시공시의 도입 및 시세조종 및 시장가격조종의 금지 등 관련 내용이고, 독일 자본시장 관련법에서 구체적으로 공모를 규제하는 법규는 공모사업설명서법이다. 해당 법률은 1991년에 시행되었고, 1993년 및 1994년, 그리고 1999년 제3차 금융시장진흥법에 따라 대폭적인 개정을 거친 바 있다.[98] 다음에서는 독일의 공모사업설명서법에서 정한 공모 시의 공시규제에

---

97 권순희, 〈독일 자본시장법의 주요내용에 관한 소고〉, 《경제법연구》(삼성출판사), 제6권 1호(2007), 136면.

98 이준섭, 〈공모의 법적 규제〉, 《증권법연구》(한국증권법학회), 제1권 제1호(2000), 32면.

대하여 살펴보겠다.

나. 사업설명서제도

공모의 방식으로 증권을 발행하는 경우, 독일법에서는 공모사업설명서가 작성되어야 한다. 다만 사업설명서의 내용에 대한 특별한 심사 또는 통제는 없다(공모사업설명서법 제8조). 다만 공모와 동시에 제1차 시장에 상장을 신청하는 경우, 해당 증권거래소의 상장규정 및 사업설명서를 규율하는 법에서 요구하는 사업설명서를 작성하여야 하며, 증권거래소의 승인도 얻어야 한다.[99] 이로써 독일에서는 비상장유가증권의 공모와 상장을 분리하는 입법체제를 취하고 있는 것을 알 수 있다. 그리고 사업설명서의 내용에는 발행회사의 재산 · 재무 및 수익상황에 대한 것은 물론 해당 유가증권과 관련된 권리에 관하여 충실한 판단을 내릴 수 있을 정도의 기재내용을 담고 있어야 한다.

다. 공모규제의 예외

공모규제의 예외란 처음부터 공모로 보지 않거나, 공모의 예외로 간주하는 상황, 즉, 공모의 개념을 충족시키는 행위임에도 불구하고 다양한 이유 때문에 법적 규제가 면제되는 경우를 모두 포함한다. 그러므로 공모규제의 예외란 공시규제가 면제되는 증권과 공시규제가 면제되는 거래를 말하는 것이다.

독일공모사업설명서법에서는 한정된 인적 범위에 대한 공모와 소액공모에 대하여 공시규제가 면제된다. 신주발행의 액면가액이 40만 유로 이하인 경우에 사업설명서의무를 면제하고 있다(공모사업설명서법 제2조 제4항). "한정된 인적 범위"란 피권유자가 공모주체와 개별적 관계에 있고, 개별적인 차원에서 특정되어 권유될 뿐만 아니라, 해당 정보가 반드시 사업설명서를 통하여 제공될 필요가 없는 경우를 말한다.[100] 이 밖에도 공개교환이나 합병으로 인한 발행, 일반투자자를 대상으로 권유되는 유가증권이 아닌 소위 유로

99 이준섭, 상게 논문(주 98), 53면.

100 이준섭, 전게 논문(주 98), 47면.

증권의 모집, 기타 공동의 목적을 추구하는 특정한 발행인의 유가증권도 역시 사업설명서의무를 면제하고 있다.[101]

2. 공시제도 위반 시의 처벌

가. 민사책임

정확하지 않는 정보를 사업설명서에 기재한 경우, 투자자는 거래의 취소를 요구할 수 있을 뿐만 아니라, 주가가 기존 신주인수가액과 비교하여 하락한 경우 차액에 대하여 손해배상을 청구할 수 있다(공모사업설명서법 제21조). 이밖에 사업설명서에 기타 하자가 존재하는 경우에도 제21조의 규정을 적용한다(공모사업설명서법 제22조).

나. 면책규정

신주인수인이 사업설명서에 기재한 내용에 정확하지 않거나 불완전한 것을 알고 있는 경우, 발행인은 면책된다(공모사업설명서법 제23조). 즉, 독일 공모사업설명서법에서는 악의의 항변을 인정하고 있다.

V. 소결

앞서 언급한 내용을 종합하면, 독일의 신주발행 법적 규제는 인허자본제도 하에서 회사 성립 후 또는 정관 변경 후 5년까지 감사회의 동의로 이사회가 기본자본 2분의 1의 범위 내에서 신주발행 결정권을 갖는다. 그리고 주식법에서 신주인수권을 법정하였으며, 자금조달의 기동성을 추구하기 위하여 신주인수권의 배제를 허용하였다. 신주인수권 배제와 관련하여 형식적인 요건으로 주주총회 특별결의를 규정하였다. 그러나 신주인수권을 배제하는 것은 어디까지나 기존주주에게 경제적인 이익과 지배적인 이익에 손해를 초래할

101 이준섭, 전게 논문(주 98), 51면.

수 있으므로 형식적인 요건보다 실질적인 요건도 중요하다. 독일 주식법에서는 실질적 요건에 대하여 명시되어 있지 않고, 각종 판례에 의하여 신주인수권 배제에 관한 실질적 기준을 제시하였다. 즉, 판례에 의하여 회사이익기준에 따르면, 신주인수권의 배제를 정당화하기 위하여 이사는 재량권에 의하여 회사이익과 주주이익 사이에서 이익형량을 한 후, 회사이익을 위하여 주주이익의 희생이 꼭 필요로 하는 경우에만 신주인수권을 배제할 수 있다. 그러므로 이사가 회사이익기준에 의하여 신주인수권을 배제할 것인지 여부를 판단한 후, 이사가 주주총회에게 보고하고, 최종 주주총회 특별결의에 의하여 신주인수권을 배재한다.

그리고 자본시장에서 신주발행으로 자금을 조달하는 경우, 투자자의 이익을 보호하기 위하여, 공시규제로 사업설명서제도를 도입하고 있다. 그리고 신주발행 시 공시규제의 예외로, 사모와 소액공모를 규정하여 사업설명서의 제출를 면제하였다. 사업설명서제도하에서, 등록신고서에 부실기재 또는 오해적 진술 및 허위적 기재로부터 투자자의 이익을 보호하기 위하여, 공시규제 위반 시의 처벌규정을 함께 규정하였다.

제5절 일본

I. 서론

현행 일본 회사법에서는 미국식의 입법례를 본받아, 수권자본제도하에 원칙적으로 신주인수권을 인정하지 않았다. 그리고 신주발행 시 기존주주의 이익을 보호하기 위하여, 시가발행을 기본으로 하는 공개회사에 대하여는 “특히 유리한 금액으로 발행”하는 것 외에 이사회결의에 의하여 신주를 발행하고, “특히 유리한 금액”으로 신주를 발행하는 경우, 주주총회 특별결의에 의하여 신주를 발행한다. 그리고 비공개회사에서는 기존주주의 비례적 이익을 보호하기 위하여 주주총회 특별결의에 의하여 신주발행을 결정한다. 이 밖에 발행시장에서의 신주발행을 규제하기 위하여 유가증권신고서제도를 도입하여 공시규제를 강화하였다. 아래에서는 앞서 말한 사항에 대하여 구체적으로 살펴보겠다.

II. 신주인수권

1. 규정현황

일본의 회사법제의 발전연혁을 보면, 19세기 말에 모든 법령에 걸쳐 서구의 법제를 계수하였다. 처음에는 프랑스법을 모범으로 하여 민법과 상법을 제정하였으나, 1899년에 舊상법을 폐기하고, 순수한 독일계의 新상법을 제정하였다.[102] 해당 신상법에서는 회사편을 두었고, 이곳에서 신주인수권을 인정하면서 이의 배제를 엄격하게 하는 방향으로 독일법에 따라 1938년 처음으로 상법개정을 통하여 신주인수권을 규정하였다.[103] 그리고 제2차 세계대전 이후, 일본은 미국의 회사법제를 대폭 수용하여, 자본제도를 총액인수제도로부터 수권자본제도로 변경하였고, 1955년 개정상법에서는 정관의 절대적 기재사항에서 주주의 신주인수권을 삭제하였다.[104] 2005년에 일본은 상법에서 회사편을 분리하여 단행법으로 회사법을 제정하게 되었다.

현행 일본 회사법에서는 여전히 미국식의 입법례를 본받아, 주주의 신주인수권을 인정하지 않고, 이사회와 주주총회결의에 의하여 기존주주에게 신주를 발행할 수 있게 규정하였다.

공개회사에서 신주를 공모의 방식으로 시가발행하는 경우, 이사회 결의에 의하여 주주배정의 방식으로 신주발행을 결정할 수 있다(일본 회사법 제199조 제1항 · 제2항, 제201조 제1항, 제202조 제1항). 그리고 공개회사에서 유리발행

102 이철송, 〈회사법강의(제22판)〉(서울: 박영사, 2014), 17면.

103 阪埜, 〈新株引受权の法理〉(东京: 庆应义塾大学法学研究所, 1970), 70-71면.

104 이동승, 전게 논문(주 24), 432면.

의 경우, 주주총회 특별결의 및 이사의 설명의무를 요하고 있다(일본 회사법 제199조 제3항).

비공개회사(주식양도제한회사)의 경우, 기존주주의 비례적 이익을 보호하기 위하여, 주주총회의 특별결의에 의하여 신주발행이 결정된다(일본 회사법 제199조 제2항, 제309조 제2항 제5문). 기존 구일본 상법에서는 비공개회사(주식양도제한회사)에 대하여 주주총회 특별결의에서 주주의 신주인수권을 배제하고 제3자 유리발행을 허용하였는데, 현행 일본 회사법에서는 해당 규정을 확대하여 비공개회사에서 신주를 발행하려면 반드시 주주총회 특별결의를 거쳐야 한다고 규정하였다.

2. 기존주주 이익보호에 관한 특별한 조치

가. 경제적 손실의 방지조치

시가발행이 아닌 경우, 기존주주에게 신주를 배정받을 권한을 부여하지 않으면, 기존주주는 경제적인 손실을 부담한다. 비록 일본 회사법에서는 주주의 신주인수권을 인정하지 않았지만, 신주발행 시 기존주주의 이익을 고려하여 납입금액이 반드시 시가보다 높아야 한다는 원칙을 제시하였다.[105] 그러므로 신주발행가액이 시가보다 높은 경우와 시가보다 낮은 경우, 기존주주에게 초래할 수 있는 경제적인 손실을 최대한도로 줄이기 위하여, 신주발행 결정기관을 경우에 따라 주주총회 또는 이사회로 규정하였다. 그러므로 비록 일본 회사법에서는 신주인수권을 인정하지 않았지만, 이는 결코 신주발행으로 주주에게 초래될 불이익을 방치하는 것은 아니다.

현행 일본 회사법의 규정에 의하면, 신주발행에 관한 모집주식의 수 · 모집주식의 납입금액 · 산정방법 · 금전 이외의 재산을 출자목적으로 할 때에는, 그 취지 및 당해 재산의 내용 및 가액 · 모집주식과 상환으로 하는 금전의 납입 또는 금전 이외의 재산으로 출자시의 재산의 납입기일 또는 그 기간 및

105 [日]前田 庸, [译]王作全,《公司法入门(第12版)》(北京: 北京大学出版社, 2012), 212면.

주식을 발행할 때 증가하는 자본금 및 자본준비금에 관한 사항은 주주총회 특별결의에 의하여 결정된다(일본 회사법 제199조 제1항 · 제2항, 제309조 제2항 제5문). 다만 공개회사의 특징으로 인하여, 공모의 방식으로 시가에 의하여 신주를 발행할 때에는 회사에 대한 신주납입대금이 동일하고, 기존주주 또한 공모에 참여하여 신주를 인수할 수 있기 때문에, 기존주주를 보호할 필요가 없다. 그러므로 공개회사의 경우 자금조달의 편의성에 중심을 두어, 회사법에서는 특별규정으로 신주발행사항을 이사회에게 부여하였다(일본 회사법 제201조 제1항). 그러나 시가보다 저렴한 가액에 신주를 발행하는 유리발행의 경우, 기존주주의 경제적 이익에 손해를 초래할 수 있으므로 주주총회 특별결의에 의하여 신주발행을 결정하여야 할 뿐만 아니라 이사에게 설명의무도 부과하였다(일본 회사법 제199조 제3항, 제200조 제2항).

나. 지배권 약화를 방지하는 데 관한 조치

신주발행 시 신주를 인수하지 않는 기존주주는 지배권이 희석될 우려가 있다. 현행 일본 회사법에서는 주주의 신주인수권을 인정하지 않았으므로 신주발행 시 기존주주의 비례적 이익을 어떻게 보호할 것인가가 중요하다.

공개회사에서 이사회의 결의로 주주배정의 방식으로 신주를 발행할 것을 결정할 수 있다(일본 회사법 제201조 제1항, 제202조 제1항 · 제3항). 일본 학자의 견해에 따르면, 공개회사에서 주주의 신주인수권을 인정하지 않는 이유는 소유가 분산되어, 신주발행 시 기존주주의 의결권 비례를 보호하는 것보다 자금조달의 편의성을 고려하는 것이 더욱 큰 실익이 있기 때문이라고 한다.[106] 그리고 비공개회사의 경우, 원칙적으로 주주총회 특별결의에 의하여 신주발행이 결정되고(일본 회사법 제199조 제2항, 제309조 제2항 제5문), 기존주주에게 신주를 배정하는지 여부도 주주총회의 특별결의에 의하여 결정된다(일본 회사법 제202조 제3항 제4문, 제309조 제2항 제5문). 그러므로 비공개회사에서 기존주주의 지배적 이익을 주주총회 특별결의에 의하여 보호하

106 [日]前田 庸, [译]王作全, 전게서(주 105), 213면.

고 있다.

3. 불공정발행의 심사기준

일본 회사법에서는 신주인수권을 인정하지 않았으므로 불공정한 신주발행 여부를 판단하는 것이 중요한 문제가 되었다. 그리고 적대적 공개매수에 직면하여 신주발행을 방어수단으로 사용하는 것이 타당하는지 여부는 판례에서 제시한 기준에 의하여 판단한다. 판례의 발전 연혁을 간단히 살펴보면 지배권 유지의 목적으로 신주발행하는 것이 허용되지 않았지만, 현재 불독소스 판례로부터 이를 허용하는 태도로 바뀌고 있다. 아래에서는 이러한 변화과정을 대표하는 "忠実屋사건"과 "불독소스사건"에 대하여 살펴보겠다.

• 忠実屋(추지츠야) · いなげゃ(이나게야)事件[107]

[사실관계]

秀和(슈화)는 일본에서 유통업계의 대부이며, 일본 松阪屋(마츠자카야), 長崎屋(나가사키야), 忠実屋(추지츠야) 및 Life Store 그리고 이나게야의 제1주주이고, 총 투자액은 3천 엔으로 추정된다. 슈화는 추지츠야의 발행주식 총 33.34%를 보유하고 있고, 이나게야의 발행주식 총 21.44%를 보유하고 있다. 슈화는 추지츠야와 이나게야 그리고 Life Store의 합병을 추진하려고 1987년 가을부터 추지츠야와 이나게야의 주식을 몰래 사기 시작하여 1989년 7월 7일에 명의개서를 거쳐 추지츠야와 이나게야의 제1주주로 되었다. 슈화의 의도가 밝혀지자, 추지츠야와 이나게야는 힘을 합쳐 이를 막기로 결정하였으며, 이사회를 개최하여 제3자 배정 방식으로 신주를 발행하여 상호 주식을 보유하였다. 이에 대하여 슈화는 신주발행을 금지하는 가처분신청을 제기하였다.[108]

---

107 东京地方裁判所决定 , 平成元年(1989)7.25, 判例时报 第1317号, 28면.

108 김교창, 〈M&A에 관련된 최근 일본의 재판례〉, 《상사법연구》(한국상사법학회), 9집(1991), 119-120면.

[판시사항]

동경재판소는 신주발행 시 제3자에게 특히 유리한 발행가액으로 발행하는 경우 주주총회 특별결의를 거쳐야 하는데(구일본 상법 제280조의2 제2항), 이 경우 추지츠야와 이나게야는 단지 이사회 결의에 의하였기 때문에 신주발행이 무효라고 판시하였다. 이 밖에, 신주발행이 신청인의 지분율을 낮추어 현 경영진을 유지하려는 것을 주요한 목적으로 하고 있고, 이처럼 대량의 신주발행을 정당화할 만한 합리적인 이유가 있다고 인정하지 않았다.[109]

[판례 의의]

제3자 배정에 의한 증자의 불공정성을 판단함에 있어서, 이사회가 신주발행을 자금조달 목적에서 한 것인가 경영자의 지배권 유지 목적에서 한 것인가를 검토하고, 지배권유지 목적이 주요한 목적이라고 인정되는 경우에는 신주발행은 불공정하다고 보았다.[110] 그리고 이 사건에서 지배권 유지 목적 이외에 특정주주의 지분비율이 현저히 저하할 것을 인식하면서 신주발행하는 것도 불공정한 신주발행이라고 판단하였다.

본 판례에서도 "지배권 분쟁의 존재 여부"와 "제3자 배정증자의 목적"에 중점을 두었다. "지배권 분쟁의 존재 여부"와 관련하여 슈화는 추지츠야와 이나케야의 합병을 추진하려는 의도가 있었기 때문에 신주발행 시 지배권 분쟁이 존재하였다고 판단할 수 있다. 그리고 "제3자 배정증자의 목적"과 관련하여 시가보다 낮은 발행가액으로 특별히 제3자(추지츠야와 이나케야)에게 유리한 가액으로 신주를 발행하여, 그 신주발행이 특정 주주(슈화)의 지분율을 저하시키고, 현 경영진(추지츠야와 이나케야)의 지배권을 유지시킬 것을 주요 목적으로 하는 것이므로 이러한 신주발행은 불공정하다고 판시하였다.

---

109 김교창, 상게 논문(주 108), 120-121면.

110 東京高決 2005.3.23. 判示 제1899호; 최문희, 〈신주(예약권)의 제3자 배정에 의한 경영권 방어의 적법성 — 일본 방송사건에 비추어 본 일본 판례의 분석을 중심으로〉, 《BFL》(Business Finance Law)(서울대학교 금융법센터), 제12호(2005), 30면.

• 불독소스사건[111]

[사실관계]

불독소스 주식회사는 소스와 조미료 등을 제조하고 판매하는 상장회사이다. Steel Partner Japan는 일본 주식에 대한 투자를 목적으로 하는 미국계 투자펀드로서 자신이 소유 · 지배하고 있는 관계회사(SPVI)과 함께 불독소스회사의 발행주식총수 10.25%를 보유하고 있다. SPVI회사는 불독소스회사의 주식 전부를 취득할 목적으로 공개매수를 개시하였고, 불독소스회사 이사회는 공개매수자가 기업가치와 주주의 이익을 훼손시킨다고 판단하고, 대응책으로서 (i)일정한 신주예약권[112]의 무상배정에 관한 사항을 주주총회의 특별결의 사항으로 하는 내용의 정관 변경안,[113] (ii)본건 정관변경안이 승인될 것을 조건으로 하는 신주예약권의 무상배정을 특별결의로 승인할 것을 구하는 안을 주주총회에 제기하였다. 이에 대하여 주주총회에서는 특별결의로 결의되었으며, 이사회는 SPVI회사의 신주예약권 전부를 아무런 부담이나 의무를 지우지 않고 불독소스회사가 1개당 396엔으로 양수한다는 뜻을 결의하였다.

[판시사항]

신주예약권에 있어 SPVI회사(Steel Partner Japan의 관계회사)를 차별적으로 취급하는 행사조건이 붙어 있고 이로 인하여 Steel Partner Japan의 관계 회사의

111 유영일, 〈적대적 공개매수에 대한 일본 방어법제의 최근 동향 — 2007년 불독소스 결정을 중심으로〉, 《상사판례연구》(한국상사판례학회),제21집 제3권(2008.09), 60면-69면.

112 일본에서는 2001년 11월에 상법개정을 통하여 처음으로 신주예약권을 도입하였고 2005년 새로 제정된 회사법을 통하여 신주예약권에 관한 조문을 추가하여 현재까지 이르렀다[김재형, 〈일본의 신주예약권에 관한 최근의 동향과 시사점 — 스톡옵션으로서의 신주예약권을 중심으로〉, 《법학논총》(조선대학교 법학연구원), 제18권 제2호(2011), 448면]. 현행 일본 회사법에 의하면 신주예약권이란 권리자(신주예약권자)가 미리 정하여진 기간(권리행사기간) 내에 미리 정하여진 가격(권리행사가격)으로 주식회사에 대하여 신주발행 또는 회사가 소유하는 자기 주식의 교부를 청구할 수 있는 권리를 말한다(일본 회사법 제2조 제21호).

113 신주예약권 배정에 관한 본건 정관변경안의 개요: 불독소스회사는 기업가치 및 주주공동의 이익 확보와 향상을 위하여 신주예약권자 중 일정한 자는 신주예약권의 행사 또는 취득에 있어서 다른 신주예약권자와 다르게 취급한다는 조건을 붙인 신주예약권 무상배정에 관한 사항에 관하여 이사회 결의에 의하든가, 주주총회결의 또는 주주총회결의(특별결의)에 의한 위임에 기초해 이사회 결의로 결정한다는 정관을 신설하였다[최문희, 〈일본의 포이즌필 발행 사례와 법적 쟁점 — 불독 사건에 관한 최고재판소 판례를 중심으로〉, 《BFL》(서울대학교 금융법센터), 제26호(2007.11), 100면].

지분이 저하되는 불이익을 받는다고 해도, 이는 주주총회 특별결의에 의하여 이루어진 것이고, Steel Partner Japan의 관계회사가 보유하고 있는 주식수에 따라 적정한 대가가 교부되어 주주로서의 경제적 이익이 평등하게 확보되었음을 인정하므로 주주평등의 원칙에 어긋나지 않는다. 그리고 매수자가 공개매수절차를 진행하고 있고, 경영을 누구한테 맡길 것인가는 주주에 의하여 판단하는 것이 타당하며, 이러한 이유로 주식회사의 최고 의사결정기관인 주주총회 특별결의에 의하여 신주예약권이 발행되었으므로 현저하게 불공정한 방법에 의한 신주발행에 해당하지 않는다고 판시하였다.

[판례 의의]

이 사건에서 법원은 적대적 공개매수에 대한 방어행위도 이를 정당화할만한 특단의 사정이 있는 경우에는 그 적법성이 인정된다고 하여, 과거 경영권 다툼시 경영권을 지키지 위한 경영진의 방어행위는 모두 현저하게 불공정한 행위라는 입장을 수정하였다.

앞서 살펴본 바와 같이, 판례에 의하여 일본에서 적대적 공개매수에 직면하여 신주를 발행한 것이 유효한지 여부에 대하여, 절차의 적법성과 관련하여 따라 주주총회결의에 의하여 신주가 발행된 경우는 유효로 판시하였으나, 주주총회결의를 받아야 할 경우 이사회 결의만에 의한 신주발행은 무효로 판시하였다. 법원의 이러한 판시로부터 볼 때 결과적으로 법원은 종래에 신주발행의 유효성의 기준은 신주발행을 지배권 분쟁을 해결하는 도구로 사용하여서는 아니된다는 것이었지만,[114] 현재는 적대적 공개매수에 대한 방어수단으로도 신주발행을 정당화할 만한 특단의 사정이 있는 경우에는 신주발행의 적법성을 인정할 수 있다고 해석한 것으로 볼 수 있다. 그러므로 슈화판례로부터 불독소스판례의 변화는 사실상 신주발행을 자금조달 수단뿐만 아니라 적대적 공개매수의 방어수단으로도 활용할 수 있다는 결과를 가져왔다.

114 洲岐博史, 〈不公正な新株发行とその规制(1)〉, 《民商法杂誌》(有斐阁), 94卷 5号(1986), 94-6-40면.

III. 신주발행의 절차

1. 신주발행의 결정

현행 일본 회사법의 수권자본제도 하에서(일본 회사법 제37조), 주주배정의 방식과 주주배정 이외의 방식으로 신주를 발행하는 경우에 따라 결정기관이 다르다.

주주배정의 방식으로 신주를 발행하는 경우, 구일본상법(2005년 이전)에서는 "주주에게 신주인수권을 부여한다"라고 표현하였지만, 개정된 일본 회사법에서는 신주예약권과의 구별을 위하여, 신주인수권이란 용어를 사용하지 않았다.[115] 현행 일본 회사법에 의하면 아래 세 가지 경우로 나누어 주주배정의 방식으로 신주를 발행할 수 있음을 규정하였다. 즉, (i) 이사회를 설치하지 않는 주식회사에서는 정관의 규정으로 신주발행사항을 정한 경우에는 이사의 결정으로, (ii) 공개회사와 이사회를 설치한 주식회사에서는 정관의 규정으로 신주발행사항을 이사회에게 부여한 경우에는 이사회의 결의로, (iii) 이 밖의 경우에는 주주총회 특별결의로 주주배정의 방식으로 신주를 발행할 것을 결정할 수 있다(일본 회사법 제202조 제1항 · 제3항).

주주배정 이외의 방식으로 신주를 발행할 때, 공개회사에서 특히 유리한 가액으로 발행하는 것을 제외하고는 이사회 결의에 의하여 신주의 발행을 결정하고(일본 회사법 제201조 제1항), 특히 유리한 가액으로 신주를 발행하는 것은 주주총회 특별결의에 의한다(일본 회사법 제201조 제2항, 제199조 제3항, 제309조 제2항 제5문). 비공개회사(주식양도제한회사)의 경우에는 원칙적으로 주주총회 특별결의에 의하여 신주를 발행하지만(일본 회사법 제199조 제2항, 제309조 제2항 제5문), 주주총회 특별결의로 모집사항의 결정권을 이사에게 위임할 수 있다. 이사회에게 위임한 경우 이사는 모집사항에서 정한 모집주식 상하제한의 범위 내에서 신주발행을 결정할 수 있다(일본 회사법 제200조 제1항, 제309조 제2항 제5문). 다만 특히 유리한 가액으로 신주를 발행하는 경

115 [日]前田 庸, [译]王作全, 전게서(주 105), 219면.

우, 이사에게 신주발행권한을 위임하지 못한다.[116]

2. 신주발행 그 밖의 절차

일본에서는 신주인수권을 인정하지 않았으므로 주주배정의 방식과 주주배정 이외의 방식으로 나뉘어 신주발행에 관한 구체적 절차에 대하여 살펴보겠다.

가. 주주배정 방식으로서의 신주발행

(1) 회사 측 결정사항

주주배정의 방식으로 신주를 발행할 때, 명의변경을 하지 않은 주주가 배정기준일 전에 명의변경하도록 하기 위하여, 당해 기준일 2주 전까지 기준일을 공고하여야 한다(일본 회사법 제124조 제3항).

그리고 회사는 주주의 인수청약에 의하여 주주에게 신주인수권을 부여한다는 뜻과 주주의 신주청약기일을 함께 결정해야 한다(일본 회사법 제202조 제1항). 해당 사항이 모두 결정된 후, 비로소 기존주주는 자신의 주식보유 비율에 의하여 신주를 인수할 권리를 갖는다(일본 회사법 제202조 제2항). 다만 회사가 보유하고 있는 자기 주식은 신주인수권이 없다(일본 회사법 제202조 제2항 단서).

(2) 기존주주에 대한 통지

앞서 말한 사항을 모두 결정한 후, 회사는 신주청약기일 2주 전, 기존주주에게 (i) 모집사항, (ii) 기존주주가 배당받을 주식 수, (iii) 청약기간 등 사항을 통지하여야 한다(일본 회사법 제202조 제4항).

---

116 일본 회사법 제200조 제1항은 단지 제199조 제2항과 제4항에 관하여만 적용하고, 제199조 제3항에 관하여는 적용되지 않기 때문에, 이러한 결론을 얻을 수 있다.

나. 주주배정 이외의 방식으로 신주발행

(1) 일반사항

주주배정 이외의 방식으로 신주를 발행할 때, 공개회사와 비공개회사에 있어 구체적으로 정할 발행사항이 다르지만, 발행가액과 발행조건 등에 관한 규정은 공통적이다. 그러므로 먼저 일반 사항에 대하여 논의하고, 공개회사와 비공개회사로 나뉘어 구체적으로 살펴보겠다.

① 발행가액

신주가 주주배정의 방식으로 발행하는 경우 기존주주에게 경제적인 손실을 초래할 가능성이 없기 때문에, 납입금액에 대한 제한이 없다. 그러나 주주배정 이외의 방식으로 신주를 발행할 때, 시가발행이 아닌 경우 기존주주에게 경제적인 손실을 초래할 수 있으므로 반드시 시가로 발행되어야 한다는 제한을 하고 있다. 그러므로 시가에 의한 주금액이 납입되지 않은 경우, 주주는 신주발행유지청구권을 행사할 수 있고(일본 회사법 제210조), 신주발행에 관한 이사의 책임을 추궁할 수도 있으며(일본 회사법 제423조), 나아가 신주발행무효의 소를 제기할 수도 있다(일본 회사법 제828조).

② 발행조건

일부 주식인수인에 대하여 유리한 금액으로 신주를 발행할 것을 방지하기 위하여, 원칙적으로 주식납입금액 및 기타 발행조건의 균일성을 규정하였다(일본 회사법 제199조 제5항). 해당 규정은 주주평등원칙을 (주주가 아닌) 주식인수인에게 확대 적용하는 것으로 해석될 수 있다.[117]

그러나 회사법에서 특별히 정한 아래 두 가지 경우에 한하여 발행조건의 균일성을 적용하지 않는다. 첫째, 신주발행 시 일부 신주를 기존주주에게 배정할 것을 결의하는 경우, 둘째, 주주총회 특별결의에 의하여 주주 이외의 자

117 [日]前田 庸, [译]王作全, 전게서(주 105), 215면.

에게 특히 유리한 금액으로 발행하는 경우가 이에 해당한다.

(2) 비공개회사(주식양도제한회사)에 대한 특칙

비공개회사(주식양도제한회사)에서 신주발행은 원칙적으로 주주총회 특별결의에 의하여 결정하는데(일본 회사법 제199조 제2항, 제309조 제2항 제5문), 주주총회에서는 해당 권한을 이사에게(이사회 설치회사에서는 이사회에게) 위임할 수 있다. 이사 또는 이사회 설치회사의 이사회는 주주총회에서 정한 모집주식 상한선과 납입금액 상한선의 범위 내에서 신주발행을 결정할 수 있다(일본 회사법 제200조 제1항, 제309조 제2항 제5문). 다만 "특히 유리한 금액으로 발행"하는 경우, 모집사항결정권을 이사회에게 위임하지 못하고, 주주총회 특별결의로만 결정되어야 한다(일본 회사법 제199조 제2항 제3문, 제309조 제2항 제5문). 그리고 이사는 반드시 주주총회에서 해당 주주에게 유리한 금액으로 신주를 발행하게 된 이유를 설명하여야 한다(일본 회사법 제199조 제3항).

"특히 유리한 금액으로 발행"할 때, 일본 회사법에서 정한 이사의 설명내용이 반드시 객관적이어야 하는지가 의문된다. 즉, 이사의 설명이 객관적이지 못할 경우, 향후 주주총회결의하자가 되어 신주발행을 취소할 수 있는지 여부이다. 이에 대하여 일본 학계에서는 취소사유가 될 수 있다는 엄격설과 취소사유가 될 수 없다는 무제한설로 견해가 대립되어 있다. 법원은 이에 대하여 사건 심판시, 이사가 설명의무를 이행하지 않았거나 허위적인 설명을 한 경우 신주발행 취소의 사유로 될 수 있지만, 기타 상황에서는 법원이 판단할 사항이 아니라 주주총회의 판단에 의하여야 한다고 판시하여, 객관성이 결여된 이사의 설명은 신주발행 취소사유가 될 수 없다는 견해에 찬성하였다.[118]

(3) 공개회사에 대한 특칙

공개회사에서 "특히 유리한 금액"으로 신주를 발행하는 경우를 제외하고는

118 [日]前田 庸, [译]王作全, 전게서(주 105), 216-217면.

이사회에서 신주발행을 결의한다(일본 회사법 제201조 제1항). 그러므로 공개회사에서는 원칙적으로 시가발행에 의하여 신주를 발행하여야 한다.

공개회사에서 문제가 되는 것은 시가에 의하여 발행된다고 공시를 하였는데, 2주 후의 납입기일에 시가가 하락하여 회사의 자금조달 목적을 달성하지 못하는 것을 방지하기 위하여, 공시때 발행가액을 시가보다 낮게 정하는 것이 일반적이다.

그러면, 발행가액이 시가보다 얼마나 낮아야 타당하는가? 즉, 발행가액이 시가보다 얼마나 낮아야 "특히 유리한 금액"으로 보지 않을 것인가? 이에 대하여 일반적으로 주식시장의 상황과 회사의 자산 및 손익상황을 종합적으로 파악하여, 신주발행가액을 결정할 때, 시가보다 10% 내지 15% 낮게 정하는 것이 일반적이고, 이러한 신주발행가액은 "특히 유리한 금액"에 해당하지 않는다고 본다.[119]

IV. 발행시장에서의 신주발행

1. 공시제도

가. 일본 증권규제 관련 법규

일본에서 유가증권을 처음으로 도입한 것은 1948년의 증권거래법(證券取引法)이며, 해당 법규는 제2차 세계대전 전에 있었던 유가증권에 관한 각종 규제를 정리 · 통합하고, 미국 Securities Act of 1933과 Securities Exchange Act of 1934의 규정을 대폭 도입하여 제정된 것이다.[120] 그러므로 일본에서의 공시제도 또한 유가증권의 개념과 함께 1948년의 증권거래법에 의하여 처음으로 도입되었으며, 1953년의 보완 · 1965년의 유가증권신고서 및 보고서 중

119 [日]前田 庸, [译]王作全, 전게서(주 105), 218면.

120 류혁선 · 임재연, 〈일본 금융상품거래법상의 유가증권 개념에 대한 연구 — 자본시장법상 증권 개념과의 비교연구를 중심으로〉, 《성균관법학》(성균관대학교), 제21권 제2호(2009.8), 485면.

점심사제의 도입 · 1971년 신고서 제출 회사의 확대 · 2002년 금융청의 신설 등으로 공시제도를 발전시켜 왔다.

2006년 3월 "증권거래법 등의 일부를 개정하는 법률안"과 "증권거래법 등의 일부를 개정하는 법률의 시행에 따른 관계 법률의 정비 등에 관한 법률안"을 국회에 제출하였으며, "증권거래법 등의 일부를 개정하는 법률안"은 종래의 증권거래법을 확대 · 재편한 것으로 종래 금융상품별로 존재해 왔던 법률을 하나로 통합하는 금융통합법인 금융상품거래법을 제정하였다.[121]

나. 유가증권신고서제도

(1) 유가증권신고서 제출의무 및 효력발생기간

현행 일본 금융상품거래법에서 요구하는 제출의무가 면제되는 경우를 제외하고, 내각총리대신에게 유가증권의 모집을 신청한 후 비로소 주식을 모집할 수 있다(금융상품거래법 제4조 제1항). 따라서 유가증권신고서를 내각총리에게 제출하여 해당 서류를 수리한 날로부터 15일을 경과하면 효력이 발생한다(금융상품거래법 제8조 제1항).

(2) 유가증권신고서의 내용

현행 일본 금융상품거래법에서는 유가증권의 성질에 따라 신고서의 기재사항을 달리 규정하고 있다. 신주를 발행하는 경우, 기업금융형 증권을 발행하는 것에 해당하므로, 기업금융형 증권에 관한 유가증권신고서를 작성하여야 한다. 즉, 주식발행의 경우 발행자의 신용에 가치를 두는 기업금융형 유가증권에 해당하므로, 유가증권신고서에는 (i) 당해 모집 또는 매출에 관한 사항, (ii) 당해 회사의 상호, 당해 회사가 속하는 기업집단 및 당해 회사의 경리 상황 등 기타 사업내용에 관한 중요 사항을 기재하여야 한다(금융상품거래법 제

121 안수현, 〈일본의 금융상품거래법 제정 배경과 주요 내용〉, 《BFL》(서울대학교금융법센터), 제17호(2006.5), 118면.

5조 제1항).[122]

다. 유가증권신고서의 면제

공시규제에 대하여 모든 유가증권이 적용되는 것이 아니다. 국채증권 · 지방채증권 및 정부보증채는 원리금 지급에 관하여 채무불이행의 염려가 없으므로 공시규제를 적용하지 않고, 특수채 · 특수법인에 대한 출자증권은 특별법에 의하여 행정당국에 의한 감독이 이루어지고 있으므로 공시규제를 적용하지 않으며, 대부신탁의 수익증권는 대부신탁법에 의하여 공시규제가 이루어지고, 집단투자기구지분은 유동성이 낮다는 이유로 공시규제를 적용하지 않는다(금융상품거래법 제3조). 그리고 이외의 증권에는 공시규제가 적용된다.

그러나 집단투자기구의 지분이 유동성이 낮다는 이유로 정보공시를 면제하는 것은 과연 합리적인지의 여부가 제기되었다. 일본 학자 黑沼의 견해에 따르면, 집단투자기구지분의 자기모집[123]이나 자기운용[124]에 대하여 금융상품거래법에서는 등록을 강제하고 있으므로(금융상품거래법 제28조 제2항, 제Ⅰ항 제4절), 집단투자기구의 경우에는 정보공시가 아니라 집합투자기구에 대한 규제를 통하여 거래의 적정성을 확보하려는 정책적인 판단으로 이를 면제증권으로 규정한 것이라고 주장하였다.[125]

라. 소액공모제도

유가증권신고서에 기재할 정보를 수집하고, 그 진실성을 확인하여 유가증권신고서를 작성하는데, 유가증권신고서를 작성하는 데 들어가는 비용을 고려

122 기업금융형 증권을 제외한 자산금융형 증권이 있는데, 자산금융형 증권을 발행시, 유가증권신고서에 아래 내용이 포함되어야 한다. (i) 당해 모집 또는 매출에 관한 사항, (ii) 당해 회사가 행하는 자산운용과 유사한 사업에 관한 자산의 경리 상황을 기재하도록 되어 있다(일본 금융상품거래법제5조 제5항)[권종호, 〈발행시장규제 — 일본 금융상품거래법 해설(3)〉, 《일감법학》(건국대학교), 제13호(2008), 166면].

123 자기모집은 지분의 발행자가 직접 판매 권유하는 것을 말한다.

124 자기운용은 지분의 발행자가 직접 자산을 투자 · 운용하는 것을 말한다.

125 권종호, 전게 논문(주 122), 155면.

하여, "1억 엔 이상 5억 엔 이하"의 경우는 소액공모에 해당하여, 유가증권신고서의 기재내용을 간략화하는 제도를 도입하였다(금융상품거래법 제5조 제2항).

2. 공시제도 위반 시의 처벌

가. 민사책임

유가증권 신고서에 기재된 중요사항 중 허위기재가 있거나 또는 기재하여야 할 중요사항에 오해를 초래할 수 있는 경우, 유가증권 신고자는 당해 유가증권 신고서를 믿고 유가증권을 취득한 자에 대하여 손해배상책임을 부담하여야 한다(일본 회사법 제18조 제1항 전항). 다만 유가증권을 취득한 자가 허위기재에 대하여 알고 있을 때에는 발행인은 손해배상책임을 부담하지 않는다(일본 회사법 제18조 제1항 단서). 해당 규정은 발행인뿐만 아니라, 발행인의 임원(이사, 회계참여감사 또는 집행역 등)에게도 동일하게 적용한다(일본 회사법 제21조 제1항 제1문). 그리고 유가증권신고서에 허위기재를 한 책임자의 손해배상책임은 무과실책임이며, 발행인이 취득자의 악의를 증명할 수 있으면, 손해배상책임을 부담하지 않는 악의의 항변을 할 수 있다.[126]

그리고 주식 취득에 관하여 실제로 지불한 가액에서 시장가액(시장가액이 없는 경우에는 처분추정가액) 또는 손해배상청구권 행사 전 주식을 처분한 경우 처분가액을 공제한 나머지 금액을 손해배상액으로 산정한다(일본 회사법 제19조 제1항).

나. 행정책임

중요한 사항에 관하여 허위기재가 있는 유가증권신고서를 제출한 발행인에 대하여 과징금 납부를 명할 수 있다. 구체적으로 보면 발행인이 중요한 사항에 관하여 허위기재가 있는 유가증권보고서 및 그 첨부 서류 등을 제출할 때 내각총리대신은 발행인에 대하여 300만 엔 또는 발행인이 산정한 유가증권

126 川村正幸, 〈金融商品取引法〉(第四版)(东京: 中央经济社, 2012), 201면.

의 발행금액과 내각부령으로 산정한 유가증권의 시장가액의 10만 분의 3에서 높은 금액을 과징금으로 납부하여야 한다(일본 회사법 제172조의 2 제1항 제1문 · 제2문).

다. 형사책임

유가증권신고서 및 그의 첨부서류에 허위기재가 있는 경우, 발행인에게 10년 이하의 징역 또는 1000만 엔 이하의 벌금을 처하거나 이를 병과할 수 있다(일본 회사법 제197조 제1항 제1문). 그리고 신고를 요하는 유가증권의 모집 또는 매출에 관하여 신고를 하지 않는 경우, 5년 이하의 징역 또는 500만 엔 이하의 벌금에 처하거나 이를 병과할 수 있다(일본 회사법 제197조의 2 제1항).

V. 소결

앞서 살펴본 내용을 종합하여 보면, 일본은 수권자본제도하에서 신주인수권을 인정하지 않고, 신주발행 결정권을 공개회사와 비공개회사로 나누어 달리 규정하고 있다. 공개회사의 경우, "특히 유리한 금액으로 발행"하는 것을 제외하고는 시가발행을 기본원칙으로 하고 있으므로 이사회 결의에 의하여 신주를 발행하고, "특히 유리한 금액으로 주식을 발행"하는 경우 주주총회 특별결의로 신주발행을 결정하고 이사는 유리발행에 대하여 보고의무가 있다. 그리고 비공개회사의 경우, 기존주주의 비례적 이익을 보호하기 위하여, 주주총회 특별결의에 의하여 신주발행사항을 결정하는 것이 원칙이다.

자본시장에서 신주를 발행하는 경우, 투자자의 이익을 보호하기 위하여, 공시규제로 유가증권신고서제도를 도입하였다. 그리고 신주발행 시 유가증권신고서를 작성하는 데 들어가는 비용을 고려하여, "1억 엔 이상 5억 엔 이하"의 경우 소액공모제도를 도입하여, 유가증권신고서의 기재내용을 간략화하였다. 그리고 유가증권신고서제도하에서, 등록신고서에 부실기재 또는 오해적 진술 및 허위적 기재로부터 투자자의 이익을 보호하기 위하여, 공시규제 위반 시의 처벌규정을 함께 규정하였다.

제6절 한국

I. 서론

한국의 신주발행 법제의 특징은 자금조달의 편의성을 위한 수권자본제도하에서 기존주주의 이익을 보호하기 위한 신주인수권을 법정한 것이다. 자금조달을 기하는 면에서 신주인수권 배제와 관련하여 법에서 명시적인 규정을 두어, 신주인수권의 배제를 "경영목적의 달성"으로 제한하였다. 이러한 "경영목적의 달성"을 어떻게 판단할 것인가에 대하여 여러 가지 판례로 구체적인 기준을 제시하였다. 그리고 발행시장에서의 신주발행을 규제하기 위하여 기존의 등록제도를 폐지하고 증권신고서제도를 도입하여, 공시규제를 강화하였다. 다음에서는 앞서 말한 사항에 대하여 구체적으로 살펴보겠다.

II. 신주인수권

1. 규정현황

한국은 상법에서 자금조달의 편의성을 추구하기 위하여 수권자본제도를 규정하였지만, 자금조달시 주주의 이익도 함께 고려하여 상법에서 신주인수권을 법정하고 있다(한국 상법 제418조 제1항). 즉, 수권자본제도를 취하는 입장은 (신주인수권을 법정하고 있지 않은) 미국의 입법례와 동일하지만, 주주의 신주인수권을 법정하고 있는 (확정자본제를 취한) 독일의 입법례와 동일하다.

따라서 2001년 상법개정을 함에 있어, 신주인수권 배제의 정당성을 도모하기 위하여 배제 사유를 "신기술의 도입, 재무구조의 개선 등 회사의 경영상 목적을 달성하기 위하여 필요한 경우에 한하여 신주인수권을 배제할 수 있다"고 제한하였다(한국 상법 제418조 제2항). 이러한 신주발행의 입법 모델 하에서 수권자본제도의 도입취지인 자금조달의 기동성을 추구하는 것과 기존주주의 이익보호 장치인 신주인수권을 어떻게 조화할 것인가가 문제된다. 즉, 회사의 자금조달 편의성을 위하여 수권주식 범위 내에서 주주의 신주인수권 배제는 단지 "경영상 목적의 달성"하는 경우에 한한다는 것인데, 최근 몇 년 이래 한국에서는 "삼성에버랜드사건", "한화종금사건" 및 "현대엘리베이터사건" 등이 연속 발생하여, "경영상 목적의 달성"을 둘러싸고, 신주발행의 정당성 여부를 심사하였다. 아래에서는 먼저 한국에서의 신주인수권에 관한 법적 규제의 발전연혁을 살펴보고, 동 입법 모델에 있어 신주인수권 배제의 정당성을 판단하는 기준에 대하여 살펴보겠다.

2. 신주인수권의 발전 연혁

가. 상법상의 신주인수권

(1) 1962년 상법(법률 제1000호)

주주는 정관에 다른 정함이 없으면 그가 가진 주식의 수에 따라서 신주의 배정을 받을 권리가 있다(1962상법 제418조)고 규정하여, 주주의 신주인수권에 대하여 상법에서 규정하였다. 그리고 원활한 자금조달을 위하여 수권자본제도를 채택하였으며, 수권주식 범위 내에서 이사회에 신주발행권한을 부여하고, 원칙적으로 기존주주의 보유주식에 따른 신주인수권을 보장하되, 다만 신주인수권을 배제할 때에는 이를 정관에 근거 규정을 두도록 함으로써 기존주주의 권리보호에 충실하였다.[127]

127 다만 이 시기 주주의 신주인수권의 제한에서 논의가 되는 것은 신주인수권 제한의 사유 및 제한의 범위이다. 제한 사유의 경우, 회사의 상황에 맞게 정당하게 제한하여야 하는지, 아니면 아무런 이유 없이 단지 정관의 규정만으로 제한할 수 있는지이고, 제한 범위에서는 주주의 신주인수권이 완전히 박탈 가능하는지의 여부이다. 이에 대하여 학설상 견해가 대립되고 있는데, 통설은 주주의 신주인수권은 고유권이 아니므로 완전히 박탈 가능하다고 주장하고[정찬형, 전게서(주 1), 1070면], 소수설은 신주인수권은 주주권의 본질적 내용이고 신주인수권의 제한 및 박탈의 경우에는 합리적인 이

(2) 1984년 개정상법(법률 제3724호)

1984년의 개정상법은 1962년 상법의 내용과 동일하게 주주의 신주인수권에 대하여 규정하였다. 즉, "정관에서 달리 정함이 없는 경우" 주주는 자신의 주식보유 비율에 의하여 신주를 배정받을 권리가 있다는 것이다(1984상법 제418조 제1항).

그리고 신주발행에 대한 절차를 구체화하여 개정하였다. 즉, "회사는 일정한 날을 정하여 그 날에 주주명부에 기재된 주주가 제1항의 권리를 가진다는 뜻과 신주인수권을 양도할 수 있을 경우에는 그 뜻을, 그 날의 2주간 전에 공고하여야 한다. 그러나 그 날이 제354조 제1항(주주명부의 폐쇄)의 기간 중인 때에는 그 기간의 초일의 2주간 전에 공고하여야 한다"(1984상법 제418조 제2항). 해당 조문의 신설로 신주인수권의 행사 및 양도 등의 내용을 구체화하였으며, 절차적인 면에서 진보적 의미가 있다.

(3) 1999년 개정 상법(법률 제6086호)

1999년 개정 상법에서는 기존 상법에서 정한 신주인수권을 법정하는 태도를 그대로 유지하였으며, stock option(주식매수선택권)의 도입[128]으로 신주인수권이 배제 가능하다는 것을 인정하였다.

(4) 2001년 개정 상법(법률 제6488호)

2001년 개정상법에서 주주의 신주인수권에 대하여 "주주는 그가 가진 주식수에 따라서 신주의 배정을 받을 권리가 있다"(2001상법 제418조 제1항)고 규정하여, 원칙적으로 주주의 신주인수권을 법정하는 입법방식을 취하였다. 그리고 신주인수권 제한 사유로 "신기술의 도입, 재무구조의 개선 등 회사의 경영상 목적을 달성하기 위하여 필요한 경우"에 한하여 정관에서 정하는 바에

유가 있어야만 하고 주주의 비례적 이익은 다수결에 의하여 자의적으로 제약할 수 있는 사안이 아니라는 것을 주장하였다(이철송, 〈신주의 제3자 배정과 주주의 보호〉, 《현대상사법의 제문제》(설성 이윤영선생정년기념), 388면].

128 1997년 증권거래법에서 신설한 이른바 stock option이라고 불리는 "주식매입선택권"을 "주식매수선택권"이라 용어를 수정한 후 상법으로 옮겨왔다.

따라 이를 제한할 수 있도록 규정하는 조문을 신설하였다(2001상법 제418조 제2항). 해당 조문은 기존 상법규정으로 인한 신주인수권 제한사유 및 제한 범위에 관한 문제를 일부 해소하는 적극적인 의미가 있다.

(5) 현행 2011년 개정 상법(법률 제10600호)

현행 2011년 개정 상법은 2001년과 비교하여 제3자 신주배정에 관한 절차적인 요건을 신설하였다. 즉, 제2항(신주의 제3자 배정)에 따라 주주 외의 자에게 신주를 배정하는 경우 회사는 제416조 제1문(신주의 종류와 수), 제2문(신주의 발행가액과 납입기일), 제2문의 2(무액면주식의 경우, 신주발행가액중 자본금으로 계상하는 금액), 제3문(신주의 인수방법) 및 제4문(현물출자를 하는 자의 성명과 그 목적인 재산의 종류, 수량, 가액 및 이에 대하여 부여할 주식의 종류와 수)에서 정하는 사항을 그 납입기일의 2주 전까지 주주에게 통지하거나 공고하여야 한다(2011상법 제418조 제4항).

개정 내용에 의하면, 회사는 제3자에 대한 신주발행 시 발행사항에 대하여 기존주주에게 통지 또는 공고하는 의무가 있다. 해당 규정은 기존주주가 제3자 신주배정의 사실을 알 권리를 보장하였으며, 기존주주가 사전적으로 신주발행유지청구권을 행사하여 불공정한 신주발행을 저지하기 위한 면에서 적극적인 의미를 갖고 있다.

나. 증권거래 관련 법[129]상의 신주인수권

(1) 1997년 증권거래법(법률 제5254호)

① 일반공모증자의 규정

1997년의 증권거래법에서는 "주권상장법인은 정관이 정하는 바에 따라 이

129 한국의 증권거래법은 1962년에 제정되고, 2007년에 자본시장과금융투자업에 관한 법률이 제정됨에 따라 폐지되었다. 기존 증권거래법은 1990년에 들어와 7차례에 걸쳐 개정되었지만, 신주인수권과 관련된 개정은 1997년 1월 13일의 개정과 1998년의 2월 24일의 개정 그리고 5월 25일의 개정이다. 이 책에서는 신주인수권에 영향을 미치는 개정에 대하여 살펴보고, 자본시장과금융투자업에 관한 법률에서 규정한 내용에 대하여 살펴보겠다.

사회의 결의로써 대통령령이 정하는 일반공모증자방식에 의하여 신주를 발행할 수 있다"(1997년증권거래법 제189조의3 제1항)라고 규정하여, 신주인수권과 관련하여 일반공모증자를 도입함으로써 가장 중요한 개정을 하였다.[130] 일반공모증자방식이란 주주의 신주인수권을 배제하고 불특정다수인(해당 법인의 주주를 포함)을 상대로 하여 신주를 모집하는 것이다(동법 시행령 제84조의5 제1항).

② 경영권분쟁 시 의결권 주식 등의 발행

적대적 기업인수의 활성화를 추진하기 위하여 공개매수대상 주식 등의 발행인은 공개매수를 할 수 있는 날로부터 그 매수기간이 종료하는 날까지 의결권 있는 주식의 변동을 초래할 수 있는 행위로서 대통령령이 정하는 행위를 할 수 없다(1997년증권거래법 제23조 제2항 · 제4항). 그리고 여기서 의결권 있는 주식수의 변동을 초래할 수 있는 행위란 대상회사가 유가증권의 발행을 위한 이사회 또는 주주총회결의를 말한다(동법 시행령 제12조의5). 따라서 증권거래법상의 위 행위금지는 공개매수기간에 한정하므로, 이외의 경영권분쟁에 대하여는 적용되지 않는다.

(2) 2009년 자본시장과 금융투자업에 관한 법률(법률 제9408호)

2007년 제정되고 2009년부터 시행한 자본시장과 금융투자업에 관한 법률(이하 '자본시장법'으로 약칭함)은 은행법과 보험업법 등을 제외한 자본시장을 규율하는 법률 중 6개 주요 법률을 통합하였다.[131]

일반공모증자에 대하여 "주권상장법인은 상법 제418조 제1항(신주인수

130 이 밖에 1997년에 증권거래법을 개정하면서, 신주인수권과 관련하여 주주의 주식매입선택권(1999년 상법개정에서 이를 "주식매수선택권"이라고 용어를 변경하였음)을 신설하였는데, 주식매입선택권과 관련하여 앞부분 신주인수권에 관한 상법연혁에서 언급하였으므로 자세한 사항은 해당 부분을 참조하기 바란다.

131 자본시장을 규율하는 법률 중 6개의 주요 법률들은 증권거래법 · 선물거래법 · 간접투자자산운용업법 · 신탁업법 · 종합금융회사에 관한 법률 · 한국증권선물거래소법 등이 있다.

권) 및 같은 조 제2항(신주인수권의 배제)에도 불구하고 정관으로 정하는 바에 따라 이사회 결의로써 일반공모증자 방식으로 신주를 발행할 수 있다"고 규정하여, 기존 증권거래법의 내용과 동일하게 규정하였다(자본시장법 제165조의6 제1항).

이 밖에 "우리사주조합원에 대한 우선배정"이란 규정을 신설하여, "주권상장법인 또는 주권을 유가증권시장에 상장하려는 법인이 주식을 모집하거나 매출하는 경우 해당법인의 우리사주조합원은 모집하거나 매출하는 주식총수의 100분의 20의 범위에서 우선적으로 주식을 배정받을 권리가 있다"고 정하여, 해당 범위 내에서 우리사주조합원의 신주인수권을 인정하였다(자본시장법 제165조의7 제1항). 다만 우리사주조합원이 이미 보유하고 있는 주식수가 발행주식총수의 100분의 20을 초과하는 경우, 그리고 외국인투자촉진법에 따른 외국인투자기업 중 대통령령이 정하는 법인이 발행하는 경우 및 우리사주조합원에 대한 우선배정이 어려운 경우에는 우리사주조합원의 우선배정을 인정하지 않았다(자본시장법제165조의7 제1항 단서 · 제2항).

우리사주조합원의 신주인수권을 인정하는 것은 회사의 지배구조변경 및 자금조달 외 종업원의 재산형성, 기업이익의 분배, 애사정신의 양성, 생산성의 향상, 경영참가의식의 양성, 노사협조 면에서 적극적인 효력이 있을 뿐만 아니라, 경영진을 감시하는 기능도 있다.

3. 신주인수권의 제한

가. 정관에 의한 제한

주주의 신주인수권은 정관에 의하여 제한될 수 있는데, 다만 신기술의 도입 · 재무구조의 개선 등 회사의 경영상 목적을 달성하기 위하여 필요한 경우에 한한다(한국 상법 제418조 제2항). 이때의 "제한"이란 종류주식이 발행된 경우 신주인수로 인한 주식의 배정에 관하여 특수한 정함을 하는 경우 등과 같은 신주인수권의 부여비율에 관한 제한을 의미하나, 공모발행의 병행으로 인한 주주의 신주인수권의 배제, 공모만에 의하여 신주발행을 하는 경우에 있어 주주의 신주인수권의 박탈, 제3자에게 신주인수권을 부여하는 경우에 있어서 주주의 신주인수권의 제한 또는 박탈 등도 이것에 포함된다.[132]

나. 법률에 의한 제한

(1) 자본시장과 금융투자업에 관한 법률에 의하여 주권상장법인 또는 주권을 유가증권시장에 상장하려는 법인이 주식을 모집하거나 매출하는 경우 해당 법인의 우리사주조합원은 원칙적으로 모집 또는 매출하는 주식총수의 100분의 20의 범위 내에서 우선적으로 주식을 배정받을 권리가 있다(자본시장법 제165조의7 제1항). 이는 우리사주조합원의 권리인 동시 당해 회사의 의무인데, 당해 회사의 기존주주의 신주인수권은 이 범위 내에서 제한된다. 그러나 그 법인의 우리사주조합원이 소유하는 주식수가 신규로 발행되는 주식과 이미 발행된 주식의 총수의 100분의 20을 초과하는 경우에는 그러하지 아니하다(자본시장법 제165조의7 제2항).

(2) 회사회생절차상 회생계획에 의한 신주발행에서 주주의 신주인수권이 제한된다. 한국판례에 의하면, "정관에 규정된 수권자본금 한도 내에서 정리법원의 허가 하에 향후 제3자 배정방식의 신주발행을 계획한 정리계획 조항은 유효하고, 정리회사의 관리인이 정관에 규정된 수권자본금 한도 내에서 정리법원의 허가 하에 향후 제3자 배정의 방식으로 신주발행을 계획하고 있는 정리계획 조항에 따라 신규자금을 유치할 목적으로 정리법원의 허가를 받아 신주를 발행하는 경우에는 정리회사의 기존주주들이 정리계획에 의하여 감수하기로 예정한 불이익이 구체적으로 현실화되는 것에 불과하므로 특별한 사정이 없는 한 제3자 배정방식의 신주발행을 위하여 정리계획 변경절차를 거칠 필요가 없다"고 판시하였다(대결 2008.5.9, 2007 그 127).

132 정찬형, 전게서(주 1), 1071면.

다. 기타의 제한

(1) 자기주식 및 자회사가 취득하고 있는 모회사의 주식

해석상, 회사가 취득하고 있는 자기주식 · 자회사가 취득하고 있는 모회사의 주식에는 신주인수권이 없다.[133]

(2) 실권주

실권주는 신주인수권을 가진 주주가 신주인수의 청약을 하지 않거나 또는 납입을 하지 않음으로 인하여 신주인수권의 대상인 주식이 실권된 주식을 말하는데, 신주인수권을 갖는 주주가 청약기일까지 청약을 하지 않아 신주인수권을 잃게 되는 것은 당연한데(한국 상법 제419조 제4항), 청약기일까지 주식인수의 청약을 하였지만, 납입기일까지 납입을 하지 않으면 주식인수인으로서의 지위를 잃게 되기 때문에(한국 상법 제423조 제2항), 신주인수권도 당연히 잃게 된다.

(3) 단주

단주란 1주미만의 주식을 말하는데, 신주인수권자에게 주식을 배당하는 과정에서 발생한다. 예컨대, 배당 비율을 0.5로 정한 경우, 5주의 주식을 갖고 있는 주주는 2주를 배정받고 0.5주의 단주가 발생할 것이다. 신주발행 시 단주처리에 관한 규정이 없으므로 실주발행의 효력은 단주를 제외한 범위에서 발생한다.

4. 제3자에 대한 신주발행의 정당성 심사기준

가. 자금조달과 제3자에 대한 신주발행

한국의 경우, 수권자본제도를 규정하는 주요 원인은 자금조달의 기동성을 위하여 이사회의 결의로 수권주식 중 미발행주식 범위 내에서 신주를 발행하여

133 정찬형, 전게서(주 1), 1072면.

자금조달을 용이하게 하기 위해서이다. 그러나 신주발행에 대한 이사의 권한 남용을 방지하기 위하여 법적으로 주주의 신주인수권을 법정하여 신주발행 시 주주의 지배적 이익 및 경제적 이익을 보호하였다. 그리고 수권자본제도와 주주의 신주인수권의 조화를 이루기 위하여 정관에서 신주인수권을 배제하는 법적 사유를 정하고, 해당 사유를 충족하는 경우, 주주의 신주인수권의 배제를 인정하였다.

그러나 신주인수권을 배제하여 신주발행을 하는 경우, 기존주주에게 경제적인 손실뿐만 아니라 지배적 손실에도 영향을 미칠 수 있어, 신주인수권의 배제는 법적으로 합법적이어야 할 뿐만 아니라 합리적이어야 한다. 합법적이란 현행 법규에서 정한 목적("경영상 목적달성에 필요한 경우")과 절차(정관 규정 또는 법률 규정)에 의하여야 한다는 것이다. 여기서 말한 "경영상 목적달성에 필요한 경우"란 신기술의 도입, 재무구조의 개선 등 회사의 경영상 목적을 달성하기 위하여 필요한 경우 외에(한국 상법 제418조 제2항),[134] 외국자본의 도입, 전후방 연관시장의 확보 등 회사 발전을 위하여 필요하지만 주주배정의 방법에 의하여 동일한 목적이 달성되기 어려운 경우에도 제3자에 대한 신주발행이 인정되어야 한다고 본다.[135] 그리고 정관의 규정에 의하여 제3자에게 신주인수권을 부여하는 경우에는 특정인을 미리 지정할 수도 있고, "임원 · 구임원 · 종업원 · 구종업원에게 신주인수권을 부여할 수 있다"는 정도의 규정만을 두고 그 후 신주를 발행할 때 이사회에서 제3자의 범위를 구체적으로 정하여도 무방하다고 본다.[136] 정관에서 반드시 이렇게 규정하도록 한 이유는 기존주주들에게 예측 가능성을 부여하기 위한 것이다.

그리고 합리성이란 주주의 신주인수권 제한이 회사의 목적을 수행하기 위

134 한국 상법 제418조 제2항은 2001년 개정상법이 제3자에 대한 신주인수권의 부여가 남용되는 것을 방지하기 위하여 신설한 것인데, 회사의 자금조달의 편의성에서 문제가 있으며 또한 그 내용도 매우 추상적이어서 제한의 실효성도 없다고 본다[정찬형, 〈2000년 정부의 상법개정안에 대한 검토의견〉, 《상사법연구》(한국상사법학회), 제20권 제1호(2001.5), 128면].

135 이정원, 〈신주의 제3자 배정의 적법성: 대법원 2009.1.30. 선고 2008다50776판결의 평성을 겸하여〉, 《홍익법학》(홍익대학교), 제13권 제3호(2012), 759면.

136 정찬형, 전게서(주 1), 1080면.

하여 불가피하더라도 "목적과 수단의 비례성"을 고려하여야 한다.[137] 즉, 주주배정의 방법으로 자금조달 등 회사의 경영상 · 정책상 긴요한 목적을 달성할 수 없는 등의 사정이 있어야 하며, 제3자 배정이 불가피하더라도 목적달성에 필요한 최소한의 범위 내에서 제3자 배정을 하는 목적과 수단의 비례성을 지켜야 한다.[138]

나. 경영권 방어와 제3자에 대한 신주발행

제3자에 대한 신주발행에 있어 자금조달을 목적으로 하는 외에 가장 흔한 동기는 경영권 방어이다. 즉, 경영권 분쟁에 직면하여 또는 이에 대비하여 현 지배주주나 경영자에게 혹은 그 우호세력에게 신주를 발행하는 것이다. 즉, 신기술의 도입 및 개선 등 회사의 경영상 목적을 달성하기 위하여 필요한 범위 안에서 정관이 정한 사유가 없는데도 불구하고 회사의 경영권 분쟁이 현실화된 상황에서 현 경영진의 경영권이나 지배권 방어를 목적으로 한 신주의 제3자 배정이다. 경영권 방어를 위한 제3자에 대한 신주발행이 정당한지 여부를 판단함에 있어 목적의 정당성과 목적의 필요성 및 상당성을 보아야 한다. 목적의 정당성이란 기업가치의 유지 및 그 향상에 경영권 방어가 필요하여야 하고 그 목적이 이에 맞춰져야 한다는 것을 말한다. 목적의 필요성과 상당성이란 경영권 방어행위의 동기나 목적, 방어수단의 합리성 등을 종합하여 판단하여야 한다.[139]

현재까지 경영권 방어를 위한 제3자에 대한 신주발행에 관한 판례는 유비케이 사건[140]과 현대엘리베이터 사건[141] 등이 있지만,[142] 그 중에서 현대엘리

137 이철송, 전게서(주 102), 863면.

138 이철송, 〈신주 및 특수사채의 제삼자 배정의 법리〉, 《법률신문》, 2587호(1997.4.30), 제15면.

139 김정호, 〈경영권 방어와 비례의 원칙 — 대판 2009.1.30. 2008다50776 판결의 평석을 겸하여〉, 《경영법률》(한국경영법률학회), 제21권 제3호(2011), 25-26면.

140 서울남부지방법원 제14민사부 2004.11.25. 선고 2003가합16871 판결: 유비케이사건은 '전자차트'로 불리우는 EMR 부문에서 시장점유율 2위인 포인트닉스의 모회사 엠디하우스는 시장점유율이 1위인 유비케이를 인수하고자 유비케어의 지분을 일부 취득하였다. 엠디하우스의 이러한 매수에 대응하기 위하여 유비케이는 타법인 출자 및 제3자 배정 유상증자를 통하여 우호지분을 확대하였는데, 이에 대하여 엠디하우스는 유비케이를 상대로 법원에 신주발행무효확인의 소를 제기하였

베이터 사건은 기존 판례와 달리 단순히 "주요목적기준"에 의하여 적법성 여부를 판단한 것이 아니라, 방어행위의 적법성에 대하여 "방어행위가 직접 법령 또는 정관에 규정되었는지 여부"라는판단기준을 제시하는 데 의미가 있다.[143] 현대엘리베이터 판례는 기타 판례와 비교하여 방어행위의 적법성 판단기준을 제시하는데 적극적인 의미가 있어, 아래에서는 해당 판례에 대하여 상세히 살펴보겠다.

• 현대엘리베이터 사건

[사실관계]

외국계펀드(GMO)는 현대엘리베이터의 지분을 매각하면서, 현대엘리베이터의 경영권에 위협을 주었다. 현대엘리베이터는 경영권 방어의 목적에서 금강고려화학에게 우호적 제3자로 협조해 줄 것을 요청하였으며, 이에 응한 금강고려화학은 갑자기 태도를 돌변하면서 현대엘리베이터의 지분을 인수하겠다고 선언하였다. 금강고려화학은 BNP파리바투신운용 사모펀드를 통하여 12.82%, 금강고려화학의 계열사인 고려시리카가 2개의 별도 뮤추얼펀드를 통하여 각각 4.95%-2.05%, 금강고려화학이 뮤추얼펀드를 통하여 0.82% 등 총 현대엘리베이터의 44% 지분을 보유하게 되었다. 이러한 상황에서 현대엘리베이터는 위기감을 느꼈고, 경영권 방어수단으로 국민주 공모를 통하여 국민기업화하겠다는 취지에서 대규모로 유상증자를 발표하였다. 즉,

---

다. 이에 대하여 법원은 제3자에 대한 신주발행은 지배권의 변경을 초래하거나 이를 저지할 목적으로 불공정하게 신주발행이 이루어졌다는 이유로 엠디하우스를 지지하였다.

141 수원지방법원 여주지원 2003.12.12. 선고 2003카합369 결정(신주발행금지가처분).

142 제3자에 대한 신주발행과 관련한 사건은 많이 존재하는데, 그중에서 대표적인 사건은 유비케이사건과 현대엘리베이터사건이다. 이 밖에 주식을 제외한 기타 유가증권의 발행과 관련한 사건은 한화종합금융사건(서울지방법원 제50민사부 1997.2.6. 선고 97카합118결정, 서울고등법원 1997.5.13. 선고 97라36 결정), SK사건(서울지방법원 제50민사부 2003.12.23. 선고 2003카합44154 결정), 삼성에버랜드사건(수원지방법원 1997.12.17. 선고 97가합12863 판결, 서울고등법원 2000.6.23. 선고 98나4608 판결, 대법원 2004.6.25. 선고 2000다37326 판결) 등이 대표적이다.

143 정기봉, 〈비례의 원칙의 사법상 적용 — 주식회사 경영권 방어의 적법성 판단〉, 《법학연구》(연세대학교 법학연구원), 제20권 제3호(2010), 273-274면.

1000만 주를 주당 42,700원에 일반공모발행을 하고, 1인당 청약한도를 200주로 제한하며, 우리사주조합에 20%를 우선배정하여 총 4,300만억 원의 자금을 조달하겠다는 것이다. 현대엘리베이터의 이러한 증자행위에 대하여 금강고려화학은 법원에 신주발행금지가처분신청을 제기하였다.

[판시사항]

현대엘리베이터 신주발행 결의가 회사 정관 및 상법 제418조 제2항 단서에서 규정하는 신기술의 도입, 재무구조의 개선 등 회사의 경영상 목적 없이 기존 주식소유구조를 변동시키려는 목적으로 발행되었으므로, 이는 주주의 신주인수권을 위법하게 침해하였다. 대상회사의 이사회가 특정한 적대적 기업취득행위에 대항하기 위하여 취하는 경영권 방어행위에 대하여, 직접 관련 법령이나 대상회사의 정관 규정에서 정하는 바에 의하여 우선적으로 법령과 정관 규정에 따라야 한다. 그러나 직접적인 법령 또는 정관의 규정이 없는 경우에는 구체적인 해당 경영권 방어행위의의 동기나 목적, 방어 수단의 합리성 등을 종합하여 결정되어야 한다. 다만 적대적 공개매수의 방어행위로 달성할 회사 또는 주주의 이익내용과 방어행위가 적절한 절차를 거쳐 상당한 근거를 가지고 이루어졌는지 여부를 고려하여야 할 것이다. 앞서 논의한 것을 기초로 보면 기업취득이 시도되는 상황에서 대상회사의 이사회가 경영권 방어행위로서 하는 주주의 신주인수권을 배제하는 대규모 신주발행행위는 회사의 경영상 필요한 자금의 조달을 위한 것에 해당할 수 없다.

[판례 의의]

위 판례에서는 기존 판례와 달리, '방어행위가 직접 법령 또는 정관에 규정되었는지 여부'를 먼저 판단하고, 해당하지 않은 경우 구체적인 경영권 방어행위의 동기나 목적 및 방어수단의 합리성 등을 종합하여 방어수단을 허용할 수 있는지 여부를 판단한다. 그리고 방어행위의 목적이 경영권 방어에 있는 경우에라도 적대적 인수자의 성격과 기업취득 의도 · 경영진의 경영전략 · 대상회사의 사업내용의 사회경제적 중요성 · 대상회사 및 주주에 대한 경영진의 경영권유지의 필요성 등과 같은 요건이 인정되고, 방어행위에 대상회사의 경영권 분쟁 당사자인 기존 지배주주가 아닌 일반 주주의 의견과 중립적인 전문가의 조언을 듣는 등 절차에 합리성이 있는 경우라면 방어행위의 적법성이 인정될 수 있다고 보았다.[144]

III. 신주발행의 절차

1. 신주발행의 결정

한국의 경우, 전형적인 수권자본제도를 채택하는 것이 아니라, 수권자본제도에서의 자본적 기초가 튼튼하지 못하는 단점을 개선하여 절충적인 수권자본제도를 채택하고 있다. 즉, 자본금을 정관의 기재사항으로 규정하지 않고, 정관에는 수권주식총수만을 기재하고, 이러한 수권주식총수 중 미발행주식은 이사회의 결의로 발행할 수 있게 함으로써 자금조달의 용이성을 추구하고, 설립시 자본적 기초를 튼튼하게 하기 위하여 설립 시에 발행하는 주식의 총수를 인수하도록 하고 또한 이와 같이 인수된 주식의 총수에 대하여 전액 납입하도록 규정하고 있다(한국 상법 제295조 · 제305조).

한국의 이러한 자본제도 하에서 미발행수권주식총수 범위 내에서 이사회의 결의로 신주발행을 결의하고, 이를 초과하는 범위의 신주발행은 주주총회의 결의를 하여야 한다. 그리고 이 밖의 신주발행에 관한 신주의 종류와 수, 신주의 발행가액[145] 및 납입기일, 그리고 신주의 인수방법 등 사항은 회사 정관이나 상법에서 정한 내용에 따르고, 정관이나 상법에서 이를 규정하지 않는 경우, 이사회 결의로 한다.

144 김홍식, 전게서(주 45), 159면.

145 한국 상법에 의하면, 액면주식을 액면가액으로 발행하거나 액면초과발행의 경우, 이사회에서 결정사항이지만(한국 상법 제416조 제2항), 액면미달발행 및 최저발행가액은 원칙적으로 주주총회의 결의사항이다(한국 상법 제417조 제1항 · 제2항).

2. 신주발행 그 밖의 절차

가. 개관

한국의 경우, 정관에 "회사가 발행할 주식의 총수" 및 "회사의 설립 시에 발행하는 주식의 총수"를 반드시 기재하여야 하며(한국 상법 제289조 제1항 제3문 · 제5문), 자본금은 정관의 필요적 기재사항이 아니라, 등기사항으로 규정하였다(한국 상법 제317조 제1항 제2문). 그러므로 한국에서는 미국식의 수권자본제도를 취한 것이 아니라, 자본금을 기재사항으로 규정하지 않고, 정관에는 수권주식총수만을 기재하고, 이러한 수권주식총수 중 미발행주식은 이사회의 결의로 발행할 수 있게 함으로써 자금조달의 용이성을 추구하는 동시, 설립 시 자본적 기초를 튼튼하게 하기 위하여 설립 시에 발행하는 주식의 총수를 인수하도록 하고 있다(한국 상법 제295조). 이 밖에 독일식의 입법례에 따라 주주의 신주인수권을 법정하였으며, 신주발행으로 자금조달을 하는 경우, 회사 정관이나 법률에 의하여 주주의 신주인수권이 배제되지 않는 한 신주발행 시 기존주주들은 원칙적으로 신주인수권을 갖고 있다.

한국의 이러한 절충적인 수권자본제도는 자금조달을 추구하는 반면, 회사 설립 시의 자본적 기초를 튼튼하게 하였으며, 이사회가 불공정한 신주발행으로 기존주주의 이익을 해하는 것을 방지하기 위하여 주주의 신주인수권을 법정하였다. 그러므로 한국의 이러한 자본제도와 신주인수권제도하에서 신주발행의 구체적 절차를 살펴볼 때, 신주인수권자가 있는 경우와 신주인수권자가 없는 경우 등으로 나뉘어 살펴보겠다.

나. 신주인수권자가 있는 신주발행

(1) 신주인수권자에 대한 청약최고

신주배정기준일 2주 전에 신주인수권자에게 청약최고를 하여야 한다(한국 상법 제418조 제3항). 신주인수권자에게 이러한 실권예고부 청약최고를 규정하는 이유는 신주인수권은 권리이고 의무가 아니므로 회사가 신주인수권자에게 사전에 신주인수권을 행사할 것을 촉구하는 데 있다.[146] 즉, 신주인수권을 가진 자가 있는 때에는 회사는 그 자가 신주인수권을 가지는 주식의 종류와 수, 신주인수권을 양도할 수 있음을 정한 때에는 그 뜻(한국 상법 제416조 제5항), 주주의 청구가 있는 때에만 신주인수권증서를 발행한다는 것과 그 청구기간을 정한 경우에는 이에 관한 사항(한국 상법 제416조 제6항) 및 청약기일까지 주식의 청약을 하지 않으면 그 권리를 잃는다는 뜻을 신주배정기준일 2주간 전에 신주인수권자에게 통지(무기명주권을 발행한 경우에는 공고)하여야 한다(한국 상법 제419조 제1항 · 제3항). 만약 신주배정기준일이 주주명부의 폐쇄기간 중인 때에는 그 폐쇄기간의 초일의 2주간 전에 공고하여야 한다(한국 상법 제418조 제3항 단서).

그리고 신주인수권자가 신주배정기준일까지 신주의 청약을 하지 아니하면 당연히 실권하게 되는데(한국 상법 제419조 제4항), 이 경우 실권주가 발생하는 것이다.

(2) 실권주의 처리

실권주란 신주인수권을 가진 주주가 신주인수의 청약을 하지 않거나 또는 납입을 하지 않음으로 신주인수권 대싱인 주식이 실권된 주식을 말한다. 그러므로 실권주는 신주배정기준일 2주 전(주주명부 폐쇄기간 중인 때에는 그 폐쇄기간 초일의 2주 전) 회사가 신주인수권자에게 청약최고를 했음에도 불구하고, 신주인수권자가 청약을 하지 않았거나 청약을 하였지만 납입을 하지 않는 경우, 회사 측 신주발행 대상주식이 실권되어 발생한 것이다.[147]

---

146 정찬형, 전게서(주 1), 1084면.

147 실기주는 명의개서를 즉시에 하지 않아 발생한 것이다. 즉, 이사회가 신주발행을 결의하는 날의 주주명부에 기재된 주주에게 구체적 신주인수권을 부여하면, 이사회의 신주발행 결의 전에 이미 주식을 취득하였으나 아직 명의개서를 하지 않는 자는 구체적 신주인수권을 취득할 수 없게 된다. 이를 방지하기 위하여 상법에서는 신주발행회사에게 신주배정기준일 2주 전(신주배정일이 주주명부 폐쇄기간 중일 때에는 폐쇄기간 초일의 2주 전) 신주인수권자에게 사전 통지 또는 공고하도록 규정하였다. 그럼에도 불구하고 주식양수인이 신주배정일까지 주주명부에 명의개서를 하지 않아 새로

신주인수권의 대상인 주식 중에서 실권주가 생긴 경우, 해당 실권주는 수권주식 중 미발행 주식으로 남게 된다. 그러나 실무에서는 실권주에 해당하는 주식에 대하여 이사회 결의로 주주를 모집하는 경우가 많다. 이 경우 보통 실권주의 처리를 이사회에서 임의로 할 수 있음을 미리 공고하고 이에 따라 회사는 이사회의 결의로 실권주를 처리하는데, 판례는 (근거규정이 없는 경우에도) 이를 유효로 보고 있다.[148] 그러나 이사회가 실권주를 특정인에게 배정함으로써 회사의 지배권에 변동을 초래하는 것은 허용되는 않는다는 것이 통설이다.[149]

다. 신주인수권자가 없는 신주발행(모집)

(1) 모집에 의한 신주발행의 의의

신주인수권자가 없는 경우의 신주발행을 모집에 의한 신주발행이라고 한다. 한국의 경우, 주주의 신주인수권을 법정하고 있는 입법모델을 취한 국가이므로 모집에 의하여 신주발행을 하는 것은 주주의 신주인수권을 제한하는 행위에 해당하므로 법률 또는 정관에 의하여 주주의 신주인수권을 제한하는 규정이 있어야 한다.[150]

그리고 모집의 경우, 모집범위가 특정한 자로 확정하는지 여부에 따라 연고모집[151]과 공모[152]로 나눌 수 있고, 모집절차를 누가 수행하는가에 따라 직

발행되는 신주가 주주명부상의 주주(주식양도인)에게 배정되는 경우, 주식양수인의 주식을 광의의 실기주라고 하고, 주식양도인에게 배정된 신주를 협의의 실기주라고 한다[정찬형, 전게서(주 1), 1073면]

148 대판 2012.11.15. 2010 다 49380.

149 정찬형, 전게서(주 1), 1075면.

150 정찬형, 전게서(주 1), 1084면.

151 연고모집이란, 모집으로 신주를 발행할 때, 모집대상의 범위를 회사임원 · 종업원 · 거래처 등으로 한정하여 신주를 발행하는 것을 말한다.

152 공모란, 연고모집과는 달리, 신주발행시 모집대상의 범위를 한정하지 않고, 불특정 다수인으로 하여 신주를 발행하는 것을 말한다.

접모집[153]과 간접모집(위탁모집)[154]으로 나눌 수 있으며, 금융투자업자가 모집을 주선한 경우 잔여 주식 처리에 대하여 모집주선[155] · 잔액인수(도급모집)[156] 및 총액인수(매수인수)[157]으로 나눌 수 있다. 한국 상장회사의 경우, 대부분 공모, 간접모집 및 총액인수의 방식으로 모집을 한다.

(2) 신주의 발행가액

신주의 발행가액은 기존주주의 이익을 해하지 않도록 하기 위하여 회사의 재산상태 · 영업이익 등을 고려하여 공정하게 결정되어야 한다.[158] 이러한 원칙으로 액면주식의 경우 신주의 발행가액은 액면가액 또는 그 이상으로 정하는 것만을 이사회에서 결정할 수 있다. 왜냐하면 액면미달의 발행 여부 및 최저발행가액의 결정은 주주총회의 특별결의사항이기 때문이다(한국 상법 제417조 제1항 · 제2항). 그리고 무액면주식의 경우에는 신주의 발행가액 중 자본금으로 계상하는 금액을 이사회가 결정하여야 한다(한국 상법 제416조 제2호의 2).

라. 인수

(1) 청약

신주인수권자이든 기타 일반 투자자이든 신주인수의 청약을 하고자 하는 경우에는 주식청약서 2통에 인수할 주식의 수 · 주소 · 기타의 법정사항을 기재하고(한국 상법 제420조) 기명날인 또는 서명하여야 한다(한국 상법 제425조 · 제302조 제1항). 다만 신주인수권증서가 발행된 경우에는 원칙적으로 신주

153 직접모집을 또한 자기모집이라고 하는데, 이는 발행회사가 직접 모집의 절차를 취하는 것을 말한다.

154 간접모집을 또한 위탁모집이라고 하는데, 이는 발행회사로부터 위탁을 받은 금융투자업자가 모집의 절차를 취하는 모집방법을 말한다.

155 모집주선이란 간접모집에서 금융투자업자가 모집을 주선하기만 하는 것을 말한다.

156 잔액인수(도급모집)이란 간접모집에서 금융투자업자가 모집을 주선하고 남은 주식을 스스로 인수하는 것을 말한다.

157 총액인수(매수인수)란 금융투자업자가 발행회사의 주식을 전부 자기명의로 인수하여 일반인에게 매출하는 것을 말한다.

158 정찬형, 전게서(주 1), 1082면.

인수권증서에 의하여 청약을 하여야 하지만(한국 상법 제420조의 5 제1항), 신주인수권증서를 분실한 경우에는 주식청약서에 의하여 청약을 할 수 있는데, 신주인수권증서에 의한 청약이 있는 때에는 그 효력을 잃는다(한국 상법 제420조의 5 제2항).

(2)배정

주식인수의 청약에 대하여 회사가 신주를 배정하면, 주식인수가 성립된다. 주식인수의 법적 성질에 대하여 입사계약이라고 하는 것이 통설이다.[159] 이 밖에 청약자가 배정을 받아 주식인수가 성립한 경우, 이러한 주식인수로 인한 권리인 권리주의 양도는 회사에 대하여 효력이 없다(한국 상법 제425조 제1항, 제319조).

마. 납입 및 현물출자의 이행

(1) 전액납입원칙

신주의 인수인은 납입기일에 그 인수가액의 전액을 납입하고(한국 상법 제421조 제1항), 현물출자를 하는 자는 납입기일에 지체 없이 출자의 목적인 재산을 인도하고 권리의 설정 또는 이전에 등기나 등록을 요하는 것은 그 서류를 완비하여 교부하여야 한다(한국 상법 제425조 · 제305조 제3항 · 제295조 제2항). 그리고 현실적으로 납입을 하여야 하는 것이 원칙이지만, 2011년 4월 개정상법에 의하면, 신주의 인수인은 회사의 동의를 받아 신주의 납입채무와 회사에 대한 채권을 상계할 수 있다고 규정하여(한국 상법 제421조 제2항) 현실적인 납입에 대하여 예외를 규정하였다.

(2) 현물출자의 특별절차

현물출자자가 있는 경우, 이사는 이를 조사하기 위하여 검사인의 선임을 법

159 정찬형, 전게서(주 1), 1086면.

원에 청구하여야 한다(한국 상법 제422조 제1항 제1문). 다만 공인된 감정인의 감정으로 검사인의 조사에 갈음할 수 있을 뿐만 아니라(한국 상법 제422조 제1항 제2문), 법에서 정한 일정한 요건에 부합하는 경우,[160] 검사인에 의한 조사나 공인된 감정인의 감정을 받을 필요도 없다(한국 상법 제422조 제2항).

바. 신주발행의 효력발생

(1) 효력발생시기

신주의 인수인이 신주의 납입기일에 납입 또는 현물출자의 이행을 하면, 납입 또는 현물출자의 이행을 한 인수인은 납입기일의 다음 날로부터 주주가 된다(한국 상법 제423조 제1항 제1문). 그러나 신주의 인수인이 납입기일까지 납입 또는 현물출자의 이행을 하지 않으면 그 인수인에게 배정된 신주는 실권주가 되며(한국 상법 제423 제2항), 그 주식의 인수인은 회사에 대하여 손해배상책임을 부담한다(한국 상법 제423조 제3항).

(2) 효력발생 범위 및 효력

수권자본제도를 채택한 한국 상법의 경우, 이사회 결의로 신주를 발행한 후, 신주발행 결의에서 정한 주식총수에 관한 인수와 납입이 이루어지지 아니하였더라도 납입기일까지 현실로 인수와 납입이 있는 주식에 관하여만 그 범위 내에서 신주발행의 효력이 생기는 것이다. 즉, 인수 또는 납입이 없는 주식은 미발행 주식으로 되고, 회사는 이러한 미발행주식을 그대로 둘 수도 있고, 향후 다시 주주를 모집할 수도 있다. 또한 신주발행 시 인수 및 납입되지 않는 주

160 해당 내용은 2011년 4월 개정상법에서 신설한 내용인데, 해당 조문에 의하면, (i) 현물출자의 목적인 재산의 가액이 자본금의 5분의 1을 초과하지 아니하고, 대통령령으로 정한 금액을 초과하지 아니한 경우, (ii) 현물출자의 목적인 재산이 거래소의 시세 있는 유가증권인 경우 이사회 등에 의하여 결정된 가격이 대통령령으로 정한 방법으로 산정된 시세를 초과하지 아니한 경우, (iii) 변제기가 돌아온 회사에 대한 금전채권을 출자의 목적으로 하는 경우로서 그 가액이 회사 장부에 적혀 있는 가액을 초과하지 아니하는 경우, 및 (iv) 그 밖의 (i)부터 (iv)까지의 규정에 준하는 경우로서 대통령령으로 정하는 경우에는 검사인 등에 의한 조사를 받지 아니한다(한국 상법 제422조 제2항).

식에 대하여 이사는 담보책임도 없다. 그러나 변경등기를 한 경우, 주식인수의 청약이 취소된 주식이 있는 경우, 자본금 충실을 기하여야 하는 이유로 이사는 이에 대하여 공동으로 인수가 취소된 주식에 대하여 인수한 것으로 보고(한국 상법 제428조 제1항), 또한 연대하여 납입할 책임이 있다(한국 상법 제333조 제1항).

그리고 신주에 대한 주권 발행의 제한이 없어지고(한국 상법 제355조 제1항), 주주는 주식을 양도할 수 있으나, 신주의 납입기일 후 6개월까지 주권발행 전에 한 주식의 양도는 회사에 대하여 효력이 없다(한국 상법 제335조 제3항). 그러나 신주 납입기일 후 6개월이 경과하면, 민법상 지명채권 양도의 방식에 의하여 양도 가능하다.

사. 등기

신주발행으로 발행주식총수 · 주식의 종류와 수가 변경되어, 이에 따른 자본금 증가가 발생하게 된다. 이러한 자본금 증가 등을 공시하는 목적으로 일정한 기간내에 변경등기를 하여야 한다(한국 상법 제317조 제2항 제2호).

변경등기를 마친 신주발행의 경우, 아래와 같은 부수적인 효력이 있다. 첫째, 신주발행으로 인한 변경등기를 하면 그 날로부터 1년을 경과한 후에는 신주인수인은 주식청약서 또는 신주인수권증서의 요건흠결을 이유로 하여 인수의 무효를 주장하거나, 착오 · 사기 · 강박을 이유로 하여 인수를 취소하지 못한다(보완적 효력)(한국 상법 제427조 제1문), 1년을 경과하지 않는 경우에도 주주가 그 주식에 대하여 주주권을 행사할 때에는 동일한 제한을 받는다(한국 상법 제427조 제2문). 둘째, 신주는 인수 및 납입된 주식을 한도로 효력이 발생하지만, 변경등기 후에는 이에 따른 자본금 충실을 기하여 법률관계의 안정성을 도모하기 위하여 신주인수가 취소된 경우, 이사는 공동으로 이를 인수한 것으로 보고 또한 연대하여 납입할 책임을 부담한다(한국 상법 재428조, 제333조 제1항)

Ⅳ. 발행시장에서의 신주발행

1. 공시규제

가. 구증권거래법상 등록제도의 폐지이유

한국 구증권거래법에서는 증권등록제도를 규정하였다. 등록제도는 공모나 상장을 원하는 발행인을 등록시켜 일정한 공시의무를 부과하고 건전한 경영관리를 유도함으로써 장차 기업이 공개되는 경우에 적응을 돕기 위한 제도였다.[161] 그러므로 한국의 등록제도는 장차 기업공개를 유도하는데 초점을 맞추어져 있지만, 등록법인제도는 현실적으로 거의 실효를 거두지 못하였다. 그 이유는 부수적인 목적으로 공시의 이념을 달성한다는 것도 증권신고서 제도를 따로 마련하고 있는 상황에서 등록제도를 정당화시킬 수 없었기 때문이다. 그러다 보니, 증권신고서를 제출하기 얼마 전에 발행인 등록을 하여야 하는지 법에서 전혀 언급이 없는 상황이어서, 오전에 발행인 등록을 하고 오후에 증권신고서를 제출토록 한다면, 금융감독 당국이 공시의 이념을 표방하여 사실상 중복규제를 하는 것이라는 비판이 많았다.[162] 결국, '자본시장육성에 관한 법률'이 1997년에 폐지되면서, 등록법인제도의 도입 취지가 무색해지게 되어, 자본시장법에서는 최종 등록제도를 폐지하게 되었다.

나. 현행 자본시장법상 증권신고서제도

(1) 주식의 발행신고[163]

① 신고서의 내용

증권신고서의 기재사항과 첨부서류에 대하여 자본시장법시행령으로 정하

161 김건식 · 정순섭, 《자본시장법》(서울: 두성사, 2009), 98면.

162 김용재, 《자본시장과 법(상)》(서울: 고려대학교출판부, 2011), 231-232면.

163 증권신고서제도의 적용범위에 해당하는 신고대상증권은 사채권, 주권 또는 신주인수권을 표시하는 증서, 외국법인이 발행한 증권 또는 증서, 예탁증서 등이 있다. 이 책에서는 신주발행을 주요내용으로 하고 있으므로, 증권신고서 기재내용도 주식의 발행에 초점을 두겠다.

고 있는데, 증권신고서의 일반적인 기재사항은 모집[164] 또는 매출[165]에 관한 사항, 그리고 발행인에 관한 사항[166] 등 이른바 확정된 정보(hard information)과 미래에 대한 예측정보(soft information)가 포함된다.

예측정보 또는 소프트정보란 객관적으로 증명 가능하며 확정된 사항에 관한 하드정보에 대응하는 개념으로 의견 · 예측 그 밖의 주관적 평가 등의 정보를 가리킨다.[167] 그러므로 예측정보는 아직 실현되지 않는 예측에 불과하기 때문에, 투자자들이 예측되었던 것과 달리 실현될 가능성도 있다. 예측정보의 이러한 특징으로 인하여, 예측정보는 투자자를 현혹시키는 등 자칫 남용될 소지가 있어 공시가 제한되었으나, 합리적인 근거에 따라 마련된 것이라면 투자자의 판단에 오히려 큰 도움이 될 수 있다. 앞서 살펴본 바와 같이 미국에서는 이와 같은 예측정보가 일정한 요건에 부합하는 경우 공시를 허용하였고, 한국에서는 1999년 구증권거래법이 개정되면서 예측정보의 공시제도를 도입하였으며, 자본시장법에서도 이를 그대로 유지하여, 예측정보의 공시를 허용하는 입장이다.[168]

---

164 모집은 대통령령으로 정하는 방법에 따라 신출한 50인 이상의 투자자에게 새로 발행되는 증권의 취득의 청약을 권유하는 것을 말한다(자본시장법 제9조 제7항).

165 매출은 대통령령으로 정하는 방법에 따라 산출한 50인 이상의 투자자에게 이미 발행된 증권의 매도의 청약을 하거나 매수의 청약을 권유하는 것을 말한다(자본시장법 제9조 제9항).

166 발행인에 관한 사항은 주로 (i) 회사의 개요, (ii) 사업의 내용, (iii) 재무에 관한 사항, (iv) 회계감사인의 감사의견, (v) 이사회 등 회사의 기관 및 계열회사에 관한 사항. (vi) 주주에 관한 사항, (vii) 임원 및 직원에 관한 사항, (viii) 이해관계자와의 거래내용. (ix) 그 밖에 투자자보호를 위하여 필요한 사항으로서 금융위가 정하여 고시하는 사항(자본시장법시행령 제125조 제1항 제3문).

167 황동욱, 〈미국의 소프트정보공시제도〉, 《증권조사월보》(증권감독원: 현재는 금융감독원), 209호(1994.9), 32면.

168 자본시장법제119조 제3항: (i) 매출규모 · 이익규모 등 발행인의 영업실적, 그 밖의 경영성과에 대한 예측 또는 전망에 관한 사항, (ii) 자본금규모 · 자금흐름 등 발행인의 재무상태에 대한 예측 또는 전망에 관한 사항, (iii) 특정한 사실의 발생 또는 특정한 계획의 수립으로 인한 발행인의 경영성과 또는 재무상태의 변동 및 일정시점에서의 목표수준에 관한 사항, (iv) 그 밖에 발행인의 미래에 대한 예측 또는 전망에 관한 사항으로서 대통령령이 정하는 사항.
아래 요건을 구비할 때, 발행인은 예측정보에 대하여 손해배상책임을 부담하지 않는다.
자본시장법제125조 제2항: (i) 그 기재 또는 표시가 예측정보라는 사실이 밝혀져 있을 것, (ii) 예측 또는 전망과 관련된 가정이나 판단의 근거가 밝혀져 있을 것, (iii) 그 기재 또는 표시가 합리적 근거나 가정에 기초하여 성실하게 행하여졌을 것, (iv) 그 기재 또는 표시에 대하여 예측가치와 실제 결과치가 다를 수 있다는 주의문구가 밝혀져 있을 것.

다만 예측정보의 면책조항을 적용함에 있어 합리적인 제한도 있다. 즉, 예측정보의 면책조항은 주권비상장법인이 최초로 주권을 모집 또는 매출하기 위하여 증권신고서를 제출하는 경우에는 적용하지 아니한다(자본시장법 제125조 제3항). 이에 대하여 예측정보가 하드정보 못지 않게 투자자의 투자판단에 중요한 정보로서 벤처기업 등 성장성을 가진 중소기업들에게 자금조달을 쉽게 하는 순기능을 발휘한다는 점을 감안할 때, 최초로 공모하는 기업들에게 예측공시에 대한 면책조항을 적용하도록 할 필요성이 있다고 본다.[169]

② 신고서의 심사

신고서의 심사와 관련하여 자본시장법에서는 금융위원회의 형식적 심사권을 명시하였다. 즉, 금융위원회는 증권신고서의 형식을 제대로 갖추지 아니한 경우 또는 그 증권신고서 중 중요사항에 관하여 거짓의 기재 또는 표시가 있거나 중요사항이 기재 또는 표시되지 아니한 경우를 제외하고는 그 수리를 거부할 수 없다(자본시장법 제120조 제2항).

③ 신고서의 효력발생

신고서는 수리한 날로부터 바로 효력이 발생하는 것이 아니라, 주식을 발행하는 데 관하여 신고서의 효력발행기간은 15일이다(자본시장법시행규칙 제12조 제1항 2호). 증권신고서 수리 시부터 효력발생시까지의 기간을 대기기간이라고 하는데, 신고서의 수리가 있으면 청약(또는 청약의 권유)이 가능하지만, 신고의 효력이 발생하지 아니한 동안 증권의 취득 또는 매수의 청약이 있는 경우에 그 증권의 발행인 · 매출인과 그 대리인은 그 청약에 승낙을 하여서는 아니 된다(자본시장법 제121조 제1항).

대기기간 중에 발행회사는 어떠한 방식의 청약을 할 수 있는가? "증권신고서가 수리된 후 신고의 효력이 발생하기 전에 발행인이 작성한 예비투자설

---

169 김용재, 전게서(주 162), 245면.

명서"[170]와 "신문 · 방송 · 잡지 등을 이용한 광고, 안내문 · 홍보전단 또는 전자전달매체를 통하여 발행인이 작성한 간이투자설명서"[171]에 의하여 청약을 할 수 있다(자본시장법 제124조 제2항 제3문). 그러므로 잠재적 투자자에게 서면형식으로만 된 청약을 할 수 있다고 법에서 명시하고 있으므로, 서면형식이 아닌 구두로 된 투자설명을 할 수 없다.[172] 그러므로 대기기간 중 경영진이 기관투자자, 증권사, 분석사 등을 대상으로 하는 설명회, 즉, road show 등은 잠재적 투자자들로부터 당해 기업에 대하여 질문도 받기 때문에 구두로 설명회가 개최된다는 것으로 간주할 수 있어, 금지된다고 본다.[173]

(2) 일괄신고서제도

발행인은 증권의 공모가 있을 때마다 신고서를 제출하는 것이 원칙인데, 증권이 빈번하게 발행됨에도 불구하고 매번 신고서를 제출하는 것은 발행회사의 측면에서 시간과 비용 면에서 큰 부담이 될 수 있다. 그러므로 한국에서는 미국법상의 "self registration제도"를 도입하여 1992년 구증권거래법에서 일괄신고서제도를 도입하였다. 일괄신고서제도란 증권의 종류, 발행예정기간, 발행횟수, 발행인의 요건 등을 고려하여 대통령령이 정하는 기준과 방법에 따라 일정기간 동안 모집하거나 매출할 증권의 총액을 일괄하여 기재한 신고서를 금융위원회에 제출하여 수리된 경우에는 그 기간 중에 그 증권을 모집하거나 매출할 때마다 제출하여야 하는 신고서를 따로 제출하지 아니하고 그 증권을 모집하거나 매출할 수 있다는 것이다(자본시장법 제119조 제2항).

2009년 6월까지 일괄신고서를 적용할 수 있는 대상증권에는 주식이 포

170 예비투자설명서란 발행가격 등 미결정 항목을 제외하면 투자설명서와 같은 내용의 문서인데, 증권신고의 효력이 아직 발생하지 않았다는 사실 및 효력발행일까지 기재사항 중 일부가 변경될 수 있다는 문구가 반드시 포함되어야 한다.

171 간이투자설명서란 투자설명서에 기재하여야 할 사항 중 일부를 생략하거나 중요한 사항만을 발췌하여 기재 또는 표시한 문서, 전자문서 등 이에 준하는 기재 또는 표시이다. 간이투자설명서는 증권의 효력이 발생한 이후에도 사용이 가능하다는 점에서 예비투자설명서와 구별된다.

172 김용재, 전게서(주 162), 249면.

173 김용재, 전게서(주 162), 249면.

함되지 않았다. 주식의 발행예정물량이 미리 공시되는 경우에는 주가에 좋지 않는 영향을 줄 수 있다는 점을 감안한 것이다. 그러나 2009년 7월에 개정된 자본시장법에서는 주식에 대하여도 동일하게 일괄신고서제도를 허용하였다. 그 이유는 수시로 주식을 발행하면서 증권신고서를 작성토록 하는 것보다 일괄신고서를 제출하도록 하면, 시장에 미치는 충격을 완화시킬 수 있고, 또한 매각물량을 적절하게 분산하여 매도할 수 있기 때문이다.[174] 다만 주권에 대하여 일괄신고서를 제출할 수 있는 적격자에 대하여 요건을 달리하고 있는 것 외에는,[175] 일괄신고서의 심사와 효력발생범위 등은 일반적인 신고서와 동일하다.

(3) 신고면제

증권신고서의 작성이 면제되는 대상으로는 적용제외증권과 면제거래가 있다. 한국의 경우 증권신고서를 제출하는 거래대상은 증권의 공모이다.[176] 그러므로 적용제외증권이란 공모에 해당하지만, 특수한 발행주체로 인하여 증권신고서 작성이 면제되는 경우를 말하는 것이고, 면제거래란 사모발행과 소규모발행으로 증권신고서 작성이 면제되는 것을 말한다.

제외적용증권은 국채증권, 지방채증권, 대통령령이 정하는 법률에 따라 직접 설립된 법인이 발행한 채권, 그 밖에 다른 법률에 따라 충분한 공시가 행하여지는 등 투자자보호가 이루어지고 있다고 인정되는 증권으로서 대통령

174 김용재, 전게서(주 162), 246면.

175 한국 자본시장법시행령 제121조 제6항(일괄신고서): (i) 주권상장법인으로서 주권이 상장된 지 5년이 경과하였을 것; (ii) 최근 사업연도의 최종 매매거래일 현재 시가총액이 5천억 원 이상일 것, 이 경우 시가총액은 해당 주권상장법인의 주권의 가격(증권시장에서 설립된 최종가격을 말한다)에 발행주식총수를 곱하여 산출한 금액을 말한다; (iii) 최근 3년간 사업보고서 · 반기보고서 및 분기보고서를 기한 내에 제출하였을 것; (iv) 최근 3년간 공시위반으로 금융위원회 또는 거래소부터 금융위원회가 정하여 고시하는 제재를 받는 사실이 없는 것; (v) 최근 사업연도의 재무제표에 대한 회계감사인의 감사의견이 적정일 것; (vi) 최근 3년간 법에 따라 벌금형 이상의 형을 선고받거나 주식회사의 외부감사에 관한 법률제13조에 따른 회계처리기준의 위반과 관련하여 같은 법에 따라 벌금형 이상의 형을 선고받은 사실이 없을 것.

176 한국 자본시장법제119조 제2항: 증권의 모집 또는 매출에 대하여 발행인이 모집 또는 매출에 관한 신고서를 금융위원회에 제출하여 수리되지 아니하면 이를 할 수 없다.

령이 정하는 증권에 관하여는 적용하지 아니한다(자본시장법 제118조). 그리고 적용면제거래는 50인 기준과 10억 원 기준에 의하여 사모 및 소규모 여부를 결정한다. 비록 해당 두 가지 경우에 신고서 제출이 면제되지만, 발행인의 재무상태와 영업실적 내용 등 2가지만은 금융위원회에 제출하여야 한다(자본시장법 제130조 및 동법시행령 제137조 제1항).

2. 공시규제 위반 시의 처벌

가. 민사책임

한국의 자본시장법에서는 공시규제위반행위에 대하여 사법상의 효력을 인정하여 위반자의 손해배상책임을 규정하였다. 즉, 증권신고서와 투자설명서 중 중요한 사항에 관하여 거짓의 기재 또는 표시가 있거나 중요사항이 기재 또는 표시되지 아니 함으로써 증권의 취득자가 손해를 입은 경우에는 해당 책임주체[177]는 그 손해에 관하여 배상의 책임을 부담한다(자본시장법 제125조 제1항). 자본시장법에서 정한 이러한 손해배상책임은 민법상 일반불법행위 규정에서 정한 손해배상책임과 다르다.

자본시장법에서 규정한 손해배상책임도 민법상 일반불법행위와 마찬가지로 과실책임이지만, 과실에 대한 증명책임이 배상의 책임을 부담할 자에게 전환하였으며, 악의의 항변이 허용되었다.[178] 즉, 배상의 책임을 질 자가 상당한 주의를 하였음에도 불구하고 이를 알 수 없었음을 증명하거나 그 증권의 취득자가 취득의 청약을 할 때에 그 사실을 안 경우에는 배상의 책임을 지지

177 자본시장법 제125조 제1항 제1문~제7문에서 정한 손해배상책임의 책임주체는 (i) 증권신고서의 신고인과 신고당시의 발행인의 이사, (ii) 상법 제401조의 2의 업무집행관여자로서 증권신고서의 작성을 지시하거나 집행한 자, (iii) 증권신고서의 기재사항 또는 그 첨부서류가 진실 또는 정확하다고 증명하여 서명한 공인회계사 · 감정인 또는 신용평가를 전문으로 하는 자, (iv) 증권신고서의 기재사항 또는 첨부서류에 자기의 평가 · 분석 · 확인 의견이 기재되는 것에 대하여 동의하고 기재내용을 확인한 자, (v) 증권의 인수계약을 체결한 자, (vi) 투자설명서를 작성하거나 교부한 자, (vii) 매출의 방법에 의한 경우, 매출신고 당시의 매출되는 증권의 소유자.

178 김건식 · 정순섭, 전게서(주 161), 146-154면

아니한다(자본시장법 제125조 제1항 단서). 과실의 증명책임을 전환하는 주요 원인은 증권신고서나 투자설명서 작성에 필요한 자료는 주로 발행인의 지배하에 이루어졌다는 점을 고려한 것이며, 개별투자자가 이를 증명한다는 것은 사실상 불가능하여 증명책임의 전환을 규정하였다.

나. 행정책임

금융위원회는 자본시장법에서 정한 규정에 해당하면 정정을 명하거나 광징금을 부과하는 등 행정상 제재를 할 수 있다. 신고서 기재내용에 대하여 정정을 명할 수 있는 경우는 증권신고서의 심사결과, 신고서의 형식을 갖추지 아니한 경우 또는 증권신고서의 중요사항에 관하여 거짓의 기재 또는 표시가 있거나 중요사항이 기재 또는 표시되지 아니한 경우와 중요사항의 기재나 표시내용이 불분명하여 투자자의 합리적인 투자판단을 저해하거나 투자자에게 중대한 오해를 일으킬 수 있을 때이다(자본시장법 제122조 제1항).

이 밖에 정정명령 외에, 신고인 · 발행인 · 매출인 또는 인수인에게 필요한 경우 다음과 같은 행정조치를 취할 수 있다(자본시장법 제132조 및 동법 시행령 제138조). (i) 증권의 발행, 모집, 매출 그 밖의 거래의 정지 또는 금지, (ii) 1년 범위 내에서 증권의 발행제한, (iii) 임원해임권고, (iv) 법 위반의 경우 고발 또는 수사기관의 통보, (v) 다른 법률을 위반한 경우 관련기관 또는 수사기관에의 통보, (vi) 경고 또는 주의의 조치를 취할 수 있다. 금융위원회의 이러한 조치를 위반한 자는 1년 이하의 징역 또는 3천만 원 이하의 벌금에 처할 수 있고(자본시장법 제446조 제24호), 증권신고서를 제출하지 않거나 부실표시한 자에 대하여는 20억 원을 초과하지 않는 범위 내에서 증권신고서상의 매출가액 또는 모집가액의 100분의 3까지 과징금을 부과할 수 있다(자본시장법 제429조 제1항, 제125조 제1항).

다. 형사책임

증권신고서를 제출하지 않고, 공모를 한 자에 대하여 5년 이하의 징역이나 2

억 원 이하의 벌금에 처한다(자본시장법 제444조 제12호). 그리고 증권신고서를 제출하였지만, 효력발생 전까지 대기시간 중에 투자자의 청약에 승낙을 한 자는 1년 이하의 징역 또는 3천만 원 이하의 벌금에 처한다(자본시장법 제446조 제20호).

증권신고서 및 투자설명서 기재와 관련하여 중요한 사항에 대하여 허위의 기재를 한 자는 5년 이하의 징역 또는 2억 원 이하의 벌금이 부과된다(자본시장법 제444조 제13호). 그리고 증권신고서와 투자설명서의 중요한 사항에 대하여 허위기재 또는 기재누락이 있음을 알고도 서명을 하였거나 그 사실을 알고도 이를 진실 또는 정확하다고 증명하여 그 뜻을 기재한 공인회계사와 감정인 및 신용평가를 전문으로 하는 자는 이에 대하여 동일한 벌칙이 적용된다(자본시장법 제444조 제13호).

V. 소결

앞서 언급한 내용을 종합하면, 한국의 신주발행 법적 규제는 수권자본제도 하에서 신주인수권을 법정하고 있는 것이다. 이러한 기본적인 신주발행 법적 규정에서 신주인수권으로부터 자금조달의 편의성을 도모하기 위하여, 정관에 의하여 신주인수권을 제한할 수 있는데, 다만 신기술의 도입 · 재무구조의 개선 등 회사의 경영상 목적을 달성하기 위하여 필요한 경우에 한한다(한국 상법 제418조 제2항). 그리고 판례는 상법에서 정한 신주인수권 배제기준인 "경영목적을 달성하기 위하여"에 관한 구체적 판단기준을 제시하였다. 판례에서는 적대적 공개매수의 방어수단으로 신주를 발행하는 경우, 신주발행의 동기나 목적 그리고 합리성 등을 종합하여 판단하여야 한다고 제시하였다. 그리고 자금조달의 목적으로 신주발행을 하는 것은 어디까지나 허용되지만, 회사의 지배권 유지의 목적으로 신주를 발행하는 것은 허용되지 않는다고 판시하였다.

이 밖에 자본시장에서 신주를 발행하여 자금을 조달하는데 투자자의 이익을 보호하기 위하여 기존의 등록제도를 폐지하고 증권신고서제도를 도입하였다(자본시장법 제9조). 그리고 신주발행 시 매번에 걸쳐 증권신고서를 제출하는 번거로움을 해소하기 위하여 일괄신고서제도도 함께 도입하였다(자본시장법 제119조 제2항). 이 밖에 증권신고서에 부실기재 · 오해를 일으키는 기재 및 허위적 기재로부터 투자자의 이익을 보호하기 위하여 공시규제 위반 시의 처벌규정을 엄격히 하여 투자자의 이익보호를 강화하였다.

제3장

중국법상 신주발행에 관한 규제

제1절 개관

중국에서는 현재 은행차입에 의한 자금조달 수단의 이용률이 신주발행을 포함한 기타 자금조달보다 높은 비중을 차지하고 있다. 이의 가장 중요한 원인은 중국의 신주발행 법적 규제와 밀접한 관계가 있다고 생각한다. 현재, 중국 금융당국에서는 자본시장을 이용한 신주발행이 발행회사의 "圈钱"수단으로 이용될 것을 우려하여, 신주발행에 대하여 엄격한 법적 규제를 부과하였다. 이는 다시 신주발행을 통하여 자금을 적시에 조달할 수 없는 문제점을 초래하였으며, 신주발행에 존재하는 이러한 문제점으로 인하여 자금조달 수단으로서의 신주발행이 활성화되지 못하고 있다.

그러므로 신주발행을 이용한 회사의 직접적인 자금조달을 활성화할 필요가 있다. 신주발행에 의한 자금조달을 활성화하기 위하여 우선 현행 중국 법규에서 정한 신주발행에 관한 법적 체계를 살펴본 후, 현행 규제의 문제점을 지적하고, 기존주주의 이익을 보호할 수 있을 뿐만 아니라, 회사의 자금조달도 함께 추진할 수 있는 개선방안을 모색하여야 한다. 이 장에서는 신주발행에 관한 규제에 대하여 살펴보겠다.

제2절 신주발행 규제에 관한 중국법의 규범체계

I. 중국 회사법(中國公司法)

1. 지위

신주발행사항을 규제하는 면에서 중국 회사법은 가장 기본적인 법규로서 회사가 신주발행을 함에 있어 이행하여야 할 기본적인 요건들을 규정하였고, 효력이 가장 높은 법규이다. 중국 회사법은 1993년 제정 시부터 현재까지 세 차례 개정을 하였다. 1993년의 회사법은 여전히 계획경제체계의 특징을 갖고 있었다고 한다면, 2006년 회사법은 정관 자치를 주된 목적으로 개정하였고, 2013년 회사법은 정관자치로부터 주주자치로 개정되었다. 신주발행제도는 유상증자를 직접 초래할 수 있으므로 회사 자본제도와 밀접한 관련이 있다. 세 차례의 개정 작업 또한 자본제도가 주가 이루어 있으므로 신주발행제도에 큰 영향을 미쳤다.

2. 신주발행사항에 대한 주주총회의 특별결의

현행 중국 회사법의 경우, 여전히 1993년 중국 회사법의 확정자본제도를 그대로 규정하였다. 확정자본제도 하에서 보통의 신주발행의 경우 자본금 증가의 효과를 가져올 수 있으므로, 주주총회결의를 거쳐야 할 것이다. 이와 동시 주주총회에서는 신주발행 시의 신주의 종류 및 수량, 그리고 발행가격 · 발행시기 · 기존주주에 배정할 신주의 수량 및 종류에 대하여도 함께 결의하여야 한다(중국 회사법 제133조). 그러므로 신주발행에 관한 회사 내부 절차는 주주총회결의에 의하여 결정되고 있다.

3. 공개발행 시의 유의사항

신주발행의 경우, 유형에 따라 공개발행과 비공개발행이 있는데, 중국 회사법에서는 주주 및 투자자보호를 강화하기 위하여 공개발행에 대하여 엄격한 규제를 하고 있다. 공개발행의 경우, 반드시 국무원 증권감독관리위원회의 인준(核准)를 받아야 하며, 주식모집설명서와 재무제표를 공시하여야 한다(中會 제134조). 그리고 신주의 인수에 관하여 법에 의하여 설립된 증권회사에 위탁하여야 하며, 은행과 대금위탁납입계약을 체결하여야 한다(中會 제87조 · 제88조).

II. 중국 증권법(中國證券法)

1. 지위

중국 증권법은 신주발행사항을 규제함에 있어 가장 구체적인 법규이다. 중국 회사법에서는 신주발행에 관한 회사 내부적인 절차를 규정하였다면 중국 증권법에서는 신주의 발행방식 · 신주발행가액 등 신주발행의 구체적 요소를 상세하게 규정하였다.

2. 신주공개발행과 관련한 심사제도

기존 1998년 제정 중국 증권법에 의하면 신주를 공개발행할 때, 발행규제로 반드시 증권감독관리부처 또는 국무원의 수권을 받은 기관으로부터 인준(核准) 또는 허가(许可)를 받아야 하는데, 2005 개정 중국 증권법에서는 기존의 인준과 허가를 인준으로 통일하였다. 2013년 말 중국 회사법이 개정된 후, 현재 중국에서는 증권법 개정 작업이 한창인데, 가장 중요한 개정 사항으로는 발행 규제를 현행의 인준제로부터 신고제(중국에서는 이를 "注册制"라고 표현함)로 개정하는 것이다.

〈표 1〉에 의하면 은행차입에 의한 자금조달이 90% 이상을 차지하였고, 주식발행이나 사채발행 등 자본시장의 금융상품에 의한 자금조달은 10% 정도에 그쳤다. 주식회사의 직접적인 자금조달을 활성화하지 못한 이유 중의 하나가 신주발행 심사기준의 까다로움이다. 2005년의 증권법 개정이나 현행 진행하고 있는 증권법 개정에서나 발행심사면에서의 행정관여가 점차적으

로 완화되고 있는 것이 특징인데, 이는 다시 증권법 개정으로 자본시장의 자금조달 기능을 활성화하려는 정부의 의도를 엿볼 수 있다.

III. 증권 관련 규장(規章)[179]

1. 상장회사 증권발행관리방법(上市公司证券发行管理办法)

가. 개관

2006년에 제정하고 시행된 상장회사증권발행관리방법(上市公司证券发行管理办法)(이하 "증권발행관리방법"이라고 약칭함)은 상장회사가 자금을 조달하는 것에 대하여 가장 상세하게 규정한 법규이다. 동 법은 중국 경내[180]의 상장회사의 증권발행행위를 규제하기 위하여 제정된 것이다. 동 법에서는 자금조달 방식으로는 주식(신주포함)의 발행뿐만 아니라, 회사채의 발행 및 증권감독관리위원회에서 허가한 기타 증권을 허용하고 있다(증권발행관리방법 제2조). 이 밖에 발행방식과 관련하여 동 법규에서는 상장회사의 공개발행 및 특정인을 상대로 하는 비공개발행을 규정하였다(증권발행관리방법 제3조).

나. 공개발행에 관한 적극적 및 소극적 요건을 규정

상장회사 증권발행관리방법에서는 상장회사 주식공개발행에 대하여 구체적인 요건을 규정하였다. 주식공개발행과 관련하여 상장회사가 반드시 구비하여야 할 조건을 조직구성[181] · 이익창출능력[182] · 재무상황[183] · 회계서류의 허위적 기재행위[184] 등 다양한 면으로 규정하고 있다. 이 밖에 소극적인 요건[185]도 함께 규정하였다. 이러한 소극적인 요건들로는 상장회사에 진실한 정보공시를 요하고, 상장회사 현 경영진의 개인자질을 중요시하며, 투자자와의

179 規章이란 국무원 각 부서와 위원회 및 중국인민은행 등 행정관리권한이 있는 기관이 법률 또는 국무원 행정법규 · 결정 · 명령에 의하여 권한범위 내에서 제정한 법률문서를 말한다(中國立法法 제71조 제1항).

180 여기서 말한 경내(境內)란 홍콩 · 마카오 · 대만을 제외한 중국 본토를 말한다(출처: http://baike.baidu.com/view/1159899.htm, 최종방문일: 2013.04.10).

약속을 성실히 수행하였는지 여부 등을 검토하는 것으로 판단한다.

---

181 상장회사증권발행관리방법 제6조: 상장회사의 조직구성은 아래 규정에 부합하여야 한다.

1. 회사 정관은 합법적이고, 유효하며, 주주총회 · 이사회 · 감사회 및 사외이사제도가 건전하여야 하며, 법에서 정한 권한을 수행할 수 있어야 한다.
2. 회사 내부 지배구조는 건전하여야 하며, 회사가 효율적이고 합법적으로 운영할 것을 보장할 수 있어야 하며, 재무제표는 신뢰 가능하여야 한다.
3. 현행 이사와 감사 및 고급관리임원들은 충실하고 근면하게 자신의 의무를 수행할 수 있어야 한다.
4. 상장회사와 지배주주 또는 실제지배인간에는 자산 · 재무 · 기관 및 독립적인 업무 수행면에서 자아경영할 수 있어야 한다.
5. 최근 12개월간 규정에 위반한 대외적 담보행위가 없어야 한다.

182 장회사증권발행관리방법 제7조: 상장회사는 아래 규정에 부합한 지속적인 영업창출 능력이 있어야 한다.

1. 최근 3개 회계연도 말 연속 영업이익이 있어야 한다.
2. 업무와 이익은 상대적으로 안정적이어야 하며, 지배주주와 실제지배인에게 과도로 의거하는 상황이 없어야 한다.
3. 현행 업무 및 투자방향은 지속적인 발전이 가능하며, 경영모델과 투자계획은 상대적으로 건전하여야 한다.
4. 고급관리임원과 핵심기술인원들은 최근 12개월 내에 중대한 변화가 없어야 한다.
5. 회사의 중요한 자산 및 핵심기술은 합법적으로 취득한 것이어야 하며, 지속적인 사용이 가능할 뿐만 아니라, 예견 가능한 중대한 변화가 없어야 한다.
6. 회사경영을 엄중하게 영향할 수 있는 담보행위 또는 소송, 중재행위가 없어야 한다.
7. 최근 24개월 내에 증권을 공개발행한 적이 있는 경우, 당기 영업이익은 직전 연도 영업이익과 대비하여 50% 이상 하락한 경우가 없어야 한다.

183 상장회사증권발행관리방법 제8조: 상장회사의 재무상태는 아래 규정에 부합하여야 한다.

1. 회계처리가 통일된 국가회계기준에 부합하여야 한다.
2. 최근 3년 이내의 재무제표 및 최근 1기의 재무제표에 대하여 공인회계사가 유보의견과 부정의견 및 의견을 표명하지 못한 등 감사보고를 제기하지 않았어야 한다.
3. 자산상태가 좋아야 하고, 부실자산 존재 시 기업재무 상황에 악영향을 끼치지 않아야 한다.
4. 경영성과가 진실하고, 현금 흐름이 정상적이어야 한다.
5. 최근 3년 내 현금 또는 주식방식으로 배당한 이익은 최근 3년 내 배당 가능 이익의 20%를 초과하여야 한다.

184 상장회사증권발행관리방법 제9조: 상장회사는 최근 36개월 내에 재무회계 서류에 허위적 기재가 없어야 한다.

1. 법률과 행정법규 및 규장을 위반하여 중국 증권감독관리위원회의 처벌 또는 형사처벌을 받은 적이 없어야 한다.
2. 공상 · 세무 · 토지 · 환경보호 · 세관 등 행정법규 또는 규장을 위반하여 행정처벌 또는 형사처벌을 받은 적이 없어야 한다.
3. 국가 기타 법규 · 행정법규를 심각하게 위반한 경우가 없어야 한다.

185 상장회사증권발행관리방법 제11조: 상장회사에 아래 행위가 존재하는 경우 증권을 공개발행하지 못한다.

2. 증권발행 및 인수에 관한 관리방법(证券发行与承销管理办法)

가. 개관

2006년 9월 11일에 제정된 증권발행및인수에관한관리방법(证券发行与承销管理办法)(이하 "발행인수관리방법"이라고 약칭함)은 2012년 5월 18일에 개정되었다. 동법은 증권발행과 인수행위를 규제하고 투자자이익을 보호하기 위하여 제정되었으며, 발행인이 경내에서 주식 · 전환사채를 발행하고 증권회사가 주식발행에 대하여 인수하는 행위를 규제하는 데 적용된다(발행인수관리방법 제1조 · 제2조). 그리고 증권감독관리위원회가 증권발행 및 증권인수 업무를 주관하는 것을 규정하였다(발행인수관리방법 제4조).

나. 주식발행가격의 확정방법

동 법규에서는 주식발행가격의 확정방법을 정하였다. 중국 회사법과 중국 증권법에서는 단지 발행가격에 액면발행 및 액면초과발행만을 허용하고, 액면초과발행의 경우 발행인과 증권회사가 협의하여 발행가격을 정한다고만 규정하였다(中證 제34조). 그러나 발행인수관리방법에서는 액면초과발행 시 주식발행가격결정방식에 대하여 다음과 같이 구체적으로 규정하였다.

동법에 의하면 주식발행가격은 "가격문의제도"(询价制) 또는 "협상"을 통하여 결정할 수 있다. "가격문의제도"란 증권회사가 주식모집의향서를 공고한 후 자산운용사 · 증권회사 · 신탁회사 · 재무회사 · 보험기관투자자 · 적격기관투자자 또는 일부 개인투자자에게 투자가치연구보고서[186]를 제공하여

---

1. 공개발행신청서에 허위적인 기재 또는 오해적인 진술이 없어야 하고,
2. 과거 자금모집시 투자자에게 공고하지 않고, 임의로 모집자금의 사용용도를 변경하는 경우;
3. 최근 12개월 내에 증권거래소의 공개 지적을 받은 경우;
4. 상장회사 및 지배주주 또는 실제지배인이 최근 12개월 내에 투자자와의 약속을 어긴 경우;
5. 상장회사의 현 이사 · 고급관리임원등이 사법기관의 조사를 받거나 위법행위를 하여 중국 증권감독관리위원회의 조사를 받는 경우;
6. 기타 투자자의 합법적인 권익과 사회공공이익을 해한 경우.

186 투자가치연구보고서에는 업계에서 인정한 주식가격평가방법으로 발행인의 주식에 대하여 합리적으로 예측한 가격정보가 포함되어 있다(발행인수관리방법 제12조 제2항).

가격문의를 하는 것이다. 이에 기초한 주식발행가격에 의하여 발행인과 증권회사는 직접 주식발행가격을 정할 수도 있고, 일정한 발행가격구간을 정한 후 누적투표제로 주식발행가격을 정할 수 있다(발행인수관리방법 제14조). "가격문의제도"로 주식발행가격을 정한 후 발행인과 증권회사는 증권감독관리위원회에게 주식발행가격에 대하여 신고(备案)하여야 한다(발행인수관리방법 제20조). 그리고 "협상"으로 주식발행가격을 정할 때, 발행인과 증권회사는 반드시 주식발행안(案)에서 주식발행가격을 정하는 방법을 상세하게 기재하여야 하며, 이러한 발행안(案)을 증권감독관리위원회에 신고(备案)한 후 주식모집의향서에 의하여 주식발행사항이 공고된다(발행인수관리방법 제22조).

다. 전략투자자를 상대로 주식을 발행하는데 관한 규제사항

동 법규에서는 전략투자자[187]에게 주식을 발행하는 사항을 규정하였다. 최초 신주발행 규모가 4억 주 이상인 경우에 한하여 전략투자자는 신주를 인수할 수 있고, 신주인수에 대하여 발행인과 전략투자자가 계약을 체결한 후, 동 계약을 증권감독관리위원회에 신고(备案)하여야 한다. 따라서 전략투자자가 신주를 인수 후, 발행인이 상장한 날로부터 12개월 이상 해당 신주를 양도하지 못한다(발행인수관리방법 제24조). 이러한 규정은 전략투자자가 인수한 신주로 시세조종을 하는 것을 방지하기 위한 것이다.

3. 최초 주식공개발행 및 상장에 관한 관리방법(首次公开发行股票并上市管理办法)

가. 개요

2006년 5월 17일에 제정한 최초 주식공개발행 및 상장에 관한 관리방범(首次公开发行股票并上市管理办法)(이하 "공개발행 및 상장관리방법"이라고 약칭함)은 국내 주식회사의 IPO(Initial Public Offerings)를 규율하는 규정인데, 구체적

187 여기서 말하는 전략투자자(strategic investor)란 주식발행인과 합작관계 또는 합작 의향이 있고 발행인과 신주배정의 방식으로 전략투자계약을 체결할 것을 동의하는 법인을 말한다.

으로 일정한 조건을 충족하는 중국 국내의 주식회사가 처음으로 주식을 공개 발행하여 상장하는 것을 규제하기 위한 법규이다. 따라서 동 법규에 의하여 IPO를 하는 회사는 중국 증권법과 중국 회사법에서 정한 상장요건에 부합하여야 할 뿐만 아니라, 추가적으로 동법에서 정한 요건에도 부합하여야 한다.

나. IPO대상회사에 대한 추가적인 요건

앞서 말한 중국 증권법과 중국 회사법에서 정한 상장요건 외에 동 법규에서 추가적으로 규정한 사항은 동 법규의 적용을 받는 주식회사의 요건과 자본금에 관한 것이다. IPO 대상회사는 반드시 3년 이상 영업을 한 주식회사이어야 하며, 자본금을 모두 납입완료하여야 한다(공개발행 및 상장관리방법 제18조 · 제19조). 즉, 분할납입의 경우 미납입한 자본금이 없어야 한다는 것이다. 그리고 주식회사는 내부적으로 내부통제기준이 건전하여야 한다(공개발행 및 상장관리방법 제29조).

다. IPO에 관한 증권감독관리위원회의 인준

IPO 대상회사도 실질적으로 상장에 포함되기 때문에 상장에 적용되는 증권감독관리위원회의 인준이 필요하다(공개발행 및 상장관리방법 제7조). 증권감독관리위원회는 발행인의 IPO에 대하여 인준을 하여야 하지만, 해당 인준은 주식의 투자가치 또는 투자자의 수익을 보증하는 것은 아니다. 공개발행 및 상장관리방법에 의하여 주식이 발행된 경우, 발행인이 투자위험을 초래하는 경우 투자자는 이러한 투자위험을 스스로 부담하여야 한다(공개발행 및 상장관리방법 제7조)고 규정하였다.

4. 상장회사 정보공시 관리방법(上市公司信息披露管理办法)

가. 개요

2006년 12월 13일에 제정한 상장회사 정보공시 관리방법(上市公司信息披露管

理办法)(이하 "정보공시관리방법"이라고 약칭함)에서는 정보공시 의무자의 정보공시 행위를 규제하였다. 동 법규는 내부자거래를 방지하기 위하여 정보공시의 유형과 정보공시의 방식에 대하여 규정하였다.

나. 내부자거래예방을 위한 규제사항

내부정보가 법에서 정한 방식으로 공시되기 전, 내부정보를 알고 있는 자들은 내부정보를 공개적으로 또는 비공개적으로 누설하여서는 아니 되고, 내부정보를 이용하여 내부자거래를 하여서도 아니 된다(정보공시관리방법 제4조). 그리고 증권감독관리위원회는 정보공시의 상황 · 정보공시의 사무관리 · 상장회사의 지배주주 · 실제지배인 및 정보공시 의무자의 행위에 대하여 감독권이 있다(정보공시관리방법 제9조 제1항).

다. 정보공시의 방식

정보공시 의무자는 증권거래소를 통하여 공시서류를 공고하고 증권감독관리위원회가 지정한 언론매체를 통하여 공고하여야 한다(정보공시관리방법 제6조 제1항). 그리고 정보공시의 공정성을 위하여 공시의무자는 기타 언론매체에서 지정언론매체보다 정보를 늦게 공시하여야 하며, 정보공시 전 기자회견 및 이와 유사한 방식으로 정보를 공시하여서는 아니 된다(정보공시관리방법 제6조 제2항).

5. 상장회사 주식비공개발행에 관한 시행세칙(上市公司非公开发行股票实施细则)

가. 개요

2007년 9월 17일에 제정된 상장회사주식비공개발행에 관한 시행세칙(上市公司非公开发行股票实施细则)(이하 "비공개발행시행세칙"이라고 약칭함)은 증권발행 및 인수에 관한 관리방법(证券发行与承销管理办法)에 기초하여 제정된 것인데, 상장회사가 주식을 비공개발행하는 경우, 발생할 내부자거래와 동업경쟁(同业竞争)의 발생을 예방하고(시행세칙 제2조), 상장회사 이사 · 감사 · 고급관리임원 및 보증추천인이 주식비공개발행을 이용하여 부당이익을 취득하며, 내부정보의 유출과 시세조종행위를 통하여 주가를 조종하는 것을 방지하기 위하여 제정된 법규이다(시행세칙 제3조).

나. 비공개발행의 기준

중국 증권법에서는 공개발행의 기준을 제시하였고, 비공개발행에 관한 기준은 제시하지 않았다. 중국 증권법에서 정한 공개발행은 (i) 불특정 다수인으로한 증권발행, (ii) 누적하여 200인을 초과한 특정상대인으로한 증권발행, (iii) 법률 행정법규에서 정한 기타 발행행위(中證 제10조 제2항)이다. 이러한 규정에 의하여 비공개발행시행세칙이 제정되기 전까지 비공개발행의 기준을 "200명 이하"라고 해석하였다.

비공개발행시행세칙의 제정은 비공개발행의 기준에 대한 법적 공백을 해소하였다. 동법에서는 비공개발행의 발행대상을 "10명 이하"라고 명확히 규정하였고, 법에서 정한 10명은 법인 · 자연인 및 기타 투자조직의 합계가 10명 이하라는 것을 의미하며, 자산운용사가 2개 이상의 펀드를 관리하고 있는 경우 하나의 발행대상으로 본다(시행세칙 제8조). 이 밖에 특정인을 상대로 신주발행하는 경우, 특정인이 신주인수를 이용하여 시세조종행위를 하는 것을 방지하기 위하여, 인수종료로부터 36개월 내에 주식의 양도를 제한하였다.[188] 비록 동법에서는 비공개발행에 관한 법적 공백을 해소하였지만, 중국 증권법에서 정한 공개발행 기준과 상충한다는 것을 알 수 있다. 즉, 10명 이상 200명 이하를 공개발행으로 볼 것인지, 아니면 비공개발행으로 볼 것인지가 문제되었다.

---

188 상장회사주식비공개발행에 관한 시행세칙에서 정한 특정발행대상은 (i) 회사의 지배주주 · 실제지배인 또는 지배주주와 실제 지배인이 지배하고 있는 자, (ii) 이번 신주발행을 통하여 회사의 실제 지배권을 취득한 자, (iii) 이사회에서 결의한 경외전략투자자를 말한다(비공개발행시행세칙 제9조).

다. 국무원 증권감독관리위원회의 인준

비공개발행의 경우, 회사 내부 이사회에서 발행대상을 정하고, 주주총회결의를 거쳐야 한다(시행세칙 제12조). 주주총회결의 후, 회사는 국무원 증권감독관리위원회의 인준을 받은 후, 비로소 신주를 발행할 수 있다. 해당 규정은 중국 증권법에서 정한 "신주의 비공개발행도 국무원증권감독관리기구의 인준을 받아야 한다"(中證 제13조 제2항)는 규정과 균형을 이루고 있다. 그러므로 중국에서 신주를 공개발행하거나 비공개발행하거나 모두 국무원 증권감독관리위원회의 인준을 받아야 한다는 것을 알 수 있다. 이는 신주발행에 있어 엄격한 규제와 복잡한 절차를 거쳐야 한다는 결과를 초래하였고 자금조달로서의 신주발행 활성화를 저해하였다.

6. 비상장공중회사 감독관리방법(非上市公众公司监督管理办法)

가. 개요

비상장공중회사[189]의 주식발행 및 양도행위를 규제하기 위하여 2012년 10월 14일에 비상장공중회사 감독관리방법(非上市公众公司监督管理办法)(이하 "공중회사관리방법"이라고 약칭함)이 제정되었으며 2013년 1월 1일부터 시행되었다. 동법은 중국증권시장에서 비상장주식회사가 사모의 방식으로 주식을 발행하는 행위 및 특정인을 상대로 주식을 양도하는 행위를 규제하는 것으로 비상장회사의 자금조달행위를 규제하였다.

나. 비공중회사 사모방식의 주식발행(定向发行)

비공중회사는 사모의 방식으로 주주 · 회사의 이사 · 감사 · 고급관리인원 및 핵심종업원 그리고 적격투자자의 요건에 부합하는 투자자를 상대로 주식을

189 비상장공중회사(非上市公衆會社)란 증권거래소에서 상장하지 않았지만, 특정인을 상대로 주식을 발행하여 특정인이 주식을 양도하여 주주가 200명 이상 된 경우 또는 주식이 공개방식으로 양도가 가능한 주식회사를 말한다(비상장공중회사감독관리방법 제2조).

〈표 7〉 신주발행에 관한 중국의 규제법규

法源	制定機關	法律 · 法規의 名稱
基本法律	全國人民大會 & 全國人民大會 常務委員會	中華人民共和國公司法(2014) 中華人民共和國證券法(2005)
部門規章	證券監督管理委員會	上市公司證券發行管理方法(2006) 證券發行與承销管理方法(2012) 最初公開發行株式併上市管理方法(2006) 上市公司信息披露管理办法(2007) 上市公司非公开发行股票实施细则(2007) 非上市公衆會社監督管理方法(2012)

발행할 수 있다(공중회사관리방법 제36조 제2항). 여기에서 말한 "핵심종업원"이란 이사회가 제안하여 공시하고 전체 종업원 및 감사회의 의견을 들은 뒤, 주주총회결의로 선임된 자를 말한다(공중회사관리방법 제36조 제4항).

사모의 방식으로 주식을 발행하는 경우, 이사회가 주식발행계획안을 작성하고, 해당 계획안을 주주총회 특별결의에 의하여 통과된 후(공중회사관리방법 제38조), 증권감독관리위원회의 인준을 받아야 한다. 증권감독관리위원회는 신청한 자료를 받은 날로부터 회사의 지배구조와 정보공시내용 및 발행대상의 기본상황에 대하여 심사를 하고 허가 여부를 결정한다(공중회사관리방법 제40조). 증권감독관리위원회의 인가를 받아야만 비상장공중회사는 비로소 사모의 방식으로 주식을 발행할 수 있다.

IV. 소결

1. 다양한 입법으로 인한 중복규제의 문제점

현행 중국 주식회사의 신주발행에 관한 법규는 앞서 논의한 바와 같이 상황별 입법방식을 취하였다. 즉, 신주발행의 구체적인 상황에 따라 각기 다른 법규를 적용하는 것이다. 예컨대, 기업공개의 방식으로 신주를 발행하는 경우 공개발행 및 상장관리방법을 적용하고, 상장회사가 공개의 방식으로 신주를 발행하는 경우 증권발행관리방법을 적용하며, 사모의 방식으로 신주를 발행하는 경우 비공개발행시행세칙을 적용한다. 이러한 상황별 입법으로 인하여 신주발행에 대한 법적 적용면에서 통일성이 결여되고, 법규 간의 중복 규제를 초래하였다.

2. 신주발행에 대한 감독기관의 권한범위의 확대

상장회사가 특정인을 상대로 신주를 발행하는 경우 기존주주에게 손해를 초래할 수 있으므로 기존주주의 이익을 보호하는 차원에서 비공개의 방식으로 특정인에게 신주를 발행할 때 증권감독관리위원회의 인준을 받아야 한다(비공개발행시행세칙 제12조). 이 밖에 비상장회사가 이사 · 감사 · 고급관리인원 등을 대상으로 신주를 발행하는 경우에도 인준을 받아야 한다(공중회사감독관리방법 제40조). 그러므로 신주발행에 대하여 감독기관의 인준을 받지 않는 경우는 단지 비상장회사에서 일반 투자자를 상대로 사모를 하는 경우뿐이라는 것을 알 수 있다. 이러한 규정들은 감독기관이 신주발행에 대하여 과도하게 관여하고 있다는 것을 알 수 있으며, 이는 다시 중국에서 신주발행을 이용한 자금조달의 이용률이 저하된 주요 원인이다.

발행규제 차원에서의 행정권 개입은 중국 정부 차원에서 신주발행 시 투자자보호를 위한 중요한 수단으로 이용되고 있지만, 사실상 큰 효과를 얻지 못하고 있다. 생각건대, 자본시장에서의 글로벌화된 투자자보호 수단은 정보공시제도를 중심으로 구축되어야 하는 것이지, 행정 관여의 수단으로 발행규제를 엄격히 하는 것은 결코 문제를 해결하는 방법이 아니다. 자금조달에 관한 제도적인 해결책은 회사의 자금조달 수요와 투자자보호 및 기존 주주 간의 이익 형평을 유지하는 것이다.

제3절 신주발행의 의의 및 규제의 필요성

I. 의의

신주발행이란 회사 성립 후의 모든 주식발행을 말하는데, 회사에게 자본증가의 효과를 가져 오는 보통의 신주발행이 있고, 회사 경리정책상 회사재산의 변동효과가 없는 특수한 신주발행이 있다. 이 책에서 논의할 범위는 회사 자본증가의 효과를 가져오는 것뿐만 아니라, 자금조달 기능도 함께 구비하는 보통의 신주발행이다.

회사 설립 이후, 운영자금(자본확충 · 부채상환 · 원재료구입) · 투자자금(시설투자 · 타법인출자) · 차환자금 등을 확보하기 위하여 자금을 조달하는데,[190] 주식회사의 직접적인 자금조달의 수단에는 사채발행과 신주발행이 있다. 신주발행과 사채의 모집은 주식회사가 개별적으로 금융기관으로부터 융자를 받는 경우(간접자금조달)와는 달리, 일반 대중으로부터 필요한 자본을 흡수하는 방법이므로 직접적인 자금조달에 해당한다. 다만 사채의 발행은 상환기한 만료 후 원금 및 약정한 이자를 상환하는 반면, 신주발행은 자금의 조달과 동시에 대체로 회사의 구성원인 주주의 가입을 가져오므로 회사조직을 확대하는 효과가 있다. 사채와 주식의 근본적인 성격상 차이로 인하여, 사채발행으로 자금조달을 할 것인가 또는 신주발행을 통하여 자금조달을 할 것인가는 회사의 구체적인 사정, 예컨대 상환의 압력이나 자본증자의 효과가 필요한지 여부 등을 함께 고려하여 최종 결정할 문제이다.

II. 신주발행의 기능

1. 자금조달의 기능

주식회사는 경제적 필요에 의하여 생성된 제도이므로, 주식회사를 변화 발전시키는 요인은 여러 가지 있겠으나, 그중에서 특히 중요한 것은 신속 간편하고 효율적으로 자금을 조달할 수 있다는 점이다. 그 이유는 자본주의 경쟁원리에 의하여 주식회사는 자금조달을 끊임없이 필요로 하기 때문이다.[191]

190 문준우, 전게 논문(주 2), 32면.

191 가장 대표적인 기업형태인 주식회사는 거액의 자금을 조달하는 면에서 다른 형태의 기업보다 유리한 특징을 가지고 있다. 그 이유로는 주로 (i) 주식회사의 주주는 유한책임을 부담한다. 주주들은 출자금액의 한도 내에서만 회사에 대하여 유한책임을 부담한다. 즉, 채권자는 회사에 대한 채권을

오늘날 기업은 이윤을 최대화하기 위하여 회사 설립 시 납입한 회사재산만으로 자금의 수요를 충족시킬 수 없고, 계속 소요되는 자금을 적시에 원활히 조달할 수 있는지 여부는 기업의 성패를 결정하는 중요한 문제이다.[192] 예를 들면 주식회사가 영업을 함에 있어 기업규모의 확대 또는 새로운 사업범위의 개척 및 연구개발을 위하여 추가로 자금이 필요한 것은 자금조달의 원인이 될 수 있다.

2. 회사지배구조 개선의 기능

신주발행 시 신주의 인수대상에 따라 주주배정과 제3자 배정으로 나뉠 수 있다. 제3자 배정의 방식으로 신주를 발행할 때, 회사에 새로운 주주를 영입하는 결과를 가져오는데, 이는 또한 결과적으로 기존주주의 의결권을 희석할 수 있다. 제3자 배정으로 기존주주 의결권이 심각하게 희석된 경우, 객관적으로 기업지배구조의 변경도 초래될 수 있다.

그러므로 신주발행으로 인하여 기업지배구조를 개선한다는 것은 앞서 말한 제3자를 주주로 영입하여 회사 지배구조를 변경하는 것으로 지배구조를 개선하는 것을 의미한다. 그리고 기업지배구조를 개선하는 것은 경영투명성을 제고하는 것을 의미하는데, 경영투명성의 제고는 기관투자자를 상대로 신주를 발행하는 경우에 가장 뚜렷하게 나타날 수 있다. 기관투자자는 개인투자자에 비하여 자금의 규모가 크고 정보의 수집 및 분석능력이 탁월하여 시장지배력이 강하다. 대량의 주식을 보유하고 있는 기관투자자가 신주를 인수함으로서 주주가 회사지배구조에 영향력을 행사할 수 있다. 기관투자자가 회

회수하기 위하여 법인격 부인을 충족하는 조건을 갖춘 경우 외 주주의 개인재산에 대하여 상환청구권을 행사하지 못한다. (ii) 주식회사에 있어서 균등한 비례단위인 주식은 증권화되어 일종의 상품으로서 매매거래가 된다. 그러므로 누구든지 손쉽게 주식을 취득하여 주주가 될 수 있으며, 주식회사는 이로써 대규모 자금을 조달할 수 있다. (iii) 주식은 자유로이 양도 가능하다. 즉, 주식회사의 주주들이 원한다면 언제든지 자유롭게 주식을 양도하여 출자액을 회수할 수 있다. 그러므로 주식회사는 단기투자를 목적으로 하는 투자자들도 주식에 쉽게 투자할 수 있다[최완진, 〈주식회사의 신주발행에 관한 법적고찰〉, 법학석사학위논문(고려대학교, 1976. 12.), 5-7면].

192 김경매, 〈한중 회사법상 주식회사의 자금조달에 관한 비교연구〉, 법학석사학위논문(조선대학교, 2008.12), 30면.

사지배구조에 참여하는 것으로부터 효율적인 기업재구조를 구축하고, 오너(owner)의 독단적인 경영에서 벗어나 회사이익과 주주이익을 추구할 수 있다.

3. 회사홍보의 기능

회사가 보통의 신주발행을 하여 자금을 조달하는 경우, 외부로부터 일정한 자금의 유입을 직접적인 목표로 하고 있으므로 법에서 정한 발행시장에서 요구하는 일정한 공시절차를 거쳐야 한다. 즉, 회사는 신주발행에서도 공모의 방식으로 외부투자자를 유입하기 위하여 상법(회사법)과 자본시장법(증권법)에서 요구하는 공시의무를 이행하여야 한다.[193]

발행회사에게 공시의무를 부과하는 이유는 신주발행을 통하여 자금을 조달하는 회사는 규모가 작고, 사업내용도 널리 알려지지 않은 신생기업일 가능성이 크기 때문이다. 그러므로 공시의무는 발행인이 지나치게 낙관적인 정보를 제시한 것에 현혹되어 투자자가 경솔한 결정을 내리는 것을 예방하기 위한 제도이다.[194] 그러나 공시규제는 대외적으로 발행회사의 사업 내용 등을 공시하는 것이므로 투자자보호의 작용 외에 발행회사에 대하여 일정한 홍보적 역할이 있다.

III. 신주발행의 유형

1. 유 · 무상증자에 의한 구분

가. 보통의 신주발행

보통의 신주발행이란 한마디로 주주 또는 제3자에게 유상으로 신주를 발행하여 자본증가의 효과를 가져올 수 있는 증자를 말한다. 액면주식을 발행하

193 중국에서는 공모뿐만 아니라, 사모의 경우에도 국무원 증권감독관리위원회의 심사를 받아야 하므로, 공시절차가 필요하다(中證 제13조 제2항).

194 김건식 · 정순섭, 전게서(주 161), 94면.

는 경우에는 발행되는 신주의 수에 액면가를 곱한 금액만큼 자본금이 증가된다.[195] 그리고 일부 국가에서는 액면주식과 함께 무액면주식제도도 도입하였다. 예컨대, 한국의 경우, 무액면 주식을 발행하여 자금조달 하는 경우, 무액면주식에 액면가액이 존재하지 않으므로, 회사가 주식인수인으로부터 주식대가로 수령하는 금액만 있을 뿐이다. 그러므로 무액면주식의 발행으로 회사자본금이 증가하는 이유는 신주발행으로 수령한 발행가의 일부 또는 전부를 자본금에 추가로 계상하거나 준비금을 전입하여 자본금을 증액하는 것이라고 정의할 수 있다.[196]

보통의 신주발행은 회사재산 증가의 효과를 가져올 수 있으므로 이를 실질상 자본증가 또는 유상증자라고 한다. 그러나 보통의 신주발행으로 증가되는 재산액은 반드시 증가되는 자본액과 일치하는 것이 아니다.[197] 왜냐하면 신주는 액면발행 · 액면미달발행 및 액면초과발행이 있다. 액면발행의 경우, 증가되는 자산액은 자본액과 일치하지만 액면미달발행 및 액면초과발행의 경우에는 그렇지 아니하다. 액면미달발행의 경우, 발행주식 수의 액면미달금액의 합계액만큼 증자액보다 증가하는 재산이 적게 되고,[198] 액면초과발행의 경우 발행주식 수의 액면초과액의 합계만큼 증자액보다 증가하는 재산이 많게 된다.[199]

중국의 경우, 무액면주식을 허용하지 않고, 회사법에서 액면주식만 허용하고 있으며, 주식의 발행가액에 대하여도 액면미달발행을 허용하지 않고, 액면발행과 액면초과발행만을 회사법에서 허용하고 있다(中會 제127조 · 제

195 이철송, 전게서(주 102), 852면.

196 이철송, 전게서(주 102), 853면.

197 정찬형, 전게서(주 1), 1068면.

198 한국에서는 주식의 액면미달발행을 허용하고 있다. 즉, 회사가 성립한 날로부터 2년을 경과한 후에 주식을 발행하는 경우에는 회사는 주주총회의 결의와 법원의 인가를 얻어 주식을 액면미달의 가액으로 발행할 수 있다. 그리고 주주총회결의에서는 주식의 최저발행가액을 정하여야 한다(한국 상법 제417조 제1항 · 제2항).

199 액면초과발행의 경우, 초과된 금액은 자본준비금에 적립한다(한국 상법 제459조 제1항 · 중국 회사법 제168조)

128조 제2항).[200]

나. 특수한 신주발행

특수한 신주발행이란 신주발행을 통하여 자본은 증가하지만 회사재산에는 원칙적으로 변동이 없으므로 이를 명의상 자본증가 또는 무상증자라고 한다. 이러한 특수한 신주발행은 주로 준비금의 자본전입에 의한 신주발행, 주식배당에 의한 신주발행, 전환주식 또는 전환사채의 전환에 의한 신주발행, 전환사채의 신주인수권의 행사에 의한 신주발행, 회사의 흡수합병 또는 분할합병에 의한 신주발행, 주식의 포괄적 교환으로 인한 신주발행 및 주식의 병합 또는 분할에 의한 신주발행이 있다.[201] 그러나 중국에서는 이러한 특수한 신주발행을 회사법에서 모두 규정한 것이 아니다. 다음에서는 중국 회사법에서 정한 특수한 신주발행에 대하여 살펴보겠다.

(1) 준비금의 자본전입에 의한 신주발행

준비금의 자본전입이란 회사의 법정준비금계정으로 되어 있는 금액의 전부 또는 일부를 자본계정으로 이체하는 것을 말한다. 일반적으로 볼 때 자본의 결손에 충당하는 경우 외에는 준비금을 자본전입할 수 없지만, 일정한 경우에 한하여 이를 자본전입에 사용할 수 있다.

준비금의 자본전입을 하는 이유로는 주로 (i) 준비금이 자본에 비하여 너무 과대한 경우, 이는 자본구성의 면에서 적당하지 않으므로, 이를 자본에 전입하여 시정함으로써 사정에 맞는 이윤율을 산정할 수 있고, (ii) 주식의 시가가 너무 높아 거래에 불편한 경우, 이는 주식의 시장성을 저하시키므로, 이를 자본에 전입하여 무상주를 교부하면 주식수가 늘어나서 주가가 하락하여, 주

---

200 중국 회사법 제128조: 주식은 액면가액으로 발행할 수 있고, 액면초과가액으로 발행할 수도 있지만, 액면미달가액으로 발행하지 못한다.
중국 회사법 제129조 제2항: 주권에는 아래 사행이 기재되어야 한다. (i) 회사명칭, (ii) 회사설립일, (iii) 주식의 종류, 액면가액 및 대표하는 주식 수, (iv) 주권의 일련번호.

201 정찬형, 전게서(주 1), 1102면.

식의 시장성이 상승하고 또 회사의 신주발행에 의한 자금조달이 용이하게 되며, (iii) 회사재산의 확실한 사내 보유를 증가시키므로 회사채권자를 보호할 수 있게 된다.[202]

중국의 경우의 법정준비금(중국에서는 이를 "法定公積金"이라고 함)의 적립 조건 및 제한은 다음과 같다. 즉, 회사는 이익잉여금의 10%를 법정준비금으로 계상하여야 하고, 누적한 법정준비금이 회사자본금의 50% 이상인 경우, 법정준비금을 계상하지 않는다(中會 제166조 제1항). 다만 회사의 법정준비금이 전년도(前年度) 결손을 보충하지 못하는 경우, 법정준비금을 계상하기 전, 당기 이익으로 먼저 결손을 보충한 후 법정준비금을 계상하여야 한다(中會 제166조 제2항). 이 밖에 법정준비금을 계상한 후, 주주총회결의에 의하여 임의준비금을 계상할 수 있다(中會 제166조 제3항). 그리고 주식의 액면초과발행으로 발생한 주식발행초과금은 자본준비금으로 계상한다(中會 제168조). 이러한 방식으로 계상한 준비금을 회사자본으로 전입할 수 있는데, 자본전입 후의 법정준비금은 자본전입 전 회사자본금의 25% 이상이어야 한다는 제한적인 조건이 있다(中會 제168조 제2항). 준비금을 자본금에 전입하면 전입된 금액만큼 신주의 무상교부가 이루어고 자본금이 늘어나지만 회사의 실질 재산에는 변동이 없다.

(2) 주식배당에 의한 신주발행

주식배당은 배당가능이익을 자본전입함으로써 신주를 발행하는 것을 말하는데 이러한 방식으로 신주를 발행하는 것을 주식배당에 의한 신주발행이라고 한다. 주식배당에 의한 신주발행은 자본으로 전입된 금액만큼 신주의 무상교부가 이루어지고, 발행되는 신주의 액면가액만큼 자본이 증가하게 된다.

현행 중국 회사법에서는 주식배당으로 신주를 발행하는 것에 대하여 구체적인 규정은 없지만, 회사 정관에서 회사이익배당방식을 정할 수 있는데, 정관으로 정한 경우에 주식배당의 방식으로 이익배당을 할 수 있다고 생각한

202 정찬형, 전게서(주 1), 1103면.

다. 다만 소수주주는 현금배당을 원하기 때문에, 회사 정관의 규정에 의하여 주식배당을 하는 경우, 소수주주 이익을 해할 우려가 존재한다.

(3) 전환사채의 전환에 의한 신주발행

전환사채란 사채권자에게 전환권이 부여된 사채인데, 전환권자가 전환기간 내에 전환권을 행사하여 회사가 사채권자에게 신주를 발행하는 것을 말한다. 중국에서는 현재 전환사채의 발행주체를 상장회사로 한정하였으며, 상장회사 주주총회결의에 의하여 전환사채의 발행을 결정하고, 국무원 증권감독관리위원회의 인준을 받은 후 전환사채를 발행한다(中會 제161조 제1항 · 제2항).

(4) 회사의 흡수합병 또는 분할합병으로 인한 신주발행

흡수합병의 경우 존속회사, 분할합병의 경우 분할 후 회사는 소멸회사의 순자산을 승계하고, 이것에 해당하는 신주를 발행하여 소멸회사 또는 분할 전 회사 주주에게 교부한다. 이러한 방식으로 신주를 발행하는 것을 회사의 흡수합병 또는 분할합병으로 인한 신주발행이라고 한다.

흡수합병 또는 분할합병으로 인한 신주발행은 주식인수의 청약과 배정이 없고 소멸회사(또는 분할 전 회사)의 주주가 주식보유비율에 의하여 존속회사(또는 분할 후 회사)의 신주식을 배정받고 소멸회사(또는 분할 후 회사)의 재산이 존속회사(또는 분할 후 회사)에 포괄적으로 이전된다. 그러므로 흡수합병 또는 분할합병으로 신주를 발행하는 것은 자본금을 증가할 수 있지만, 회사의 순자산에는 변동이 없다.

중국 회사법에서는 회사의 흡수합병 또는 분할합병으로 인한 신주발행에을 규정하지 않고, 하위 법규인 상장회사매수관리방법(上市公司收购管理办法)에서 매수 대가로 주식을 발행하는 것을 허용하고 있다(상장회사매수관리방법 제36조 제1항).

〈표8〉 보통의 신주발행과 특수한 신주발행의 공통 및 차이점

	보통의 신주발행	특수한 신주발행
공통점	모두 정관에서 정한 회사가 발행할 주식의 총수 범위 내에서 발행하고, 수종의 주식은 정관의 규정에 따라서만 발행한다는 제한을 받고 있음	
자산의 변동	변동	원칙적으로 변동으로 없음. 다만 흡수합병 시 소멸회사의 재산이 존속회사에 포괄적으로 승계되므로 자산이 증대되고, 전환사채의 전환에 의한 신주발행은 부채가 소멸하여 소극적으로 재산이 증대되는 효과가 있으며, 주식병합에 의한 자본감소 시에는 자산이 감소됨
자본의 변동	변동	변동되나, 전환주식비율이 1:1인 경우와 회사정리절차에 의한 신주발행 시 납입이 없는 경우에는 자본의 변동이 없음. 그리고 주식병합 시에는 자본이 감소됨
신주발행의 결정	이사회의 결의	무상증자 시 이사회의 결의, 주식병합 시 주주총회의 특별결의, 주식배당 시 주주총회의 보통결의
효력발생시기	납입기일의 다음 날	납입절차가 없음. 무상증자 시 배정일 또는 주주총회결의 시, 주식배당은 주주총회 종결 시, 주식병합은 주권제출기간 만료 시 또는 채권자 이의절차 종료 시, 전환사채는 전환청구 시.

출처: 김용재,《자본시장과 법(상)》(서울: 고려대학교출판부, 2011), 226면.

2. 인수방법에 의한 구분

가. 주주배정

주주배정(중국에서는 이를 "配股"라고 함)[203]이란 보통의 신주발행에서 주주를 상대로 신주를 발행하는 것을 말한다. 즉, 기존주주가 보유하고 있는 주식 수에 신주를 배정받으므로 주주배정의 방식으로 신주를 발행하는 것은 주주의 지배적 이익을 보호할 수 있다.[204] 그러므로 주주배정으로 신주를 발행하는 것은 기존주주들의 주식소유비율에 변동을 초래하지 않으므로 회사 지배구조의 변동도 초래하지 않는다.

203 중국에서는 주주배정(配股)이란 용어를 상장회사증권발행관리방법에서 처음으로 사용하였고, 해당 법규에 의하면 "기존주주에게 주식을 배정하는 것을 주주배정이라고 약칭한다"(증권발행관리방법 제12조). 생각건대, 비록 주주배정이란 용어를 상장회사증권발행관리방법에서 처음으로 사용하였지만, 내포하고 있는 뜻으로 볼 때, 주주배정의 방식으로 신주를 발행하는 것을 의미하므로 주식회사에서 주주배정의 방식으로 신주를 발행하는 것도 동일하게 주주배정이란 용어를 사용할 수 있다.

204 양만식, 〈신주의 발행과 주주의 지배적 이익에 관해서〉, 《법학논총》(단국대학교 법학연구소), 제36권 제2호(2012), 729면.

나. 제3자 배정

제3자 배정은 주주 이외의 제3자에게 신주를 배정하는 것인데, 제3자 배정을 어떻게 하는지 여부는 해당 국가의 신주인수권 법제를 검토할 필요가 있다. 신주인수권을 법정하는 국가는 반드시 법률 또는 정관으로 주주의 신주인수권을 배제하여야만 제3자 배정을 할 수 있고, 신주인수권을 법정하지 않는 국가는 신주발행 절차에서 구체적으로 제3자 배정을 정할 수 있다. 중국 회사법에서는 주식회사의 신주인수권을 인정하지 않았고, 주주총회결의에서 신주발행사항을 정하는 방식으로 규정하고 있으므로 주주총회결의에서 신주의 제3자 배정을 정할 수 있다.

다. 공개모집

모집으로 신주를 발행하는 것은 불특정 다수인을 상대로 신주를 발행하는 것이다. 모집으로 신주를 발행하는 것은 대규모의 자금을 조달할 때 많이 사용한다. 모집은 불특정 다수인을 상대로 신주를 발행하는 것이기에 중국 회사법과 중국 증권법에서 정한 공개발행의 규정에 따라야 한다.

3. 공개발행과 비공개발행

가. 공개발행

특정한 자를 상대로 신주를 발행하는지 여부에 따라 공개발행(公開發行)과 비공개발행(非公開發行)으로 나눌 수 있다. 공개발행은 불특정 다수인을 상대로 신주를 발행하는 것이므로 대규모 자금을 조달할 수 있는 장점을 갖고 있지만 발행비용이 높은 단점을 갖고 있다.[205] 중국 증권법에서는 공개발행을 허용하였고, 다음과 같이 공개발행의 기준을 정의하였다. (i) 불특정다수인을 상대로 발행하는 경우, (ii) 누적하여 200명 이상 특정인을 상대로 발행하는 경우 및 법률과 행정법규에서 정한 기타 발행행위를 말한다(中證 제10조 제

205 葉林, 〈證券法〉(北京: 中國人民大學校出版社, 2008), 124면.

1항).[206]

그리고 중국에서 공개의 방식으로 신주를 발행하는 것에 대하여 일련의 절차적 규정을 두었다. 예컨대, 반드시 증권감독관리위원회의 인준을 받아야 한다. 공개발행에 대하여 법에서 정한 절차를 밟지 않고 신주를 발행하면 법적 기관의 승인 없이 임의로 주식을 발행하는 것에 해당하여 "발행정지와 함께 모집자금에 동 기간 은행이자를 붙여 투자자에게 반환하여야 하며, 모집자금 금액의 5%에 해당하는 과태료에 처한다. 그리고 현급 이상 지방정부의 단속을 받게 되며, 책임자에 경고처분 및 3만 위안 이상 30만 위안 이하의 과태료에 처한다"(中證 제188조).

나. 비공개발행

비공개발행은 특정된 투자자를 상대로 신주를 발행하는 것을 말하는데 이를 중국법에서는 특정인을 대상으로 하는 모집("定向募集")이라고도 표현된다. 비공개발행은 발행비용이 낮고 절차적으로 편리한 장점이 있지만, 투자자의 수가 한정되고, 모집자금의 규모가 작다는 단점이 존재한다.

비공개로 신주를 발행할 때 중국 증권법에 의하면 "광고가 금지되며, 공개적 권유를 하지 못한다"(中證 제10조 제2항). 중국 증권법에서는 공개발행에 대하여만 규정을 두었으나 최근에 들어와 비공개의 방식으로 신주를 발행하여 자금조달하는 수요가 많아졌다. 이러한 원인으로 회사설립 후의 신주 비공개발행을 입법적으로 보완할 필요성을 느꼈고, 상장회사에 대하여 상장회사주식비공개발행에 관한 시행세칙(上市公司非公开发行股票实施细则)를 제정하고, 비상장회사에 대하여 비상장공중회사감독관리방법(非上市公众公司监督管理办法)을 제정하였다.

206 중국 증권법에서 정한 공개발행의 요건에서 "200인 이상"이란 요건은 과도로 높을 뿐만 아니라, 증권 관련 규장인 비공개발행주식시행세칙에서 정한 사모기준인 "10명 이하"와 상충된다는 주장이 있다[童安生 · 潘李美, 〈关于证券法修改的若干看法〉, 《中国金融》, 第22期(2005), 51면].

4. 직접발행과 간접발행

가. 직접발행

발행사항의 담당방법에 따라 신주발행은 직접발행(자기발행)과 간접발행으로 나뉜다. 여기서 말한 담당방법이란 중개기구(증권회사)를 통하여 신주발행을 하는지 여부이다.

직접발행이란 발행주체가 스스로 발행위험을 부담하고 직접 발행사무를 처리함으로써 일부가 인수되지 않거나 납입되지 않은 경우(실권주) 다시 모집할 수 있다.[207] 그러므로 직접발행은 회사가 중개기구를 통하지 않고 투자자에게 직접적으로 주식을 발행하는 것을 말하며, 발행비용을 절감할 수 있는 장점이 있지만, 긴 발행기간과 높은 발행 리스크가 존재하는 단점이 있다. 직접발행은 사전에 투자자를 확정할 수 있는 경우에 많이 사용하는 방식이다. 중국의 경우, 공개발행 시 반드시 증권회사를 통하여야만 가능하므로(中會 제87조), 공시발행 시의 직접발행을 허용하지 않는다.

나. 간접발행

간접발행은 직접발행에 따른 사무처리의 번잡을 피하고 증권발행에 따른 위험 부담의 해소를 위하여 발행주체가 인수기관 및 청약사무대행기관 등 중개기관의 도움을 받아 간접적으로 신주를 발행하는 것을 말한다.[208] 그러므로 간접발행은 발행회사가 주로 중개기구인 증권회사에 위탁하여 주식을 발행하는 것을 말하는데, 중개기구인 증권회사가 발행위험을 부담하는 정도에 따라 다시 총액인수 · 잔액인수 · 모집주선으로 나눌 수 있다.[209] 총액인수란 금융투자자업자가 발행회사의 주식을 자기명의로 인수하여 일반인에게 매출하는 것을 말하고, 잔액인수란 간접모집에서 금융투자업자가 모집을 주선하

207 김용재, 전게서(주 162), 237면.

208 김용재, 전게서(주 162), 237면.

209 정영진, 〈경영권방어목적의 신주발행적법성〉, 《민사법연구》(대한민사법학회), 제2호(2006), 2면.

고 남은 주식을 스스로 인수하는 것을 말하며, 모집주선은 간접모집에서 금융투자업자가 모집을 주선하기만 하는 것을 말한다. 그러므로 간접발행은 증권회사의 경험 등을 바탕으로 발행주식의 인수효율을 높일 수 있지만, 발행비용이 크다는 단점이 존재한다.

중국의 경우, 공개적으로 신주를 발행할 때 반드시 증권회사에 위탁하여 발행하여야 하며(中會 제87조), 은행지정계좌로 신주대금을 납입하여야 한다(中會 제88조). 그러므로 중국에서 공개적인 방식으로 신주를 발행할 때, 직접발행이 허용되지 않고 간접발행만이 허용된다.

Ⅳ. 신주발행 규제의 필요성

1. 회사의 자금조달과 기존주주의 이익보호

회사가 신주발행으로 유상증자를 할 때, 임의로 인수대상자를 결정하면 주주들의 지분비율이 본인의 의사와 관계없이 변동될 수 있고, 이는 주주의 비례적 이익을 침해할 수 있다. 다시 말하면, 신주의 제3자 배정으로 인한 유상증자는 신주의 발행에 그치지 않고, 기존주주의 주식소유비율을 변동하여, 회사지배구조의 변화를 초래할 수 있다. 그러나 기존주주의 의결권을 희석하지 않기 위하여 주주배정의 방식으로만 신주를 발행한다면 회사금융의 신속성과 효율성 측면에서 장애요인이 될 수 있다.[210] 그러므로 신주발행으로 자금조달을 하는 경우 가장 핵심적인 문제는 회사의 자금조달과 기존주주 이익의 이익형량 문제이다.

독일이나 한국에서는 기존주주의 이익을 보호하기 위하여 주주의 신주인수권을 법정하였고, 자금조달의 기동성을 위하여 주주의 신주인수권을 배제하는 것을 허용하였다. 그리고 미국에서는 자금조달의 기동성을 위하여 신주인수권을 원칙적으로 인정하지 않았고 이사의 신인의무에 의하여 기존주주의 이익을 보호하였다. 그러나 중국에서는 확정자본제도를 채택하고 있는 전

210 김화진,《상법강의》(서울: 박영사, 2013), 277면.

제하에서 주주총회결의사항으로 신주발행을 결정하여, 이는 다시 자금조달의 기동성을 추구하지 못하고 있을 뿐만 아니라, 기존주주의 신주인수권을 법정하지 않아 주주이익보호도 추구하지 못하고 있다. 현재, 중국에서 신주발행에 의한 자금조달 비율이 10%밖에 되지 않는 이유도 현행 신주발행제도의 문제와 관련된다고 단정하여도 과언이 아니다. 그러므로 중국에서 신주발행에 의한 자금조달이 활발하게 이용되려면 반드시 법적인 수단으로 현행 신주발행제도를 개정하여야 한다.

2. 회사의 자금조달과 투자자의 이익보호

신주발행은 회사가 발행시장을 통하여 자금을 조달하는 것을 말한다. 신주발행시 회사는 투자자를 유인하기 위하여 회사 상황을 과장하는 가능성이 높다. 예컨대, 회사의 자금조달 목적을 과장하거나, 과도로 낙관한 예측정보를 투자자에게 제공한다. 투자자는 회사에서 제공한 정보를 꼼꼼히 살펴보고 투자를 하는 것이 아니라, 회사가 제공한 정보만을 믿고 경솔하게 투자하는 것이 다수이다. 그러므로 회사의 발행행위를 규제를 하지 않고 방치한다면 결국 부실기업들의 남발을 초래할 것이고 유망한 기업이 자본시장에서 자금을 조달할 수 없게 된다.[211] 그러나 자금조달의 활성화를 고려하지 않고 투자자의 이익보호만을 고려하여 발행회사의 발행행위를 지나치체 규제한다면 신주발행의 절차나 비용의 부담이 많아져 회사는 자금조달의 수단으로 신주발행을 선택하지 않을 것이다. 그러므로 회사의 자금조달 기동성과 투자자이익보호 문제는 발행시장에서의 규제문제와도 관련된다.

독일 · 미국 · 한국에서는 발행시장 규제와 관련하여 증권신고서 제도를 채택하였고, 금융 당국이 발행신청 서류에 대하여 형식적인 심사를 하고 있다. 그리고 발행시장 규제 위반 시의 처벌규정을 다양하게 규정하는 것으로부터 발행회사의 자금조달과 투자자이익보호의 형평을 이루고 있다. 그러나 중국 증권법에서는 신주의 공개발행이나 비공개발행에 대하여 의무적으로

211 김건식 · 정순섭, 전게서(주 161), 94면.

증권감독당국의 인준을 받을 것을 규정하여 신주발행에 대하여 엄격한 발행규제를 규정하였다. 그러면 중국에서 시행하고 있는 발행시장에 대한 엄격한 규제는 과연 투자자의 이익을 보호할 수 있는가? 생각건대, 신주발행에 대한 감독당국의 권한집중으로 발행회사는 수단방법을 가리지 않고 인준을 받으려고 노력할 것이고, 이는 다시 비리를 유발할 수 있다. 결과적으로 현행 중국증권법에서 규정한 엄격한 신주발행규제는 투자자보호를 추진할 수 없을 뿐만 아니라 편법의 이용만을 추진하였다. 그러므로 신주발행에 의하여 자금을 조달할 때 투자자의 이익과 자금조달 기동성을 추구하려면 현행 발행시장의 법적 규제를 개정하여야 한다.

제4절 신주인수권

I. 개관

1. 주식회사 자금조달

기업이 자금조달을 끊임없이 필요로 하는 이유는 자본주의 경쟁원리에 기인한 것이다. 즉, 기업은 경쟁에서 살아남기 위하여 자본의 유기적 구성을 고도화할 수밖에 없고, 이는 다시 지속적인 자금조달로 뒷받침되어야 한다. 그러나 소규모 투자자들의 투자로 형성한 대자본은 결과적으로 소유와 경영을 분리하였다.[212] 소유와 경영이 분리된 구조하에서 소수주주가 절대다수가 되었고, 결과적으로 소수주주는 경영에서 소외되었다. 그러므로 소유와 경영이 분리된 구조하에서 기업규모의 확대 및 영업범위의 확충으로 인한 자금수요는 소수주주의 이익이 아니라 회사이익과 경영진의 이익을 대표하였다.

경영에서 소외된 소수주주의 이익을 보호하기 위하여 신주인수권제도가 나타나게 되었다. 즉, 신주발행 시 기존주주에게 우선적으로 신주를 인수할

212 이동승, 전게 논문(주 40), 9면.

권리를 부여하여 소수주주의 이익을 보호하였다. 그러나 기존주주에 의한 자금조달은 규모가 한정되어 있으므로 회사가 필요로 하는 양만큼 자금을 조달할 수 없는 문제점이 존재하였다. 이러한 문제점을 극복하기 위하여 신주인수권 배제를 규정하였고 신주인수권 배제는 다시 주주보호 문제와 관련되었다. 아래에서는 신주인수권 규제의 필요성과 유형에 대하여 살펴보고, 신주인수권 배제와 주주보호 문제를 어떻게 조화할 것인가 하는 문제를 중심으로 논의하겠다.

2. 신주인수권의 존재가치

신주인수권(preemptive right, subscription rights)이란 회사 성립 후 신주를 발행하는 경우 다른 사람에 우선하여 신주를 인수할 수 있는 권리를 말한다.[213 214] 기존주주가 제3자보다 우선적으로 신주를 배정받는 권한이 있으므로 회사가 자금조달의 목적으로 신주를 발행할 때,[215] 회사의 지배권 변동 및 주식가치의 희석화(dilution)로부터 자신의 비례적 이익을 보호할 수 있다.

신주발행제도에서 주주의 신주인수권은 아래와 같은 세 가지 장점이 있다. 첫째, 주주는 자신이 보유한 주식의 가치가 자기의 의사에 반하여 희석되지 않을 것을 보장받으면 회사의 이익에 의하여 의사결정을 내릴 수 있다. 둘째, 신주인수권의 존재로 인하여 투자대상인 주식의 가치가 주주의 의사에 반하여 감소하지 않을 것을 보장하는 것은 잠재적 투자자들의 투자를 유인하는 데 적극적인 작용이 있다. 셋째, 주주배정으로 신주를 발행하는 것은 중

---

213 정찬형, 전게서(주 1), 1069면.

214 미국의 경우, 19세기에 처음으로 대법원 William Gray, Jun. v. the Prisident, Direcotrs and Company of the Portland Bank(1987.11)판례에 의하여 주주의 신주인수권이 인정되었고, Stokes v. Continental Trust Co. of City of New York판례에 의하여 명확하게 정립되었다. 독일의 경우, 주식법(German Stock Corporation Law) 제186조 · 제187조에서 신주인수권에 관하여 규정하였다(이와 관련한 내용은 제2장의 각국 입법례의 내용을 참조 바람).

215 회사의 자본이랑 발행주식의 액면가액이므로, 회사자본증가의 방법으로는 액면가액을 높이든가 또는 발행주식의 수를 늘리든가 하는 것이 있는데, 액면가액을 높이는 것은 주주에게 추가납입의무를 부과시키는 것이므로 주주유한책임에 반하여 시행 가능성이 없다. 그러므로 회사자본을 증가하는 방법은 발행주식의 수를 증가하는 신주발행뿐이다[정찬형, 전게서(주 1), 1066면].

개하는 금융기관에게 지급해야 할 수수료를 절감할 수 있어 비용을 절감하는 효과가 있다.[216]

앞서 기술한 신주인수권의 장점을 고려하면, 신주인수권의 존재가치는 다음과 같다.

가. 주주 지주비율의 저하에 따른 회사지배권 약화의 방지

회사결의는 자본다수결로 이루어지고 있기 때문에, 주주는 자기가 보유하는 주식 수에 해당하는 의결권을 보유하고 있다. 그러므로 보통의 신주발행으로 신주를 제3자에게 배정하는 경우, 주주의 주식보유비율은 저하되고 이에 따른 의결권도 적어지게 된다. 즉, 최종 주주의 회사지배권(proportionate control)을 약화시킬 수 있다.

신주발행 시 기존주주의 주식보유비율을 유지하기 위하여 회사의 기존주주에게 부여한 우선적으로 신주를 인수할 권한을 신주인수권이라고 한다.[217] 주주가 우선적으로 신주를 인수할 권리를 갖는다는 의미에서 획일적이며, 주주가 아닌 제3자에게 신주를 배정하는 것으로 발생하는 손해를 사후적으로 전보하는 것이 아니라 사전적으로 예방의 차원에서 주주이익을 보호하는 적극적인 작용이 있다. 그러므로 보통의 신주발행 시 주주의 의결권 희석을 방지하기 위하여 인정된 신주인수권은 자금조달의 기동성을 도모하는 것을 통하여 회사이익을 향상하는 것보다 사전적으로 주주가 갖고 있는 기존의 비례적 지위를 유지하여 기존주주의 이익을 보호한다.

그러나 신주인수권의 이러한 특징은 주식회사 경쟁력을 향상하는 자본집중을 곤란하게 하였다. 다시 말하면, 신주인수권을 인정하게 되면 사업확장이나 기술혁신을 위하여 신규자금이 필요할 때, 기존주주에게만 자금조달을

---

216 김이수, 〈현행 상법에 비추어 본 주주의 신주인수권 제도의 당위성에 관한 고찰〉, 《상사판례연구》(상사판례법학회), 제23권 제4호(2010), 9면.

217 Alexander Hamilton Frey, "Shareholders' Preemptive Rights," 38-5 *Yale Law Journal* 563, 569(March.1929).

의존하여야 하므로, 適時에 자금조달을 할 수 없게 되는 문제점을 초래할 수 있다. 그러므로 회사자금조달의 기동성과 주주이익보호문제를 고려하여, 주주의 신주인수권의 현대적 의미를 제대로 파악할 필요가 있다. 특히 현재 중국에서는 주주의 신주인수권을 법정하지 않았고, 신주인수권을 도입할 것을 주장하고 있지만, 중국 현재 회사자금조달 법적 현황에서 신주인수권을 인정할 필요가 있는지 여부에 관하여 자세한 논의가 필요하다.

나. 주식보유비율의 저하에 따른 경제가치 손실의 방지

기존주주가 주식보유비율을 유지하지 못하면 비례적 이익(proportionate interest)을 잃게 되고, 이는 다시 주식의 경제적 가치의 손실을 초래할 수 있다. 여기서 말한 주식보유비율에 의한 경제적 가치란 신주의 실권을 방지하기 위하여 정책적으로 현재의 주가나 순자산가치보다 낮은 가격으로 발행하는 경우에 신주발행으로 인하여 신주와 구주가 혼합되어 형성되는 주가나 주당 순자산가치는 종전의 가액보다 낮아지게 되는 것을 의미한다.[218] 신주발행 시 기존주주의 경제적 가치의 손실은 시가에 의하여 신주를 발행하지 않는 경우에 한하여 발생하므로, 신주인수권을 법정할 것인지 여부도 그 국가의 신주발행가액이 형성되는 상황에 따라 고려하여야 할 문제이다.

신주발행 시 주주의 신주인수권을 인정하면 주주는 이를 행사하여 저가로 신주를 인수할 수 있고, 신주인수권의 양도를 허용하면 신주를 인수할 자력이 없는 주주는 신주인수권 자체를 양도하여 그 매매대금을 취득함으로써 자신들의 경제적 가치를 보전할 수 있다.[219]

---

218 예를 들면, A회사의 순사잔은 100원이고, 발행보통주식 총 수는 10주이다. 이때 1주당 순자산 가치는 10원이 될 것이다. 그런데 회사가 일정한 사정으로 인하여 신규자본이 급히 필요하여, 제3자에게 1주당 5원으로 신주 10주를 발행한다. 신주발행이 끝난 후, A회사의 순자산은 150원이고, 발행보통주식 총 수는 20주이며, 1주당 순자산가치는 7.5원이 된다. 기존주주의 입장에서 볼 때, 1주당 10원인 주식의 순자산가치가 7.5원으로 되면서, 1주당 2.5원의 경제적 손실이 발생한다. 반면, 신주를 인수한 제3자의 입장에서는 1주당 순자산가치가 7.5원인 주식을 1주당 5원으로 인수하였으므로, 1주당 2.5원의 이득이 발생한다. 그러므로 일정한 정도에서 볼 때, 기존주주의 재산이 신주발행으로 인하여 제3자에게 일부 이전되었다고 판단할 수 있다.

219 김이수, 전게 논문(주 216), 8면.

3. 유형

가. 주주의 신주인수권

(1) 의의

주주는 주주자격으로 회사재산분배에 참가하고 주주총회에 참석하는 것으로 회사경영에 참가한다. 그러므로 개별적인 주주는 자신이 보유하고 있는 주식의 수에 따라 회사 경영에 참가하는 정도가 결정되는데, 이러한 주주의 비례적 참가를 유지하는 기능을 주주평등원칙이 수행하고 있다. 그러나 신주발행 시 회사의 신주배정 자유를 인정하면 자본 증가로 기존주주의 비례적 이익이 파괴될 수 있다. 신주인수권은 해당 위험으로부터 기존주주의 비례적 지위를 하는 데 적극적인 작용이 있다. 그러므로 주주의 신주인수권은 신주의 인수에 우선하는 권리일 뿐 발행가액이나 기타 인수조건에서 우대받을 수 있는 권리는 아니다.[220] 그리고 신주인수권이 주주의 권리일 뿐 의무는 아니다.[221] 만약 주주의 신주인수권이 주주의 의무라면, 이는 주주에게 추가적인 출자를 요구하는 것과 동일하므로 주주의 유한책임에 반하게 된다.

독일 및 한국에서는 법에서 신주인수권을 인정하고 있으므로 신주인수권은 법률상 당연히 주주에게 인정되는 권리이다.[222] 그러나 미국이나 일본은 주주의 신주인수권을 인정하지 않고 정관에서 인정할 수 있도록 허용하고 있다(이와 관련한 자세한 내용은 신주인수권의 입법례 부분을 참조함).

(2) 성질

법에서 신주인수권을 인정하는 국가에서는 신주인수권은 정관이나 이사회

---

220 정찬형, 전게서(주 1), 1070면.

221 이철송, 전게서(주 102), 862면.

222 한국의 경우에도 상법에서 주주의 신주인수권을 규정하고 있지만(한국 상법 제418조 제1항), 신주인수권배제와 관련하여 유럽 국가들은 주주총회 특별결의로만 배제될 수 있고, 한국은 정관의 규정에 의하여 배제될 수 있다.

의 결의에 의하여 생기는 권리가 아니라, 법의 규정에 의하여 주주에게 당연히 생기는 권리이다. 그러므로 신주를 인수하는 것은 주주의 권리이므로 신주인수를 강제하여서는 아니 된다. 즉, 주주의 신주인수권 행사를 강요한다면, 이는 주주에게 추가출자의무를 강요하는 것이므로, 주주 유한책임에 반한다. 그리고 주주의 신주인수권은 추상적 신주인수권과 신주발행시 구체화된 구체적 신주인수권으로 나눌 수 있다. 추상적 신주인수권은 주주의 자익권에 해당함으로 주식과 분리하여 양도 · 처분할 수 없고, 구체적 신주인수권은 신주인수권자가 주식인수의 청약을 하고 또 회사의 배정으로 주식인수의 효과가 발생하는 것이므로, 일종의 채권적 권리이므로, 주식과 분리하여 양도 · 처분 가능하다.[223]

이 밖에 주주의 신주인수권은 법률 또는 정관의 규정에 의하여 인정되는 권리이므로, 고유권이 아니고,[224] 배제 가능하다.[225] 독일을 비롯한 유럽제국은 주주의 신주인수권을 법정하고 있지만, 주주총회 특별결의에 의하여 배제될 수 있고, 한국은 상법상 회사 정관에서 정한 경우에 한하여 배제될 수 있다.

또한 신주인수권은 주식의 과실이 아니다. 그러므로 신주인수권을 행사하여 인수한 주식에는 구주에 대한 질권적 효력이 미치지 아니한다.[226] 다시 말하면, 신주인수권의 가치는 구주식의 가치의 일부가 유출된 것이라는 점에서 구주식의 가치손실을 수반하는 것이므로 과실로 보는 것이 타당하지 않으므로, 이론적으로 질권자에게 귀속되지 않는다.

---

223 정찬형, 전게서(주 1), 1070면.

224 김영곤, 전게논문(주 69), 216면.

225 한국 대법원 판례에서도 주주의 신주인수권을 고유권이 아니라고 판시하였다. 대법원.1995.7.28. 선고 94다25735 판결에 의하면, "상법 제416조에 의하면 주식회사가 주주총회나 이사회의 결의로 신주를 발행할 경우에 구체적 신주인수권은 주주의 고유권에 속하는 것이 아니고…"라고 판시하였다.

226 이철송, 전게서(주 102), 860면.

(3) 추상적 신주인수권과 구체적 신주인수권

① 추상적 신주인수권

처음으로 추상적 신주인수권과 구체적 신주인수권의 개념을 분리한 자는 독일 법학자 Karo(카로)이다. 카로에 의하면, 추상적 신주인수권은 절대적 · 무조건적 권리이고, 자본증가결의에 의하여 조건부 권리(bedingtes Recht)로서 종전 존재하지 않았던 구체적 신주인수권이 발생하고, 이 구체적 신주인수권은 그 행사까지는 유보된 청구권(ein fälligen Anspruch)으로 된다.[227]

추상적 신주인수권은 주주의 사원자격인 주주권으로부터 도출되는 권리이므로 법에서 신주인수권을 인정하면 신주인수권은 주식 그 자체와 함께 발생하는 주주의 권리이다. 그러나 법에서 신주인수권을 인정하지 않고 회사설립 시 정관에서 신주인수권을 정하면, 회사설립등기와 함께 정관의 기재를 근거로 주주에게 추상적 신주인수권이 발생한다.[228]

② 구체적 신주인수권

구체적 신주인수권은 주주권과는 별개의 구체화된 권리이므로 주식과 독립하여 양도 · 처분 가능하고, 이사회 또는 주주총회결의로 정하여진 배정일 주주명부상의 주주에게 귀속된다. 즉, 신주발행결의에 의하여 배정기준일이 결정되면 주주명부에 기재되어 있는 주주가 구체적 신주인수권을 원시적으로 취득한다. 그러므로 구체적 신주인수권자가 이 권리에 기하여 "청약"을 하고 또 회사로부터 "배정"을 받으면 주식인수인의 지위를 갖게 되고, 주식인수인이 납입 또는 현물출자를 이행하면 그 납입기일의 다음 날부터 주주가 된다(한국 상법 제423조 1항).

구체적 신주인수권은 회사에 대하여 신주의 배정을 청구할 수 있는 주주의 청구권을 내용으로 하는 채권적 권리이지만,[229] 순수한 채권적 권리가 아

227 이동승, 전게 논문(주 40), 33면.
228 정주환, 〈자금조달과 신주인수권〉, 《경영법률》(한국경영법률학회), 제18집 제1호(2007.10), 5면.
229 구체적 신주인수권에 관하여 이를 형성권이라고 주장하는 견해도 존재하지만, 주주가 신주인수권

니기에 구체적 신주인수권을 침해하고 신주를 발행하는 경우, 권리침해를 받는 주주는 사전에 신주발행유지청구권 또는 사후에 신주발행무효의 소를 제기하여 손해배상책임을 요구할 수 있다.

나. 제3자의 신주인수권

(1) 의의

앞서 살펴본 바와 같이, 주주의 신주인수권은 이익배당청구권이나 잔여재산분배청구권 그리고 의결권 등과 같이 주주권의 구성요소이지만, 주주의 고유권은 아니므로 배제 가능하다. 그러므로 주주의 신주인수권을 배제하여, 제3자를 상대로 신주를 배정할 수 있다고 정하는 것이 제3자의 신주인수권이다. 즉, 제3자의 신주인수권이란 주주 이외의 제3자가 우선적으로 신주를 배정받을 수 있는 권리를 말한다. 그러나 일반공모증자에 의하여 일반 투자자가 주식인수의 청약을 하고 이에 대하여 회사가 신주를 배정하는 경우, 청약자(제3자)에게 우선적으로 배정받을 권리를 인정하는 것은 아니므로 제3자의 신주인수권에 해당하지 아니한다.[230]

주주의 신주인수권에 관한 입법형태에 따라, 제3자의 신주인수권을 결정하는 법적 형태가 달리 된다. 예를 들면, 신주인수권을 인정하는 독일에서는 주주총회 특별결의에 의하여 주주의 신주인수권이 배제되고 제3자 배정의 방식으로 신주를 발행할 수 있다(독일 주식법 제186조 제3항). 그러나 신주인수권을 인정하지 않는 미국에서는 이사회의 결의에 의하여 제3자 배정으로 신주를 발행할 수 있고, 불공정 신주발행의 심사기준에 의하여 이사회의 신

을 행사할 것인지 여부에 대한 결정권은 구체적 신주인수권으로부터 유출된 권한이라고 보아야 하고, 주식인수가 성립하려면 반드시 주주의 주식청약에 대한 회사 측의 배정이 필요하며, 회사가 신주인수권자에 대하여 실권예고부 청약최고는 청약을 조건으로 하는 배정의 의사표시를 포함하는 것으로 보아야 하므로, 구체적 신주인수권을 형성권으로 보는 것은 타당하지 않다[이동승, 전게 논문(주 40), 95면].

230 정찬형, 전게서(주 1), 1084면.

주발행 행위를 규제한다.

(2) 성질

정관의 규정으로 제3자의 신주인수권이 인정되는지 여부는 제3자 신주인수권의 성질과 관련한 문제인데, 이에 대하여 학설상 견해가 나뉘어지고 있다. 소수설은 제3자와 신주인수권을 부여하기로 하는 계약이 체결되었는지 여부에 따라 두 가지 상황으로 나누어 설명하고 있다. 제3자와 신주인수권 부여의 계약을 체결하여 계약에 의하여 정관에 신주인수권을 부여한다고 규정을 하면, 제3자가 우선적으로 신주를 인수할 수 있는데, 이는 정관에 의하여 신주인수권을 취득한 것이지 계약에 의하여 취득한 것이 아니다. 그리고 제3자와 신주인수권 부여의 계약을 체결하지 않고, 정관에 의하여 제3자에게 신주인수권을 부여하는 것은 제3자가 정관의 규정으로 신주인수권을 취득한다고 보았다.[231] 이와 반대로 다수설은 제3자의 신주인수권은 정관의 규정으로는 발생하지 않고, "회사와 제3자 간의 계약"이 있어야만 비로소 발생한다고 보고 있다.[232]

4. 신주인수권의 배제와 주주보호

가. 논의의 의의

신주인수권을 법정하고 있는지 여부는 국가의 입법정책 및 자금조달 실무와 관련된 문제이다.[233] 입법정책과 관련된다는 뜻은 신주인수권을 법정하고 있지 않는 회사법이 주주보호에 소홀하거나, 신주인수권을 법정하고 있는 회사법이 회사자금조달에 소홀하다고 평가할 수 없는 것을 의미한다. 예컨대, 미국에서는 신주인수권을 법정하지 않았지만 이사의 충실의무로 주주이익을

231 이철송, 전게서(주 102), 872면.

232 정찬형, 전게서(주 1), 1080면.

233 이동승, 전게 논문(주 40), 206면.

보호하고, 독일에서는 신주인수권을 법정하고 있지만, 신주인수권 배제와 관련된 규정을 통하여 회사의 원활한 자금조달을 기하고 있기 때문이다. 이 밖에 신주인수권을 법정하는지 여부는 자금조달실무와도 관련된다. 즉, 시가발행이 정착되어 있는 미국이나 일본에서는 신주의 발행가액이 구주의 발행가액보다 낮아 기존주주에게 경제적 손실을 초래할 수 없으며, 시가발행이 정착되어 있지 않는 독일을 비롯한 유럽제국 및 한국은 기존주주의 신주인수권을 보장하여 주주의 이익보호에 적극적인 역할을 발휘하고 있다.

이에 의하면 앞서 살펴본 바와 같이 신주인수권을 법정하는지 여부와 주주이익을 보호하는지 여부는 서로 관련된 문제이지만 결코 동일한 문제가 아니다. 시가발행이 정착되어 있지 않은 중국에서 신주인수권을 인정하는 것은 주주이익보호에 적극적인 작용이 있다는 것을 알 수 있다. 그러나 현행 중국법에서 신주인수권을 인정하지 않았는데 입법례로 신주인수권을 인정한다면 신주인수권 배제와 주주보호 문제를 어떻게 조화할 것인가가 회사법 차원에서 다루어져야 할 것이다.

나. 자금조달 편의성과 주주이익보호

시가발행이 정착되어 있지 않는 국가에서 주주의 신주인수권을 인정하는 것은 기존주주가 저가로 발행된 신주를 배정받을 권리를 보장하는 것으로 기존주주의 지배적 이익과 경제적 이익을 보호하는 한편, 자금조달의 편의성을 추구할 수 없고 적시에 자금을 조달할 수 없으므로 회사에 불이익을 초래할 수 있다.

그러므로 회사의 자금조달 편의성과 주주이익보호를 형평성 있게 조화하는 것이 시가발행이 정착되어 있지 않는 국가에서 해결하여야 할 법적 과제이다. 생각건대, 시가발행이 미정착 시 신주인수권을 인정하지 않으면 신주발행으로 기존주주의 이익을 해할 수 있으므로, 신주인수권을 인정할 필요가 있다. 그러나 신주인수권을 인정하면 자금조달 편의성을 해할 수 있어 회사 차원에서도 결코 바람직한 선택이 될 수 없으므로 신주인수권을 인정하는 동시에 신주인수권의 양도를 허용하면, 신주대금 납입자력이 없는 주주 또는 신주배정을 원하지 않는 주주는 신주인수권을 양도하여 자신의 경제적 이익을 취득할 수 있다.

II. 현행 중국 신주인수권에 관한 입법 현황

1. 회사유형별 신주인수권에 관한 규정

가. 유한회사

유한회사는 회사의 폐쇄성을 강조하여, 원칙적으로 사원의 신주인수권을 인정하고 있다.[234] 즉, 신주발행 시 사원은 자신의 주식보유비율에 의하여 신주를 배정받을 권한이 있다(中會 제34조).[235]

그리고 비록 유한회사에서 사원의 신주인수권을 법정하였지만, 신주인수권으로부터 자금조달의 편의성을 도모하기 위하여 총 사원의 동의로 신주인수권의 배제를 허용하였다(中會 제34조 단서). 유한회사의 신주인수권이 총 사원의 동의로 배제 가능하다는 것은 유한회사의 인적성에 근거한 규정이며, 이는 물적회사와 비교하여 인적회사의 특징을 부각하기 위한 규정이다.

나. 주식회사

주식회사는 신주인수권에 관하여 명확한 규정이 없고, 단지 "신주발행 시, 주주총회 특별결의에 의하여 기존주주에게 신주를 배정할지 여부 및 배정할 주식의 수를 결정한다"라고 규정하고 있다(中會 제133조 제4항).

주식회사에서 신주인수권을 인정하는지 여부에 관한 불명확한 규정으로

234 유한회사 사원이 보유하고 있는 지분인수권을 중국에서 신주인수권이라고 칭하고 있으므로 본문에서는 이를 신주인수권이라고 하겠다.

235 중국 회사법 제35조: 주주는 실제출자비례에 의하여 배당을 받는다. 자본증가시 주주는 실제출자비례에 의하여 신주를 인수할 권한이 있다. 다만 총 사원의 동의로 출자비례에 의하여 배당을 받지 않거나 출자비례에 의하여 신주를 인수하지 않을 것이라고 약정하는 경우에는 제외된다.

중국 학계에서는 견해가 나뉘고 있다. 일부 학자는 중국 회사법의 규정은 주식회사에서 주주의 신주인수권을 인정하지 않고, 신주발행 시 회사 정관이나 주주총회결의에 의하여 신주인수권이 결정된다고 주장한다.[236] 그러나 일부 학자는 회사의 규정은 주식회사에서 주주의 신주인수권을 인정하였고 신주발행 시 주주총회결의를 통하여 주주의 신주인수권을 구체화하였다고 해석하였다.[237]

생각건대, 중국 회사법 제133조의 규정으로부터 주식회사에서 원칙적으로 주주의 신주인수권을 인정한다고 판단할 수 없다. 해당 규정은, 단지 신주발행시 주주총회에서 기존주주의 신주인수권 문제를 고려할 것을 요구하는 것에 불과하고 주주총회에서 반드시 기존주주에게 신주인수권을 부여하여야 한다는 것은 아니다. 그러므로 신주발행 시 주주총회결의에서 명확하게 기존주주에게 신주인수권을 부여하지 않겠다고 결의하는 것도 결코 위법이라고 할 수 없다.

다. 상장회사

상장회사의 신주발행에 관하여 상장회사증권발행관리방법(上市公司證券發行管理办法)(이하 "증권발행방법"이라고 약칭함)이 적용되는데, 상장회사에서는 신주발행의 방식으로 주주배정[238]과 일반공모증자[239]를 허용하고 있다(증권발행방법 제12조 · 제13조). 그리고 주주총회는 주식의 발행방식 · 발행대상

236 회사의 정관으로 주주에게 신주인수권을 부여할 수 있다는 근거는 회사법에서 이를 금지하지 않았으므로, 회사의 자의적인 판단에 의하여 회사 정관에서 이를 규정할 수 있다고 해석하여야 한다는 것이다[刘俊海,《股份有限公司股东权的保护》(北京: 法律出版社, 2004), 241면].

237 顾肖荣 · 陈历幸,〈股东如何维护新股优先认购权不受侵害〉,《上海证券报》, 2005. 4. 26.

238 증권발행관리방법 제12조: 주주배정으로 신주발행 시 아래 해당하는 요건을 충족하여야 한다. (i) 배정예정인 주식 수는 배정전 자본금의 30%를 초과할 수 없다; (ii) 지배주주는 반드시 주주총회 개최전 공개적으로 인수할 주식 수를 공개하여야 한다; (iii) 증권법에서 정한 간접발행방식을 취하여야 한다.

239 증권발행관리방법 제13조: 일반공모증자로 신주발행 시 다음 해당 요건을 충족하여야 한다. (i) 최근 3개 회계연도 평균 순자산수익율이 6% 이상이어야 한다; (ii) 금융기업 외, 최근 금액이 큰 금융자산의 거래가 존재하지 않아야 한다; (iii) 발행가액은 공모청약서 공고 전 20개 거래일 주식평균가액 또는 전 거래일 평균가액보다 높아야 한다.

및 기존주주에게 대한 신주배정 등을 결정할 권한이 있다(증권발행방법 제41조 제2항). 그러므로 주주배정의 방식으로 신주를 발행할 때, 기존주주의 구체적 신주인수권을 인정하는 것은 문제의 소지가 없으나, 일반공모증자의 방식으로 신주발행 시 상기 규정을 어떻게 이해하여야 할 것인가가 문제된다. 생각건대, 주주총회결의에서는 반드시 기존주주에게 신주배정을 하지 않는다고 결의하여야만, 일반공모증자의 방식으로 신주를 발행할 수 있고, 주주총회에서 주주에게 신주를 배정할지 여부를 결의하지 않고 신주발행을 하는 경우, 사후적으로 기존주주는 주주총회결의하자의 소를 제기할 수 있다. 즉, 기존 주주에게 신주인수권을 부여하는지 여부는 반드시 신주발행 결정 시 주주총회결의에서 다루어져야 할 문제이다.

현행 회사법에서는 주주의 신주인수권을 인정하지 않았지만, 실무에서 일반공모증자의 방식으로 신주를 발행할 때, 기존주주가 신주를 인수하는 면에서 혜택을 받는 것을 발견할 수 있다. 이러한 혜택이 과연 신주인수권에 해당하는지 여부를 검토할 필요성이 있다. 예를 들면, 2000년 8월 東方通信株式會社가 증자를 위하여 A 주식을 발행할 때, 회사에서는 기존주주에게 먼저 신주인수가액을 제시할 기회를 부여하였다. 그 결과, 기존주주가 제시한 신주인수가격이 신주발행가격보다 높은 이유로 기존주주는 신주를 인수하였다. 그리고 칭다우(靑島)하이어(Haier)도 이와 유사한 방법으로 이사회의 공고로 가격청약(询价)의 방식으로 신주의 가격을 정한다고 공고하였다. 여기서 말한 가격청약방식이란 기존주주가 이사회에게 신주인수가격을 제시하고, 기존주주가 제시한 가격이 기타 투자자들보다 높은 경우 기존주주에게 신주를 인수할 수 있는 기회를 부여하는 것인데, 하이어회사 기존주주는 높은 가격을 제시하여 결과적으로 신주를 인수하였다.[240] 상기 사례에서 비록 東方회사와 Haier회사의 기존주주는 신주를 인수하였지만, 이는 결코 그들이 주주의 지위로부터 부여받은 신주인수권 때문이 아니라, 그들이 높은 가격을 제시하였기 때문이다. 그러므로 기존주주들이 제시한 신주인수가격이 기타 투자자

240 杨大泉, 〈老株主也可能失去新株认购權〉, 《上海證券報》, 2000. 8. 26.

보다 낮았다면 신주를 인수하지 못할 것이기 때문에 이는 결코 주주의 신주인수권을 인정하였다고 판단할 수 없다.

그러므로 상장회사는 원칙적으로 주주배정 방식으로 신주를 발행하는 경우를 제외하고는 주주의 신주인수권을 인정하지 않는다. 일반공모증자 시 신주발행 절차에서 주주총회결의를 통하여 기존주주에게 신주를 배정하지 않을 것을 명확히 하여야 하고, 명확히 하지 않는 경우 기존주주는 주주총회결의하자의 소를 제기할 수 있다.

2. 기존주주의 구제수단

가. 주주총회결의무효의 소

중국 회사법에서는 유한회사 사원의 신주인수권을 인정하여, 총 사원의 동의 없이, 사원총회에서 사원의 신주인수권을 무시하고 제3자에게 신주를 배정하는 경우 사원총회 결의하자에 속한다. 그러므로 유한회사 사원은 사원총회의 결의가 법률 · 행정법규에 위반한 이유로 결의무효의 소를 제기할 수 있다(中會 제22조 제1항).

그러나 중국 회사법에서는 주식회사의 신주발행에 대하여 주주총회에서 반드시 "기존주주에게 배정하여야 하는지 여부 및 기존주주에게 배정하는 경우 배정할 신주의 종류와 수량에 대하여 결의하여야 한다"고 규정하고 있다. 그러므로 주주총회에서 해당 규정을 무시하고 기존주주에게 신주를 배정할 것인지 여부를 무시하고 신주를 발행한 경우, 기존주주는 주식회사의 주주총회결의가 법률 · 행정법규를 위반하여 결의무효의 소를 제기할 수 있다(中會 제22조 제1항).

나. 주주총회결의취소의 소

현행 중국 회사법에 의하면 정관의 필요적 기재사항에는 신주인수권이 없다.[241] 그러나 일부 학자들은 법에서 이를 금지하고 있지 않으므로, 회사는 정

241 중국 회사법 제82조: 주식회사 정관에는 반드시 아래 사항을 기재하여야 한다. (i) 회사이름과 주

관으로 주주에게 신주인수권을 부여할 수 있다고 주장하였다.[242] 그리고 회사법에서 정한 정관의 필요적 기재사항을 보면 "정관에는 주주총회결의로 필요하다고 인정한 사항을 기재할 수 있다"(中會 제81조 제12항)고 규정되어 있어, 주주총회결의로 신주인수권을 사전에 회사 정관에 추가할 수 있다.[243]

회사 정관에서 신주인수권을 정하였지만 신주발행 주주총회결의에서 이를 무시하고 기존주주에게 신주인수권에 관한 사항을 결의하지 않았으면, 기존주주는 주주총회결의사항이 회사 정관에 위반되었다는 이유로 주주총회결의취소를 제기할 수 있다(中會 제22조 제2항 전반). 다만 이러한 결의취소는 결의가 있는 날로부터 60일 이내에 제기하여야 하고(中會 제22조 제2항 후반), 회사는 법원에게 제소한 주주로부터 담보를 제공할 것을 요구할 수 있으며, 법원이 회사의 요구를 허락한 경우 제소주주는 반드시 담보를 제공하여야 한다(中會 제22조 제3항).

다. 손해배상책임

앞서 살펴본 바와 같이 주주총회(사원총회) 결의 무효의 소 및 결의 취소의 소는 법률의 규정이나 회사의 정관에서 주주(사원)의 신주인수권을 정하였지만, 신주발행 시 주주총회결의에서 해당 규정을 무시하고 결의하는 경우에 한한다. 그러나 현행 중국 회사법에서는 주주의 신주인수권을 인정하지 않았으므로 주식회사 신주발행에 관한 주주총회결의에서 명확하게 기존주주에게 신주를 배정하지 않겠다고 결의하는 것은 결코 위법이 아니다.[244]

소, (ii) 회사경영범위, (iii) 회사의 설립방식, (iv) 회사의 주식총수, 주식당 금액 및 등록자본, (v) 발기인의 성명, 인수주식수, 출자방식과 출자시간, (vi) 이사회의 구성, 권한 및 의사규칙, (vii) 회사대표자, (viii) 감사회의 구성, 권한 및 의사규칙, (ix) 회사이익배당의 방법,(x) 회사해산사유 및 청산방법, (xi) 회사의 통지와 공고. (xii) 주주총회 회의에서 필요한 기타 사항.

242 刘俊海, 전게서(주 236), 241면.

243 그러나 일부 학자들은 중국에서 신주인수권을 법정하고 있지 않으므로, 비록 회사 정관에서 주주에게 신주인수권을 부여할 수 있으나, 주주총회결의를 통하여, 주주의 신주인수권을 배제할 수 있다고 주장한다[王东光, 〈论新股优先认购权及其排除〉,《甘肃政法学院学报》, 总期第100期(2008.9.), 116면].

244 谢賢賢, 〈股东新股认购权研究〉, 법학석사학위논문(中国政法大学, 2008), 28면.

신주발행 시 주주총회에서 명확히 기존주주에게 신주를 배정하지 않겠다고 결의한 경우, 주주는 자신의 비례적 이익 및 경제적 이익을 어떻게 보호할 것인가? 이러한 현상이 나타나게 된 원인은 회사 내부의 대주주가 주주총회를 지배하여 기존주주에게 신주를 인수할 기회를 부여하지 않고, 제3자에게 신주를 배정한 것이다. 중국 자본시장에서는 신주발행에 있어 시가발행이 정착되어 있지 않기 때문에 제3자 배정의 방식으로 신주를 발행하는 것은 기존주주에게 신주를 배정하는 것보다 발행가격이 높아, 회사 측에서 더 많은 이익을 얻을 수 있기 때문이다. 이러한 경우 주주는 "주주권을 남용하여 회사 또는 기타 주주의 이익을 해한 경우, 해당 주주에게 손해배상책임을 추궁할 수 있다"(中會 제20조)는 규정에 의하여 대주주를 상대로 손해배상책임의 소를 제기할 수 있다.[245]

III. 경영권 방어로서의 제3자에 대한 신주발행 허용 여부

1. 주주총회결의에 의한 신주배정

현행 중국 회사법에서는 주식회사에서 주주의 신주인수권을 인정하지 않았으므로[246] 기존주주는 주식보유비율에 의하여 신주를 인수할 권한이 보장되어 있지 않다. 그러므로 회사 정관의 규정과 신주발행 시의 주주총회결의에 의하여 기존주주에게 신주를 배정을 할 수 있다. 이러한 이유로 회사 정관에서 주주의 신주인수권을 정하지 않았다면, 주주총회결의를 통하여 신주발행의 목적과 관계없이 자유로이 신주를 배정할 수 있는가?[247]

미국에서는 주주의 신주인수권 인정하지 않았고 적대적 공개매수에 대한

245 중국 회사법 제20조 제2항에서는 주주의 손해배상책임에 대하여 규정하였다. 해당 조문으로부터 일부 학자들은 중국에서 지배주주의 충실의무를 인정한다고 주장하고 있다[赵万一 · 胡军, 〈论公司收购中控制股东的诚信义务〉, 《郑州大学学报(哲学社会科学版)》, 第38卷 第1期(2005.1), 54면].

246 유한회사의 경우, 원칙적으로 주주의 신주인수권을 허용하고 있다(中會 제34조).

247 吴文琦, 〈公司对抗性反收购策略的法律问题研究〉, 《安徽大学学报(哲学社会科学版)》, 第30卷 第3期(2006.5), 68면.

방어수단으로 신주발행을 활용할 수 있는지 여부에 대하여, Unocal판결을 통하여 "이사는 회사의 정책과 효율성에 대한 위협이 존재한다고 신뢰한 사실의 합리적 근거에 대한 증명책임을 부담하고, 위협과 관련한 방어행위가 합리적이라는 것을 증명하는 경우", 이사는 적대적 공개매수의 방어수단으로 신주발행을 할 수 있다고 판시하였다. 그러나 중국에서는 적대적 공개매수의 방어수단으로 신주발행을 허용하는지 여부에 관한 판례가 없고, 회사법에 의하면 대상 회사는 주주총회결의에 의하여 신주발행사항을 결정할 수 있으므로 특정 제3자를 배제하고 신주를 발행할 수 있다고 해석하는 것은 타당하지 못하는 것이 아니다.

2. 주주권 남용

중국에서 주주총회가 신주발행 및 신주발행과 관련한 사항을 결정할 때, 어떠한 제한을 받는가? 신주발행을 주주총회결의사항으로 정하고 있어, 중국 회사법에서 정한 지배주주의 의결권 행사와 관련하여 "주주권을 남용하여 회사 또는 기타 주주의 이익을 해하지 말아야 한다"고 규정하여(中會 제20조),[248] 지배주주의 주주권의 남용을 방지하였다.[249] 즉, 경영권 방어의 목적으로 특정 제3자를 상대로 신주를 배정할 때, 주주총회에 참석하는 지배주주는 자신의 지배적 지위를 이용하여 제3자의 신주발행을 통하여 기존 주주의 비례적 이익을 해하는 것을 말한다. 즉, 소위 제3자에 대한 신주발행은 지배주주에 의한 권리남용 행위로 간주될 수 있다. 그러므로 주주권의 행사가 회사

248 중국 회사법 제20조: 회사의 주주는 법률 · 행정법규 및 회사 정관에 의하여 주주권을 행사하여야 한다. 주주는 주주권을 남용하여 회사 또는 기타 주주의 이익을 해하여서는 아니된다; 회사는 법인격의 독립적 지위와 주주의 유한책임을 남용하여 회사채권자 이익을 해하여서는 아니 된다.

주주가 주주권을 남용하여 회사 또는 기타 주주에게 손해를 초래할 때, 법에 의하여 배상책임을 부담하여야 한다.

회사주주가 회사법인격의 독립적 지위와 주주의 유한책임을 남용하여, 채무를 도피하거나 회사채권자이익을 엄중히 해하는 경우, 회사채무에 대하여 연대책임을 부담하여야 한다.

249 일부 학자들은 중국 회사법의 주주의 손해배상책임을 인정한다는 것은 지배주주에게 충실의무를 인정한다고 주장하였다(朱慈蕴, 〈资本多数决原则与控制股东的诚信义务〉, 《法学研究》, 第4期(2004), 104면).

이익과 기타 주주의 이익에 부합하는지 여부를 어떻게 판단할 것인가가 지배주주의 권리 남용 여부를 판단하는 데 중요한 문제된다.

중국 회사법 제20조에서 핵심이 되는 문제는 주주권 남용의 기준인데, 아래에서는 적대적 공개매수에 직면한 대상회사가 주주총회결의로 신주발행사항을 정할 때, 주주권 남용에 해당하는지 여부에 대하여 검토하겠다. 생각건대, 의결권은 주주의 고유권이다. 그러므로 적법하게 의결권을 행사하였지만 결과적으로 회사의 이익 또는 기타 주주의 이익을 해하였다는 이유만으로 손해배상책임을 부과하는 것은 의결권의 가치중립성 특징에 반할 수 있다. 이로써 중국 회사법 제20조에서 말하는 "주주권 남용"이란, 주주평등원칙을 위반하거나 강행법규를 위반하여 주주권을 행사하는 경우에 적용될 것이다. 즉, 적대적 공개매수에 직면하여 신주발행을 방어수단으로 사용하는 경우, 주주의 평등원칙을 해하고, 일부 주주만을 배제하고 특정 주주에게 신주를 배정하는 것은 "주주권 남용"에 해당하지만, 모든 주주를 배제하고 특정 제3자에게 신주를 배정하는 것은 주주평등원칙에 위반하지 않는다. 그러므로 해석론상 주주총회결의를 통하여 특정 제3자를 상대로 신주를 배정하여 매수자의 주식보유비율을 희석하는 것을 통하여 적대적 공개매수를 저지하는 행위는 가능하다고 생각한다.

IV. 중국 자본시장 특징에 따른 신주인수권 도입의 필요성

1. 시가발행 미정착에 따른 기존주주의 이익보호

가. 신주의 발행가격

현행 중국 회사법에서는 주식의 액면발행과 액면초과발행을 허용하지만, 액면미달발행을 허용하지 않았다(中會 제127조). 액면미달발행을 허용하지 않는 것은 중국의 자본제도와 관련된 문제이다. 법정자본제를 채택한 중국 회사법에서 액면미달발행을 허용하면 자본의 잠식을 초래할 수 있다. 중국 증권법도 신주발행가격을 규정할 때 중국 회사법과 동일한 취지로 액면미달발행을 허용하지 않았고, 구체적으로 "액면초과발행 시 발행인과 주식발행을 위탁받는 증권회사와 협상하여 가격을 정하여야 한다"고 규정하였다(中證 제34조).

일반적으로 회사가 자금조달의 목적으로 신주를 발행하면 회사의 순자산에 근거하여 발행가격을 정한다. 즉, 순자산과 주식발행총수의 비율(순자산/주식발행총수)을 1:1로 정하는 것이 가장 흔한 경우이고, 제일 높은 경우 1.54:1로 정한다.[250] 그러므로 중국에서 신주발행가격을 정할 때 회사는(액면가액 또는 액면초과의 조건으로) 순자산에 발행주식 총 수를 비례하여 발행가격을 정하므로 시가발행이 정착되어 있지 않는 상황을 알 수 있다.

나. 신주의 유통가격

주식회사가 기업공개를 통하여 상장을 하는 경우, 기존주식의 주가수익비율(price to earning ratio)은 상대적으로 높은 수준이다.[251] 그 원인은 중국의 신주발행체계에 있다.[252]

1990년대 초 증권법 제정 전, 중국에서는 주식발행에 대하여 "한도제한제도"(計劃額度制)[253]를 시행하였고, 주식을 발행할 수 있는 기업이 한정되어 있

250 周正义, 〈新株發行制度的弊端及其改革〉, 《中國證券期貨》, 2012.6, 23면.

251 郭双元, 〈新股发行对市场的影响〉, 《卓越理财(Wise Money)》, 2006.7, 21면.

252 중국의 주가수익율의 상대적으로 높은 이유는 신주발행제도 외에, 감독부서(증권감독관리위원회)가 자본시장 발행가액을 규제하는 힘이 미비하다는 견해도 있다. 증권감독관리위원회의 자본시장 규제에 관한 힘이 미비하다는 의미는 증권감독관리위원회 자체내부에 존재하는 資源의 부족이다. 예컨대, 과거 자본시장에서의 주식수익비율의 높은 현상을 제어하기 위하여 행한 조치들은 모두 기타 부서의 이익을 희생하는 것을 대가로 실현하였다. Stamp Tax를 감소하는 방법으로 재정부의 수입을 줄였고, 신주발행을 정지하는 것은 기업 직접융자를 감소시켰고, 은행은 많은 기업들의 대출융자로 인하여 압력을 받게 되었다[陶正斌, 〈新股发行市场化并非救市政策〉, 《证券导刊》, 2004.8.16, 26면].

253 주식발행의 한도제한제도(計劃額度制)란 기업공개 시 발행할 주식총수는 제한되어 있다는 것이다. 즉, 회사가 발행주식총수를 회사 경영 상황에 의하여 결정하는 것이 아니라, 국무원이 매년 주식발행계획을 각 지역에 제정하고, 각 지역 정부부처가 현지 기업들을 상대로 조사하여 일부 기업을 국무원에 추천한다. 현지 정부가 추천한 기업에 대하여 국무원은 주식의 발행규모 · 발행가액 · 발행방식 및 발행시간을 정하고, 추천 기업은 비로소 주식을 발행할 수 있다[王林, 〈我国股票票发行

을 뿐만 아니라 발행규모도 제한되었다. 이러한 이유로 유통주식의 판매량은 수요량을 충족할 수 없게 되었다. 이때 유통시장에서의 주식수익비율은 일반적으로 40배에 달하였다.[254] 주식수익비율이 과도로 높은 이유로 이 시기 투자자는 신주인수 열풍으로 주식시장에 뛰어들었다. 1990년대 말부터 "한도제한제도"는 중국 증권법의 제정으로 폐지되었고, "인준제도"(核准制)[255]의 시대가 열렸다. 비록 인준제도에서 여전히 정부부처(증권감독관리위원회)가 신주발행 허용 여부에 대하여 결정권을 갖고 있지만, 이 시기 기업공개로 인한 주식유통가액은 시가에 의할 것을 허용하였으나 주식수익비율은 약 20배로 여전히 높은 수준이었다.[256] 2005년 증권법이 개정되면서, 기존의 인준제도로부터 보증추천제로 변경하면서 주식수익비율의 높은 현상을 어느 정도 완화하였다. 2012년 12월 증권감독관리위원회에서 제정한 평균주식수익비율에 의하면, 상해 증권거래소는 12.3%이고, 심천 증권거래소는 22.01%이다.[257] 그러나 이는 이미 상장되어 있는 상장회사 주식의 평균주가수익비율이고, 사실상 신주발행으로 인한 주가수익비율은 공표한 지수보다 훨씬 높은 것이 그 시기의 實情이다. 그러므로 기업공개 전 신주를 인수한 주주는 기업공개로 인하여 많은 이익을 취득할 수 있다.

다. 발행가격과 유통가격의 차이로부터 기존주주의 이익보호

중국에서 신주발행가격 결정 시 시가발행이 정착되어 있지 않아, 주주총회 결의에 의하여 배정받은 신주는 시가에 비하여 저렴한 가격에 신주를 인수할 수 있는 것이다. 그리고 주가수익비율이 높은 원인으로 주식회사가 기업공개

制度变迁及若干思考〉,《经济理论与经济管理》, 第3期(2011). 64면].

254 田利辉, 〈金融管制, 投资风险和新股发行的超额抑价〉,《金融研究》, 第4期(2010), 36면.

255 인준제도(核准制)란 발행인이 증권감독관리위원회에게 신주발행사항과 관련된 서류를 제출하여 주식발행을 신청한다. 증권감독관리위원회는 신청자료 · 회사의 지배구조 · 영업성질 · 자본구조 및 발전전망 등을 참조하여 신주를 발행할 조건을 구비하였는지를 판단한다[田利辉, 전게 논문(주 254), 37면].

256 田利辉, 전게 논문(주 254), 37면.

257 출처: 중국 증권감독관리위원회 사이트 http://www.csrc.gov.cn/pub/newsite/sjtj/zqscyb/(최종 방문일: 2013.04.14)

를 통하여 상장하는 경우, 신주를 인수한 주주는 증권거래소를 통하여 자신이 보유하고 있는 주식을 높은 가격에 양도하여 이익을 취득할 수 있다. 신주인수로 이익을 취득하는 것이 관행화되어, 그때의 주식시장에서는 이러한 현상을 "新株不敗"라고 표현하였다.[258] "新株不敗"의 현상을 가격조종행위에 포함된다는 견해도 있지만,[259] 신주를 인수하는 것으로 이익을 취득하는 사실은 결코 부인할 수 없다.

2. 특수한 주식 소유 구조에 따른 국유자산의 보호

가. 특수한 주식 소유 구조

상장 여부에 따라 상장회사와 비상장회사로 나눌 수 있다. 중국의 경우, 상장회사는 국유기업들이 회사화(国有企业改制) 과정에서의 産物이며, 국가는 국유기업에 대한 통제를 계속하기 위하여 보통주를 유통주식과 비유통주식으로 나뉘어지는 특수한 주식 소유 구조를 형성하였다. 즉, 상장회사의 주식이 증권거래소에서 유통 가능한지 여부에 따라 유통주식과 비유통주식으로 나뉘었다.[260] 유통주식과 비유통주식으로 나뉘게 된 주요 계기는 1990년대 초반 중국 주식시장이 발달되지 않아, 국가가 자본시장 안정을 위하여, 상장회사 주식의 일부에 대하여만 유통을 허락하였다. 이 밖에 일부 주식의 유통을 제한하여 국유기업이 상장으로 인하여 국가자산의 유실을 방지하여, 사회주의 경제적 기초가 부실하게 되는 것을 예방하기 위한 목적도 있다.[261]

---

258 罗力, 〈新股不败深化谁是幕后导演?〉, 《证券时报》, 2011.8, 17면.

259 가격조종행위라고 불리우는 이유는 기업공개를 통하여 기업이 상장하면, 높은 주식회전율(turnover-rate)으로 주가가 폭등하지만 상장 첫날 이후 주가가 폭락하여, 본질적으로 볼 때, 가격조종행위에 속한다는 것이다[周正义, 전게 논문(주 250), 23면].

260 중국 상장회사의 주식은 주로 국유주식(國有股), 법인주식(法人股), 사회공중주식(社會公衆股) 등 3가지로 나뉜다. 그중에서도 국유주식(國有股)은 국가주식(國家股)과 국유법인주식(國有法人股)으로 나뉘어지고 있으며, 국유주식은 상장되어 유통되지 못하므로 때문에 비유통주식이고 사회공중주식은 상장하여 유통될 수 있으므로 유통주식이라고 부른다[张卫星, 〈解决流通股与非流通股问题, 也许很简单〉, 《法律与生活》, 第3期(2002.3), 47면].

261 张国军, 〈我国股权分置改革及其对资本市场的影响〉, 《魅力中国》, 2008.8 , 34면.

〈표 9〉 2012년 12월 증권시장 통계표

2012년 12월 증권시장 통계표			
	2011년 말	2012년12월1일	2011년 대비
경내상장회사의 수(A주식 · B주식)	2342	2494	6.49%
경내상장외자회사의 수(B주식)	108	107	-0.93%
경외상장회사의 수(H주식)	171	179	4.68%
상해 증권거래소 종합주가지수	2199.42	2269.13	3.17%
심천 증권거래소 종합주가지수	866.65	881.17	1.68%
평균주가수익비율			
상해 증권거래소	13.40	12.30	-8.21%
심천 증권거래소	23.11	22.01	-4.76%

출처: 중국 증권감독관리위원회 사이트(www.csrc.gov.cn)

유통주는 증권거래소에서 유통 가능하므로 증권거래소에 의하여 거래할 수 있다. 주로 A주식[262] · B주식[263] · H주식[264] 등이 유통주식에 해당한다. 따라서 비유통주식이란 증권거래소에서 유통하지 못하므로 증권거래소에서 거래가 제한되고, 주로 당사자들의 협의에 의하여 거래가 되고 있다. 이러한 주식에는 주로 국가주식[265] · 국유법인주식[266] 등이 이에 포함한다.

262 A주식이란 인민폐보통주식(人民幣普通股)이라고도 하는데 원래 인민폐로 액면가액을 표시하고 경내투자자가 인민폐로 경내에서 상장한 주식을 매매하는 것을 말하지만, 현재 법규상으로 투자자의 신분제한을 완화하였으므로 경외적격투자자(QFII)도 인민폐로 A주식을 매매하는 것을 허락하였다.

263 B주식이란 인민폐특종주식(人民幣特種股)이라고도 하는데, 이는 원래 인민폐로 액면가액을 표시하고 경외투자자가 외화로 경내에서 상장하는 주식을 매매하는 것을 말하지만, 현재 법규상으로는 투자자의 신분제한을 완화하였으므로 경내 국민이 외화로 동 주식을 매매하는 것을 허락하였다.

264 H주식은 경외상장외많이식(境外上市外資股)이라고도 하는데, 경내주식회사가 경외에서 증권을 발행하고 상장하는 것을 말한다. H주식은 경외에서 발행하였으므로 액면가액은 외화로 표시되고 경외증권거래소에서 상장거래하므로 경내투자자는 일반적으로 직접 동 주식을 소지하지 못한다.

265 국가주식은 국유자산이 유한회사에 투자되어 형성된 주식을 말한다. 국가주식의 소유자는 국가이고, 국유자산관리기구 또는 그가 수권한 단위가 국가를 대표하여 국가주식의 주주권을 행사한다.

266 국유법인주식은 법인자격이 있는 국유기업이나 사업단위가 보유한 법인자산을 주식회사에 출자하거나 법적 절차에 의하여 취득한 주식을 말한다. 따라서 법인자격이 있는 국유기업이나 사업단위가 국유법인주식에 대하여 주주권을 행사한다.

나. 주식유통화개혁을 통한 비유통주식의 유통화

(1) 주식유통화개혁을 진행하게 된 배경

중국은 개혁개방 후 1992년까지 시장경제로 과도하는 계획경제(计划经济体制)를 시행하여 왔다.[267] 계획적 상품경제하에서 국유경제는 계획하에 비국유경제는 시장경제하에서 운영되었다. 그 결과 비국유경제는 급속도로 발전한 반면, 국유경제는 상대적으로 침체에서 벗어나지 못하였다.

1992년 이후 중국 정부는 사회주의 시장경제체제를 도입하여 국유기업과 비국유기업 모두 시장에서 자유로이 경쟁하도록 하였다.[268] 국유기업의 시장경제 편입은 결과적으로 국유기업의 회사화 개혁으로 이루어졌으며(国有企业改制),[269] 회사화 개혁의 핵심으로 주식제 개혁이 추진되었다(股权分置改革).[270] 그러나 중국 정부는 국유기업에 대하여 주식제 개혁을 하면서도 여전히 국가가 기업을 소유하는 제도적 장치를 마련하였다. 우선, 주식의 구성면에서 국유주 · 법인주 및 일반주로 분류하고, 국가의 기업소유권을 유지하였다. 또한 국유주의 비중을 50% 이상 절대적으로 유지하면서 사실상 국가가 경영권을 장악하도록 하고 있다.[271] 그러므로 국가는 국유기업 내에서 국유주

267 계획경제체제란 막스가 제기한 사회주의 경제체제이다. 계획경제체제는 고도로 집중된 정치체제와 결합되고, 생산규모와 생산방식 등은 모두 정부의 명령에 의하여 결정되며, 사실상 정부가 경제를 지배하고 있는 것이다[赵春丽, 〈计划经济体制的反思 — 试论社会主义国家改革的必要性〉, 《沙洋师范高等专科学校学报(Journal of Shayang Teachers College)》, 第6期(2004), 15-17면].

268 이근, 〈중국의 사회주의 시장경제의 현실과 전망〉, 《경제논집》(서울대학교 경제연구소), 1993년, 6면.

269 国有企业改制란 사회주의 시장경체체제의 발전에 부합하기 위하여, 국유기업이 연합 · 합병 · 임대 · 도급 및 합자 등의 방식으로 주식화 개혁을 진행하여, 국유지배회사의 국유주식을 양도하거나 또는 증자를 통하여 비국유주식의 비례를 높이는 것을 말한다[马健, 〈国有企业改制中存在问题的分析与思考〉, 《吉林省驾驭学院学报》, 7卷 第25号(2009), 108면].

270 股权分置改革란, 정부가 예전에 상장하여 유통될 수 없는 비유통주식을 상장하여 유통될 수 있도록 하는 개혁을 말한다. 즉, 비유통주식을 감소하는 것이다. 주식유통화개혁의 주된 의의는 다음과 같다. 첫째, 주식유통화개혁의 정책 요구를 시행에 옮겨 자본시장 발전의 새로운 추세에 적응하게 한다. 둘째, 자본시장을 합리적으로 이용하여 회사 발전을 촉진하는 데 발판을 마련한다. 이뿐만 아니라 주식유통화개혁으로 하여 폐쇄형 회사를 완전 시장화된 회사로 전환하면서, 회사의 지배구조를 개선하는 작용도 하였다[남옥매, 〈상장회사공개매수제도에 관한 연구〉, 법학석사학위논문(고려대학교, 2010.6), 2면].

271 鄭振龍, 《中國證券發展簡史》(北京: 經濟科學出版社, 2000), 181면.

와 법인주를 비유통주식으로 유지하면서 국가가 절대지분을 상실하지 않도록 하였다.

1990년 국유기업의 개혁은 시장경제로 편입되었다는 점에서 큰 의미를 갖고 있는 것은 사실이지만, 국가가 지배하고 있는 상황은 변경되지 않았다. 중국은 국유기업을 통하여 기간산업에 대하여 통제권 내지 경영권을 장악함으로써 핵심적인 생산수단을 관리하고 있으므로, 이는 국가에 대한 국유기업의 통제가 불가피하게 되었다. 국가가 국유기업에 대한 통제를 완화하고 국유기업의 민영화를 추진하는 데 가장 중요한 것은 비유통주식을 유통화하는 것이다. 즉, 국가가 국유기업을 통제하는 수단인 비유통주식을 유통화하는 개혁을 통하여, 시장에서 자유로이 거래할 수 있는 기회를 부여하여, 기업의 자금조달을 은행 중심에서 자본시장 중심으로 전환하는 계기를 마련하는 것이다.[272]

(2) 주식유통화개혁의 내용

비유통주의 유통주 전환정책은 2000년 전후에 시작되었다. 당시의 정책은 주식시장에서 국유주 중심의 지배구조(一株獨大)[273]의 현상을 타파하고 국유기업의 경영효율성을 제고하기 위한 것이다. 비유통주 유통화개혁은 2단계로 구분되는데, 1단계는 2000년 9월 비유통주식 차지하는 비중을 67.8%로부터 51%로 감소하는 것이고, 2단계는 51%에서 30%로 감소하는 것이다.[274] 그러나 비유통주 감소정책은 직접적으로 주식시장의 공급물량을 증가하였으므로 주가가 폭락하였다. 결국, 단계별 목표를 완성하지 못하였고, 주식시

272 구기보, 〈중국 상장 국유기업의 비유통주 개혁이 주식시장에 미친 영향〉, 《중국연구》 제41권(2008), 25면.

273 중국 주식회사에서 존재하는 一股独大란 주식이 고도로 집중되는 현상을 하는데, 이러한 현상으로 인하여 지배적 지위를 차지하는 대주주는 지배적 지위를 이용하여 회사의 이사회와 감사회를 지배하고, 자신에게 유리한 경영결정을 하는 문제점과 국유자산에 대하여 관리자가 사실상 회사를 지배하고 있는 문제점이 존재한다[伍耿奕 · 刘春, 〈湛江市股份制公司一股独大之弊端及对策〉, 《湛江师范学院学报》, 第26卷 第4期(2008.8) , 58면].

274 구기보, 전게 논문(주 272), 25면.

〈표10〉 상장회사 주식유통화개혁 관리방법의 내용 요약

上市公司株式分置改革管理方法 요약 내용	
주식유통화안의 제기	비유통주주 전원 동의 또는 2/3 이상 비유통주주 제기
주식유통화안의 통과	2/3 이상 발행주식총수의 결의 & 유통주주의결권 2/3 이상 결의
비유통주식의 양도 제한	주식유통화 진행 후 12개월 내 양도 불가 발행주식총수의 5%를 보유하고 있는 비유통주주는 전항 기간만료 후, 주식 양도 가능. (다만 12개월 내에 5% 이상 양도 불가, 24개월 내 10% 이상 양도 불가)

장의 침체만 초래하였다.

이러한 상황에 2005년 중국 증권감독관리위원회에서는 자본시장의 개혁개방과 안전한 발전을 추진하기 위하여 상장회사 주식유통화개혁 관리방법(上市公司株式分置改革管理方法)을 제정하였고, 이는 주식유통화개혁에 대한 가이드라인이 되었다.

2005년부터 본격적으로 진행되어 왔던 비유통주개혁은 대상이 크게 확대되면서, 2011년 2월까지 총 11개 회사만 주식유통화개혁을 하지 않는 것으로 나타났지만,[275] 결과적으로 이러한 주식유통화개혁을 통하여 많은 국유기업의 비유통주식이 유통되어 주식시장에서 유통하게 되었다.

다. 신주인수권의 인정으로 국유자산의 유실방지

주식유통화개혁 이전, 국유기업이 주주배정의 방식으로 신주를 발행하여 자금조달을 하는 경우, 비유통주식의 주주는 신주를 인수하지 않고, 인수자격을 유상으로 타인에게 양도하였다. 비유통주식을 보유하고 있는 주주들로부터 신주인수권을 양수받은 제3자는 비유통주식만을 배정받을 수 있으므로 배정받은 신주는 양도가 제한되었다(상장회사의 주주배정 및 정보공시에 관한 구체적 규정 제2조). 그러므로 주식유통화개혁 이전 국유기업에게 배정한 신주를 타인에게 양도하는 것은 국유기업의 지배적 이익에 손해를 초래하였지만, 비유통주식이 유통되어 발생한 경제적 이익에는 손해를 초래하지 않았다.

275 2011년 2월까지 주식유통화개혁을 진행하지 않는 회사는 각각 S佳通, SST中纺, S上石化, S前锋, SST天海, S仪化, SST秋林, SST华新, SST华塑, SST光明, SST集琦 등이다(신문기사: 11公司未完成股改 专家:引强制手段攻"硬骨头" http://www.china.com.cn/economic/txt/2011-02/21/content_21964302.htm).

그러나 주식유통화개혁 이후, 신주발행으로 자금조달할 때, 주주총회결의에서 국유기업에게 신주를 배정하지 않으면, 국유자산의 손실을 초래할 수 있다.[276] 그러므로 주식유통화개혁 이후 신주발행으로 인한 국유자산의 손실을 방지하기 위하여 회사법에서 신주인수권을 인정할 필요성이 있다.

3. 구제수단의 다양화를 통한 기존주주의 이익보호

가. 현행 신주발행에 관한 기존주주 구제수단의 제한성

현행 중국 회사법에 의하면, 주식회사 신주발행 시, 원칙적으로 주주의 신주인수권을 인정하지 않고, 주주총회결의에 의하여 기존주주에게 신주를 배정할 것인지 여부를 결정한다. 그러므로 기존주주는 신주발행이 불공정하다고 판단되는 경우 주주총회결의하자와 주주권을 남용한 주주에 대한 손해배상책임으로 자신의 이익을 보호할 수밖에 없고,[277] 사전적인 수단으로 불공정한 신주발행을 저지하여 자신의 이익을 보호할 수 없다.

주주총회결의는 사단적 법률행위로서 그 성립과정 및 성립 후에 있어서 다수의 이해관계인이 있다. 이러한 주주총회결의 하자가 있는 경우에 법률행위의 하자에 관한 일반원칙에 의하여 해결할 수 없다.[278] 신주발행 후 기존주주가 주주총회결의 하자를 이유로 주주총회결의 취소 및 무효의 소를 제기하는 경우, 소급적 효력이 있다. 그러나 주주총회결의로 제3자에게 신주를 배정한 경우, 신주발행의 유효성을 전제로 하여 많은 행위가 행하여지고 이해관계인이 많아, 거래의 안정성을 해할 수 있다. 그러므로 중국에서는 기존주주는 주주총회결의 하자에 관한 규정을 적용하여 신주발행에서 자신의 이익을 보호하는 것은 거래와 법률관계의 안정성에 악영향을 미칠 수 있다. 이 밖에 주주권을 남용한 주주에 대하여 손해배상책임을 주장하려면 기존주주의 이

276 刘俊海, 〈新股认购 : 股东优先权〉, 《法制日报》, 1994.7.26, 第3면.

277 卜治溢, 〈股东新股认购优先权研究〉, 法學碩士學位論文(中国政法大学, 2006), 44면.

278 정찬형, 전게서(주 1), 885면.

익이 해당 주주가 신주발행에 관한 주주총회결의에서 의결권 남용으로 초래한 것이라는 것을 증명하여야 한다. 생각건대, 손해배상책임은 증명이 어려워 거의 효용성이 없다고 하여도 과언이 아니다.

앞서 살펴본 바와 같이, 현재 중국에서 신주발행에 관한 주주의 구제수단은 주주총회결의 하자에 관한 규정을 적용하는 것과 주주권을 남용하는 주주에 대하여 손해배상책임을 추궁하는 것 밖에 없다. 그러나 주주총회결의 하자에 관한 규정을 적용하면 소급효력 때문에 거래와 법률관계의 안정성에 악영향을 초래하고 손해배상책임은 증명이 어려워 효용성이 없다. 그러므로 현재 중국 회사법의 규정으로부터 불공정한 신주발행에 직면한 주주는 자신의 이익을 보호하는 수단은 거의 없다고 할 수 있다.

나. 신주인수권의 법정으로 도입한 다양한 구제수단

신주발행에 있어 신주인수권을 법정하여 이에 따라 주주의 신주인수권을 보호할 수 있도록 하는 주주권을 도입하는 것이 필요하다고 생각한다. 이 경우 사전적으로 주주에게 신주발행 유지청구권을 부여하고, 사후적으로 신주발행 무효의 소를 부여하는 것이다.

주주의 신주발행 유지청구권은 주주의 이사에 대한 위법행위 유지청구권과 같이 영미법상의 소에서 인정되는 법원의 유지명령제도(injunction)를 도입한 것이다. 즉, 한국의 상법(회사편)은 회사가 법령 · 정관에 위반하거나 또는 현저하게 불공정한 방법에 의하여 신주를 발행함으로써, 이로 인하여 주주가 불이익을 받을 염려가 있는 경우에는 그 주주는 회사에 대하여 신주발행을 유지할 수 있는 주주의 신주발행 유지청구권(한국 상법 제424조)을 인정하였다. 이러한 주주의 신주발행 유지청구권은 주주 개인의 손해방지를 직접적인 목적으로 하는 자익권이고, 단독주주권이며, 상대방은 회사이고, 현저하게 불공정한 방법으로 신주를 발행한 경우에도 인정되는 특징을 갖고 있다.[279]

279 정찬형, 전게서(주 1), 1093면.

신주발행 무효의 소는 “신주발행이 법령이나 정관에 위반한 하자가 있는 경우에 새로이 발행되는 주식의 전부를 무효로 하는 것”인데, 이러한 법령이나 정관을 위반하여 발생한 하자는 가벼운 하자가 아니라, 주식회사 본질에 반하는 중대한 위법행위여야 한다.[280] 그리고 신주발행 무효는 법률관계의 안정과 획일적인 처리를 위하여 민법상 무효의 일반원칙과는 달리 주주 · 이사 또는 감사에 한하여 신주를 발행한 날로부터 6월내에 소만으로 주장할 수 있고(한국 상법 제429조), 판결의 대세적 효력을 인정하며, 소급효를 제한하고 있다(한국 상법 제430조 · 제190조).

앞서 살펴본 바와 같이, 신주발행에 대하여 중국에서도 주주의 신주인수권을 법정하면서, 이와 함께 주주의 신주인수권을 보호하는 주주권(사전적인 신주발행유지청구의 소, 사후적인 신주발행 무효의 소)을 도입함으로써 현행 주주총회결의에 의한 구제방식을 벗어나, 신주발행에 관한 주주이익보호를 강화하는 것이 중요하다.

V. 소결

신주인수권과 관련된 주요 국가의 입법례는 주주의 신주인수권을 법정하는 입법모델과, 정관 또는 주주총회결의를 통하여 주주의 신주인수권을 인정하는, 즉, 법정하지 않는 입법모델로 나뉜다. 독일과 한국은 주주의 신주인수권을 법정하고 있고, 미국은 정관의 규정에 한하여 주주의 신주인수권을 인정하는 입법방식을 취하고 있으며, 중국에서는 신주발행 시 주주총회결의에 의하여 주주에게 신주를 배정하는지 여부를 결정하므로 주주의 신주인수권을 법정하지 않는다.

중국 현재의 법률 규정에서는 신주발행에 의한 자금조달이 매우 어려운

280 주식회사 본질에 반하는 중대한 위법행위란 수권주식총수를 초과하는 신주발행, 정관이 인정하지 않는 종류의 신주발행, 법정의 절차를 밟지 않고 한 액면미달의 신주발행, 주주의 신주인수권을 무시한 신주발행 등이 이에 해당한다[정찬형, 전게서(주 1), 1099면].

특징을 갖고 있다. 확정자본제도를 채택하고 있으므로 주주총회 특별결의에 의하여 신주발행을 결정하여야 하고, 공개발행의 경우 반드시 감독당국의 인준을 받아야 한다. 그러므로 중국에서 신주인수권을 법정하지 않는 것이 자금조달의 편의성에서 적극적인 작용을 한다. 그러나 신주인수권을 법정하는 것은 어디까지나 주주이익을 보호하기 위한 것이므로 자금조달의 편의성을 저해한다는 이유로 신주인수권을 법정하지 않는 것은 타당하지 않다고 본다.

특히, 신주인수권을 법정하면 회사 내부에서 존재하는 문제점으로부터 기존주주의 이익을 보호할 수 있다. 즉, 신주의 발행가액과 유통가액 간에 존재하는 엄청난 가격 차이로부터 기존주주의 경제적 가치를 보호할 수 있을 뿐만 아니라(특히, 주주의 신주인수권의 양도를 인정하는 경우), 국유자산의 유실도 방지할 수 있다. 그리고 신주인수권을 법정하고, 이와 함께 주주의 신주인수권을 보호할 수 있도록 주주권을 강화할 필요가 있다고 본다.

그리고 신주인수권을 법정한다는 것과 회사의 자금조달 기동성은 일정한 정도에서 모순되지만, 이 양자를 조화하는 입법을 한다면 一擧兩得의 효과를 얻을 수 있다. 중국의 현행 법정자본제도하에서 신주인수권을 추가 입법하면, 신주발행으로 대규모의 자금조달을 수행하는 데 일정한 어려움이 있을 수 있다. 그러나 신주인수권 제한에 관한 규정을 입법화하고, 신주인수권을 제한할 수 있는 경우를 구체화함으로써 불공정한 신주발행이 이루어지지 않도록 사전적으로 예방하고, 실권주의 규정을 입법화하여 신주인수권자가 신주에 대하여 청약을 하지 않거나 납입을 하지 않아 발생한 실권주를 유통성 있게 처리할 수 있도록 함으로써 신주인수권의 법정으로 일반 회사의 자금조달의 경직화를 방지하면, 기존주주의 이익보호와 회사 자금조달의 편의를 동시에 추구할 수 있다고 생각한다.

제5절 신주발행의 결정

I. 중국 주식회사의 자본제도

1. 서론

1993년 중국 회사법 제정 이후 오늘에 이르기까지 총 두 번의 큰 개정이 있었다. 개정 사항에서 공통된 점은 모두 자본제도에 대하여 개정을 하였으며, 확정자본제도를 채택하는 기본 취지하에 자본금 납입에 대하여 점차적으로 완화된 규정을 하였다.

요약하면, 2005년 회사법은 회사 경영 사항에 관하여 엄격한 행정규제에서 벗어나 정관자치의 주된 목적하에 개정되었고, 2013년 회사법 개정은 정관자치로부터 주주자치로 개정되었다. 개정 내용을 자본제도 차원에서 볼 때, 2005년 회사법은 회사설립 과정에서의 전액납입제도를 분할납입제도로 개정하였으며, 2013년 회사법은 분할납입제도를 다시 주주자치에 의한 전액인수제도로 개정되었다.

자본금 납입 규정의 완화 외에 최저자본금제도에 관하여 2005년 회사법 개정에서는 기존의 최저자본금을 대폭 감소하였고, 2013년 회사법 개정에서는 최저자본금제도를 삭제하였다. 아래에서는 신주발행의 제도적 기초인 중국 회사법상의 자본제도에 대하여 살펴보겠다.

2. 확정자본제도

가. 1993년 제정 중국 회사법의 확정자본제도

1993년 제정 중국 회사법에서는 엄격한 확정자본제도를 채택하였다. 즉, 회사의 자본금은 주주가 실제로 납입한 출자금액이어야 하고, 등기하여야 한다(舊中會 제23조 · 제78조). 1993년 제정 중국 회사법의 등록자본금은 주주들이 실제로 인수하고 납입된 출자총액 또는 주금총액으로 구성되며, 자본금이 실제로 납입되고 등기되어야 회사가 비로소 성립된다.

그리고 1993년 제정 중국 회사법에서는 유한회사에 대하여 업종별 최저자본금을 규정하였다. 생산 또는 상품도매를 영위하는 유한회사는 인민폐 50만 위안, 상업판매를 영위하는 유한회사는 인민폐 30만 위안, 과학기술의 개발 · 자문 · 서비스유한회사는 인민폐 10만 위안이다. 그리고 주식회사의 최저자본금은 인민폐 1000만 위안이고 상장회사의 최저자본금은 인민폐 5000만 위안이어야 한다. 회사를 설립할 때, 회계사무소의 출자이행보고서(驗資報告書)에 의하여 자본금이 실제로 납입되었는지 여부를 판단하고, 실제로 납입된 경우에 한하여 회사 설립이 가능하다.

1993년 제정 중국 회사에서 규정한 확정자본제도는 그 시기 중국의 사회상황과 관련된다. 중국에서 개혁개방을 시작하면서 상거래가 활성화되기 시작하였고, 투자의 편리성 및 자본금의 효용성의 문제보다 사회경제의 안정성을 보호하는 차원에서 엄격한 확정자본제도를 선호하였다.[281]

나. 2005년 개정 중국 회사법의 확정자본제도

2005년 개정된 중국 회사법에서는 1993년 제정 중국 회사법에서 규정한 확정자본제도와 최저자본제도를 완화하는 방향으로 개정하여 계속적으로 이를 채택하였다. 즉, 발기설립으로 설립된 주식회사의 자본금에 대하여 분할납입을 허용하였다. 구체적으로 보면, 최초 자본금의 20%를 납입한 후, 나머지 80%에 관한 자본금에 대하여 분할납입을 허용하여 확정자본제도를 완화하였다(舊中會 제81조 전단). 다만 모집설립으로 설립한 주식회사의 자본금은 실제로 납입되어야 한다는 것으로 기존의 엄격한 확정자본제도를 유지하였다(舊中會 제81조 후단). 그러므로 2005년 개정 중국 회사법에서도 여전히 확정자본제도를 채택하였고, 이는 중국 회사법이 여전히 자본신용에서 벗어나

281 张宇冰, 〈浅议我国公司资本制度〉, 《安徽警官职业学院学报(Journal of Anhui Vocational College of Police Officer)》, 第3期 第3卷(2004), 58면.

지 못하고 있는 상황을 설명하였다.[282]

그러나 2005년 개정 중국 회사법에서는 최저자본금에 대하여 대폭 완화된 규정을 하였다. 즉, 유한회사의 최저자본금은 인민폐 3만 위안(1인회사의 경우 인민폐 10만 위안)으로 규정하고, 최초 납입자본금은 최저자본금을 초과한 자본금의 20% 이상이어야 한다(舊中會 제26조).[283] 그리고 주식회사의 최저자본금은 인민폐 500만 위안으로 경감하였고(舊中會 제81조 제3항), 발기설립의 경우, 발기인은 반드시 발행주식총수를 모두 인수하여야 하며, 최초출자액은 자본금의 20% 이상이어야 한다(나머지 80%는 2년 내에 분할납입하여야 하며, 투자회사의 경우 5년 내에 납입하여야 함)(舊中會 제81조).[284] 그리고 모집설립으로 설립한 주식회사의 자본금은 실제로 납입된 금액이어야 하며, 발기인은 발행주식총수의 35% 이상 인수하고, 나머지 65%를 일반 대중으로부터 모집할 수 있다(舊中會 제85조).

중국 회사법에서 인정한 분할납입을 허용한 확정자본제도는 수권자본제도와 성질이 다르다. 분할납입을 허용한 확정자본제도는 이미 형성된 자본금을 분할의 방식으로 납입하는 것을 말하고, 수권자본제도는 회사설립 시 발행주식총수를 기재하고 이사회 결의에 의하여 수권주식 범위 내에서 신주를 발행하는 것을 의미하므로 수권자본제도의 자본금은 주식발행의 수에 따라

282 赵旭东,《公司法学(第二版)》(北京: 高等教育出版社, 2008), 232면.

283 예컨대, 유한회사의 자본금은 인민폐 3만 위안인 경우(최저자본금임), 최초 납입자본금은 3만 위안의 20%인 6천 위안이 아니라, 반드시 3만 위안이어야 한다.

284 중국 회사법에 의하면 주식회사 발기설립의 최저자본금은 500만RMB(한화 10억 원에 해당함)이고 최초출자액이 자본금의 20% 이상이어야 한다. 그러나 유한회사에서는 최초 납입한 20%는 반드시 최저자본금(3만RMB)를 초과한 20%이어야 한다고 회사법에서 명확히 규정되어 있지만, 주식회사에서 최초 납입한 20%가 반드시 최저자본금을 초과하여야 하는지 여부에 관한 규정은 없다. 생각건대, 할부 납입를 허용하는 것은 회사설립을 용이하게 하는 취지에서 도입된 제도이고, 주식회사 최저자본금은 500만RMB으로 설립 시 전액납입을 요구하면 주식회사의 활성화를 기할 수 없다. 그러므로 법에서 명확한 금지규정이 없으면 원칙적으로 허용한다고 해석하여야 한다. 즉, 자본금이 500만RMB인 주식회사를 설립하는 경우, 최초 납입금액은 100만RMB이고, 나머지 400만RMB인 자본금은 발기인이 2년 내에, 투자기구가 발기인인 경우 5년 내에 분할하여 납부할 수 있다고 생각한다.

변경된다.[285]

다. 2013년 개정 중국 회사법의 전액인수자본제도

2013년 12월 중국에서는 확정자본제도를 계속 유지하면서, 출자에 관하여는 기존의 강행적인 규정보다 주주자치를 중시하는 방향으로 회사법을 개정하였다. 이렇게 개정된 회사법이 바로 2013년 개정 회사법이다.

2013년 개정 중국 회사법에 의하면, 발기설립 시 주식회사의 자본금은 주주가 전액 인수하여 회사등기기관에 의하여 등기된 금액이다(中會 제80조 제1항 전단). 이러한 규정으로부터 2013년 개정 중국 회사법에서는 기존의 자본금 최초 납입비율과 최저납입금액 및 납입기한의 규정을 삭제하여, 기존 분할 납입의 확정자본제도로부터 전액 인수의 확정자본제도로 개정하였다는 것을 알 수 있다. 즉, 주식회사 발기설립 시의 자본금을 유한회사와 동일하게 주주가 전액 인수한 금액으로 규정하였으며, 납입기한에 대하여 회사법에서 제한을 하지 않고, 주주의 자치에 맡겼다. 그러나 2013년 개정 중국 회사법은 자본금 전액인수로 설립한 발기설립의 주식회사의 자금조달에 제한적인 규정을 두었다. 즉, 발기인은 인수한 주식을 모두 납입 전, 주식발행의 주산으로 자금을 조달할 수 없다(中會 제80조 제1항 후단). 이러한 규정은 주식회사가 자금조달의 편의성을 이용하여, 임의로 증자하여 법정자본금의 형식적 과대를 초래하는 것을 방지하기 위한 것이다.

그리고 2013년 개정 중국 회사법에서 가장 눈에 띄는 개정 내용은 최저자본제도를 폐지한 것이다. 최저자본제도를 유지하는 가장 중요한 원인은 사회경제의 안정성을 확보하고 채권자를 보호하기 위한 것이다. 최저자본금제도는 주식회사의 남설방지와 이익배당 등으로 회사재산의 유출을 제한하기 위하여 인정되어 왔지만 주식회사 형태로의 시장진입을 가로막는 대표적인 제도이기도 한다.[286] 최저자본제도에 존재하는 이러한 문제점을 인식하여,

---

285 李建偉,《公司法學》(北京: 中國人民出版社, 2008), 209면.

286 송종준, 〈주식회사 확정자본제도의 국제적 개혁동향과 입법과제 — 주주와 채권자의 이해조정을

〈표11〉 신 · 구 중국 회사법상 최저자본금의 비교

<table>
<tr><th>區分</th><th colspan="2">有限會社</th><th colspan="2">株式會社</th></tr>
<tr><td rowspan="6">1993年會社法</td><td>會社의 類型</td><td>最低資本</td><td rowspan="2">一般株式會社</td><td rowspan="2">1000萬RMB</td></tr>
<tr><td>生産經營</td><td>50萬RMB</td></tr>
<tr><td>商品都賣</td><td>50萬RMB</td><td rowspan="2">상장회사</td><td rowspan="2">3000萬RMB</td></tr>
<tr><td>小賣業</td><td>30萬RMB</td></tr>
<tr><td>科學技術·資本 및 服務</td><td>10萬RMB</td><td rowspan="2">特定業種</td><td rowspan="2">別途 法規</td></tr>
<tr><td>特定業種</td><td>別途 法規</td></tr>
<tr><td rowspan="3">2005年會社法</td><td>一般有限會社</td><td>3萬RMB</td><td>一般株式會社</td><td>500萬RMB</td></tr>
<tr><td>1人有限會社
1人有限會社</td><td>10萬RMB
10萬RMB</td><td>上市公司</td><td>3000萬RMB</td></tr>
<tr><td>特定業種</td><td>別途 法規</td><td>特定業種</td><td>別途 法規</td></tr>
<tr><td>2013年會社法</td><td colspan="2">폐지</td><td colspan="2">폐지</td></tr>
</table>

2013년 개정 중국 회사법에서는 이를 과감하게 삭제하였다.

최저자본금제도를 폐지하는 것 외에, 2013년 회사법 개정 시 현물출자가 자본금 출자에서 차지하는 비중에 대한 제한을 삭제하였다. 1993년 제정 중국 회사법과 2005년 개정 중국 회사법에서는 모두 현물출자의 비례에 대하여 제한하였다. 1993년 제정 중국 회사법에서는 현물출자의 비례를 자본금의 20%로 규정하였고, 2005년 개정 중국 회사법에서는 이를 완화하여 자본금의 30%로 규정하였다. 그러나 2013년 개정 중국 회사법에서는 현물출자의 비례 제한을 폐지하여, 회사설립 시 현물출자가 등록자본금에서 차지하는 비례를 당사자의 자치에 맡겼다.

3. 소결

앞서 살펴본 중국 회사법에서의 자본제도에 대한 변천과정을 살펴보면, 행정규제로부터 정관자치 나아가 주주자치로 규제 완화하는 방향으로 개정되었다. 주식대금의 납입 면에서 완화된 규제로 개정하였지만, 자본제도는 여전히 확정자본제도이다. 그러므로 신주발행에 의한 유상증자는 자본금의 변동

중심으로〉, 《경영법률》(한국경영법학회), 179면.

을 초래하므로 주주총회결의에 의하여 신주발행이 결정되어야 한다. 그러므로 자본제도는 신주발행 결정권의 귀속문제를 다루는 논리적인 출발점이다.

II. 중국 신주발행 결정기관

1. 신주발행 결정기관

중국 회사법에서 채택한 확정자본제도로 인하여 주주총회결의에 의하여 신주발행이 결정된다(中會 제133조). 주주총회는 정기주주총회와 임시주주총회로 나뉘는데, 전자는 1년에 한 번 소집하고, 후자는 법에서 정한 사유를 충족하는 경우 2개월 내에 소집될 수 있다(中會 제100조). 임시주주총회를 개최하는 요건은 "단독 또는 공동으로 회사 발행주식총수의 10% 이상을 보유하고 있는 주주가 주주총회 개최를 청구할 때", 또는 "이사회가 주주총회를 개최할 필요가 있다고 할 때"이다(中會 제100조 제3호 · 제4호).

이뿐만 아니라 확정자본제하에서 신주발행으로 회사 자본금의 변동 및 회사 정관의 변경을 초래할 수 있으므로, 출석주주[287]가 보유하고 있는 주식총수의 3분의 2를 초과한 주주총회 특별결의 절차를 거쳐야 한다(中會 제103조 제2항).[288 289] 이 밖에 회사 정관에서 자본금은 절대적인 기재사항이므로, 신주발행으로 자본금이 변경된 경우, 다시 변경등기를 하여야 한다.

---

287 현행 중국 회사법에 의하면 "주주총회결의는 반드시 출석한 주주가 보유하고 있는 의결권의 과반수에 의하여 하여야 한다. 다만 회사 정관의 개정과 자본금의 증감 및 회사의 합병 · 분할 · 해산 또는 회사 형태 변경 시 반드시 출석주주가 보유하고 있는 의결권의 3분의 2 이상으로 하여야 한다(中會 제104조 제2항)". 그러므로 중국 회사법에서는 주주총회결의 시 출석정족수에 관한 규정이 없고, 의결정족수에 대하여만 규정하고 있다.

288 주주총회 특별결의가 필요하는 사항으로는 회사 정관의 개정, 증자 또는 감자결의 및 회사의 합병 · 분할 · 해산 · 청산 등이 있다(中會 제103조 제2항).

289 정관에는 자본금을 포함한 회사의 명칭과 주소, 회사의 경영범위, 회사의 설립방식, 회사의 주식총수 및 주당금액, 발기기인의 성명 및 명칭 · 인수주식수 · 출자방식 · 출자시간, 이사회의 구성 · 권한 및 의사규칙, 회사의 대표이사, 감사회의 구성 · 권한 및 의사규칙, 회사의 이익배당방식, 회사의 해산사유 및 청산방법, 회사의 통지와 공고방법, 주주총회결의가 필요한 기타 사항들로 구성된다(中會 제81조).

2. 존재하는 문제점

중국은 엄격한 확정자본제도로 인하여, 신주를 발행할 때마다 주주총회결의를 거쳐야 하므로 신주발행 절차가 복잡하다. 주주총회결의에 의하여 신주를 발행하는 제도는 신주발행의 활성화를 기하지 못하는 중요한 원인이 된다. 새로운 사업계획으로 신규 자금이 필요할 때, 주주총회결의에 의하여 신주발행으로 자금을 조달하는 것은 복잡한 절차와 과대한 비용 소모로 효율적이지 못하고, 신규사업 진출의 적기를 놓치게 된다. 그러므로 회사 차원에서 신주발행보다 은행차입을 선호한다.

III. 소결

1. 확정자본제도

2005년 개정 중국 회사법에서 규정한 분할납입을 허용하는 확정자본제도는 어디까지나 확정자본제도하에서 회사 설립을 용이하게 하는 제도이므로, 자금조달의 편의성을 추구하는 것은 아니다. 독일에서도 기존에 확정자본제도를 채택하고 있었지만, 자금조달의 편의성을 위하여 확정자본제도를 인허자본제도로 개정하였다. 즉, 주주총회의 수권으로 회사 성립 후 또는 정관변경 후 5년 이내 기본자본의 2분의 1을 넘지 않는 범위 내에서 감사회의 동의로 이사회는 신주를 발행할 수 있도록 규정함으로써(독일 주식법 제202조), 확정자본제도의 틀에서도 자금조달의 원활함을 도모하였다.

앞서 살펴본 바를 종합하면, 중국에서 회사가 스스로 신주를 발행하여 간편하게 자금조달을 하려면 입법론상 두 가지 방법이 있다. 첫째 미국이나 한국처럼 수권자본제도를 도입하여 이사회에게 신주발행의 결정권을 부여하는 것과, 둘째 현재의 확정자본제도를 그대로 유지하되, 독일처럼 인허자본제도를 채택하여 감사회의 동의로 이사회에게 일정한 범위 내에서 신주발행권을 부여하는 것이다.

우선, 수권자본제도를 채택하는 것에 대하여 논의하겠다. 현재 중국의 발전현황 등을 비추어 볼 때, 직접 수권자본제도로 넘어가는 것은 회사의 자본적 기초가 튼튼하지 못하는 문제점을 초래할 수 있을 뿐만 아니라, 회사채권자보호에도 불리하게 작용될 수 있다. 그러므로 향후 점차적으로 수권자본제도로 과도하는 것이 타당하다고 생각한다. 다음으로 현행 중국 회사법의 자본제도를 어떻게 자금조달의 편의를 도모하는 방향으로 개정할 것인가에 대하여 살펴보겠다. 현행 중국 회사법에서 규정한 확정자본제도로 인하여 신주발행 권한이 주주총회에 있는데, 이는 신주발행으로서의 자금조달이 활성화되지 못하는 중요한 원인이다. 그러므로 이사회에게 신주발행 결정권을 부여하는 방향으로 확정자본제도를 변경하는 것이 타당하고, 이렇게 되려면 독일주식법에서 규정한 인허자본를 도입하여야 한다.

그러나 독일과 중국의 회사지배구조가 상이하여 독일의 입법모델을 그대로 수용하여서는 아니 된다. 독일 주식회사의 지배구조를 보면 이사회의 업무집행에 대한 감독 및 공동경영기구로서 감사회가 있고, 이러한 감사회의 가장 큰 두 가지의 권한은 이사회의 업무집행에 대한 계속적인 감독권과 이사의 임면권이다.[290] 그러나 중국의 경우, 주주총회결의를 통하여 이사회와 감사회의 구성원이 선임되기 때문에(中會 제37조 제1항 제2호) 회사 내부에서 이사회와 감사회는 평등한 기관이다.[291] 그러므로 감사회는 이사회에 대하여 감사권이 있고 감독권은 없다. 감사회가 실효성 있는 감사를 수행하지 못하여, 회사 지배구조의 보충의 일환으로 이사회 내 사외이사제도를 도입하였다.[292] 이러한 이유로 독일 주식법에서 규정한 주주총회결의에 의하여 기본자

290 정찬형, 〈주식회사의 지배구조와 권한의 분배〉, 《상사판례연구》(상사판례법학회), 제16권(2004), 6면.

291 중국에서는 주식회사지배구조에 대하여 주주총회 하위기관으로서 이사회와 감사회를 두는 "3각제 회사지배구조"(三角制會社支配構造)를 규정하였다. 따라서 이사회와 감사회는 동일한 지위에 있기 때문에 감사회는 효율적인 감독이 이루어지지 않는 사정이다. 감사회의 이러한 업무감독에 대한 비효율성을 治癒하기 위하여 이사회 내 사외이사제도를 도입하게 되었다[남옥매, 〈상장회사 사외이사의 권한 및 그 행사방식에 관한 한중 비교연구〉, 《중국법연구》(한중법학회), 제16집(2011.12), 42면].

292 이안초, 〈중국 상업은행 사외이사 독립성에 관한 연구〉, 《일감법학》(건국대학교 법학연구소) 제23호(2012.10), 370면.

본의 2분의 1의 범위 내에서 이사회가 감사회의 동의로 신주를 발행할 수 있지만, 이를 동일하게 중국 회사법에 도입하는 것은 타당하지 않다. 왜냐하면 중국 회사법에서 말하는 감사회는 독일 주식법의 감사회와는 차원이 다르기 때문이다. 그러므로 중국에서 독일식의 인허자본제도를 도입하려면, 주주총회결의로 이사회에게 일정한 범위 내에서의 신주발행권한을 부여하여야 할 것이다.

2. 신주발행 결정권

자금조달을 직접적인 목적으로 하는 신주발행 전 신주발행사항[293]을 결의하여야 하는데, 해당 결정권을 "주주총회 권한으로 할 것인가, 아니면 이사회 권한으로 할 것인가" 하는 문제가 있다.

주주총회 권한사항과 이사회 권한사항을 구분하는 기준은 다음과 같다. (i) 일정한 사항에 대하여 경영기술(business skill)이 필요한다면 이를 경영진인 이사회 권한사항으로 하여야 하고, 투자기술(investment skill)이 필요한다면 주주총회 권한사항으로 하여야 한다. (ii) 경제적으로 봤을 때 상반된 리스크 · 소요되는 시간 · 철회하는 대가 등이 크면 클수록 주주총회 권한사항으로 하여야 하고, 이와 반대인 경우 이사회 권한사항으로 하여야 한다. (iii) 발생빈도로 볼 때, 발생빈도가 높으면 높을수록 이사회의 권한사항으로 하여야 하고, 이와 반대인 경우 주주총회 권한사항으로 하여야 한다. (iv) 결정하는 사항의 특징과 관련하여 신속성을 요하는 결정사항은 이사회 권한사항으로 하여야 하고, 이와 반대인 경우 주주총회 권한사항으로 하여야 한다.[294] 이에 기초하여 보면, 신주발행은 자금조달의 문제이고, 자금조달의 원인은 다시 회사의 경영전략과 관련된 문제이므로 이사회의 권한사항으로 하는 것이

293 여기에서 말한 신주발행 결의사항이란 신주발행가격 · 신주발행규모 및 신주발행종류 · 신주인수방법 · 단주의 처리 등 사항을 말한다. 신주발행결의에 관한 구체적인 사항은 신주발행 규제에서 설명하겠다.

294 Melvin A. Eisenberg, "The Legal Role of Shareholders and Management in Modern Corporate Decisionmaking[J]," 57-1 *California Law Review* 1,10(Jan 1969).

타당하다.

그러나 현행 중국 회사법에서는 확정자본제도를 채택하고 있으므로 신주발행결정권을 주주총회에게 부여하였다. 주주총회결의로 신주발행을 결정하는 것은 자금조달 기동성이 떨어지고 비경제적인 문제점이 존재한다. 그러므로 신주발행을 쉽게 하여야만 자금조달을 함에 있어 신주발행의 이용률이 높아질 수 있다. 그러므로 중국에서 입법론으로 한국의 수권자본제도 또는 독일의 인허자본제도를 도입하여 신주발행 결정권을 이사회에게 부여하여 자금조달의 편의성 및 기동성을 추구할 필요가 있다.

제6절 신주발행의 절차적 규제

I. 신주발행안의 작성

현행 중국 회사법에서는 증자계획안의 작성권한을 이사회에게 부여하였다(中會 제46조 · 제108조). 중국 회사법에 의하면 이사회는 정기이사회와 임시이사회로 나뉠 수 있다. 정기이사회는 매년 2번 개최하고(中會 제110조 제1항), 임시이사회는 법에서 정한 요건에 달하는 경우 수시로 개최한다. 즉, 10분의 1 이상 의결권을 보유하고 있는 주주 또는 3분의 1 이상의 이사, 그리고 감사회가 제기할 때, 임시이사회를 개최할 수 있다(中會 제110조 제2항).

그리고 현행 중국 회사법에서는 신주발행안에 포함하여야 할 구체적인 내용을 규정하지 않았다. 이사회는 회사의 최고 경영기관으로서 회사의 경영상황을 주주총회 또는 감사회보다 잘 파악하고 있으므로 이사회가 작성한 신주발행안에는 신주발행을 이용한 유상증자의 필요성 그리고 신주발행의 방식 · 신주발행의 가액 등 중요한 사항이 포함되어야 한다고 본다.

이 밖에 회사법에서 정한 신주발행 사항의 규정도 신주발행안을 작성할 때 그대로 적용된다고 본다. 즉, 신주의 발행가액에 대하여 액면발행 및 액면초과발행을 허용하고 있지만, 액면미달발행을 허용하고 있지 않으므로(中會 제127조) 신주발행안(案)에는 반드시 액면미달로 발행가액을 정하여서는 아니 된다. 그리고 회사법에서 공개발행 시 간접발행만을 허용하고 있으므로(中會 제87조), 공개발행의 신주발행안(案)에는 직접발행을 정하여서는 아니 된다.

II. 주주총회결의

현행 중국 회사법에 의하면 이사회에서 신주발행안을 작성한 후, 신주발행안의 일부 내용에 대하여 주주총회는 결정권이 있다. 즉, 신주발행 시 주주총회는 반드시 (i) 신주의 종류 및 수량, (ii) 신주발행가액, (iii) 신주발행의 시작 및 종료일자, (iv) 기존주주에게 배정할 신주의 종류 및 수량을 결의하여야 한다(中會 제133조). 그리고 유상증자의 경우 회사자본금이 변동하므로 주주총회 특별결의에 의하여야 한다(中會 제103조 제2항).

앞서 살펴본 바와 같이, 확정자본제도를 채택하고 있는 중국에서 신주발행결의는 자본금 변동의 효과를 가져올 수 있으므로, 이사회가 작성한 신주발행안은 최종 주주총회결의를 통과하여야만 시행할 수 있다. 다만 회사법에서 정한 신주발행의 사항은 주주총회의 일반결의를 거쳐야 하는지 아니면 주주총회 특별결의를 거쳐야 하는지가 명확하지 않는다. 생각건대, 증자결의에 대하여 중국 회사법에서는 주주총회 특별결의를 요구하고 있으므로(中會 제103조 제2항), 신주발행에 대한 해당 구체적인 사항도 주주총회 특별결의에 의하여야 한다고 해석하여야 할 것이다.

III. 인수 및 납입

현행 중국 회사법에서는 신주발행 시 절차의 하나인 신주의 인수 및 납입에 대하여 구체적인 규정을 두고 있지 않지만, 일반적인 신주발행 절차를 보면 신주발행 공고를 한 후 투자자는 주식청약서(认股书)를 작성하여 신주를 인수하고 인수대금을 납입한다.

그러나 중국에서 발기설립의 경우, 주식인수대금의 납입방식으로 분할납입을 허용하고 있는데(모집설립의 경우 분할납입을 허용하지 않음),[295] 회사 설립 후 신주발행으로 자금조달을 하는 경우 신주를 인수한 주식인수인에 대하여도 주식대금의 분할납입이 허용되는지 여부가 의문된다. 중국 회사법에 의하면, 주식회사가 신주발행으로 증자시 주주는 신주대금의 납입에 대하여 주식회사 설립 시의 주금납입 규정을 준용한다(中會 제178조).

생각건대, 주식회사 발기설립 시의 분할납입은 회사 설립 시 자본금 납입의 부담으로부터 해방하여, 회사설립의 용이성을 추구하기 위한 목적으로 도입된 것이다. 그러나 유상증자로 신주를 발행하는 것은 자금조달의 목적이므로 자금이 필요한 회사에서는 신주를 발행하여 자금을 조달하여야 하므로 신주대금의 분할납입을 허용한다면 신주발행으로서의 의미가 없게 될 것이다. 또한 분할납입은 어디까지나 발기인에게만 적용되는 규정이므로, 이를 일반주주에게까지 확대하여 적용하여서는 아니 된다고 본다. 그러므로 회사 성립 후의 신주발행에는 분할납입이 허용되지 않는다고 본다.

Ⅳ. 정관의 변경

중국에서는 확정자본제도를 채택하고 있으므로 자본금이 정관의 필요적 기재사항이다(中會 제81조 제4호). 그러므로 신주발행으로 유상증자를 하는 경우, 회사 자본금의 변동을 초래하므로 정관을 변경하여야 한다.

295 발기설립의 방식으로 주식회사를 설립할 때, 발기인은 서면으로 회사 정관에서 정한 주식을 모두 인수하여야 하며, 주식대금을 주주인수계약에서 납입기일을 임의로 약정할 수 있다(中會 제84조).

V. 공개발행 시의 특별절차

현행 중국 회사법과 중국 증권법에서는 신주의 공개발행에 대하여 특별한 절차를 규정하고 있다. 공개의 방식으로 신주를 발행하는 경우, 중국 회사법에 따르면 반드시 증권회사에 의하여 위탁모집하여야 하고 이에 따라 지정된 은행에 주식대금을 납입하여야 한다(中會 제87조 · 제88조 · 제134조 제2항). 그리고 중국 증권법에서는 공개발행에 대하여 인준제도를 규정하였다. 즉, 주식회사가 불특정 다수인을 상대로 공개적으로 신주발행을 하거나 또는 상장회사가 특정인을 상대로 비공개적으로 신주발행을 하는 경우, 반드시 증권감독관리위원회의 인준을 받아야 한다(中證 제13조 제2항). 그러므로 공개의 방식으로 신주를 발행하거나 또는 상장회사가 비공개의 방식으로 신주를 발행할 때, 회사법과 증권법의 규정 외에 증권감독관리위원회의 인준도 받아야 하므로, 신주발행 절차가 엄격하다.

신주발행 시 발행회사는 국무원 증권감독관리위원회에게 증권법에서 정한 자료[296]를 제출하고, 제출한 자료를 수령한 국무원 증권감독관리위원회에서는 심사위원회를 소집하여 심사를 한다(中證 제22조 제1항). 심사위원회는 발행회사와 이해관계가 없는(中證 제23조) 증권감독관리 위원회 내부의 전문가와 외부에서 초빙한 전문가들로 구성되고, 1인 1의결권으로 결의된다(中證 제22조 제2항). 심사위원회의 구성방법 · 임기 · 업무수행절차 등은 국무원 증권감독관리위원회에서 정한다(中證 제22조 제3항).

신주발행에 관한 중국 증권감독관리위원회의 엄격한 심사기준은 자금조달의 편의성을 저해하는 주요한 원인이다. 이는 또한 은행차입에 의한 자금조달을 초래하는 주 원인 중의 하나이다.

296 신주의 공개발행에 대하여 발행회사는 국무원증권감독관리기구에게 아래 서류를 제출하여야 한다(中證 제14조). (i) 사업자등록증, (ii) 회사 정관, (iii) 주주총회결의, (iv) 모집설명서, (v) 재무회계보고, (vi) 신주대금위탁수납은행의 이름 및 주소, (vii) 증권회사의 이름 및 증권위탁모집계약.

VI. 신주발행 실패 시 발행인의 의무

중국에서 신주발행 실패의 기준은 회사법이 아니라 증권법에서 정하고 있다. 즉, 모집주선의 방식으로 신주를 공개발행하는 경우, 발행기간 종료 후 발행예정주식 총수의 70% 이상이 인수되지 않는 경우, 신주의 발행 실패로 본다. 신주발행이 실패된 경우, 발행인은 발행가액에 은행 동 기간의 예금이자율을 더하여 주식인수인에게 반환하여야 한다(中證 제35조). 그러므로 잔액인수의 방식으로 신주를 발행할 때, 발행 실패의 문제가 나타날 여지가 없지만, 모집주선의 방식보다 수수료가 높을 것이고, 발행 대가도 이로 인하여 높을 것이다.

VII. 신주발행 완료 후의 등기 및 공고

중국에서는 확정자본제도를 채택하고 있으므로, 자본금은 정관의 필요적 기재사항이다. 신주발행에 의한 유상증자의 경우, 객관적으로 자본금 변동을 초래할 수 있으므로, 신주발행 완료 후 반드시 자본금변경등기를 하여야 하고, 대외적으로 공고도 하여야 한다(中會 제136조).

신주발행에 의한 유상증자로 자금을 조달한 후, 자본금변경등기의 효력 발생 시점은 언제부터인가? 즉, 신주를 인수한 투자자는 어느 시점부터 주주로 될 수 있는가 하는 문제이다. 생각건대, 신주인수에 의하여 투자자가 주주로 되는 시기는 주식회사 설립에 관한 규정을 준용하여야 한다. 그러나 중국 회사법에서는 해당 사항에 관한 명확한 규정이 없고, 해석에 의하여야 한다. 중국에서 자본금은 정관의 필요적 기재사항이고 등기사항이다. 그러므로 신주를 인수함으로 인하여 주주자격을 취득하는 시기와 증자의 효력발생 시기는 별개의 문제로, 주주자격은 주식인수인이 주식대금을 납입 완료하는 시점에 발생하고, 증자의 효력은 자본금 변경등기을 완료하는 시점에 발생한다고 본다.

VIII. 소결

1. 엄격한 절차로 인한 신주발행의 어려움

현행 중국법에 의하면 신주발행은 반드시 국무원 증권감독관리위원회의 인준을 받아야 한다. 즉, 주주총회결의 후, 신주발행계획안 및 신주모집설명서 등 서류를 국무원감독관리위원회에 송부하여 심사를 받아야 한다. 그리고 공개발행의 경우 반드시 증권회사에 의한 간접적으로 발행하여야 하고, 증권회사는 발행회사가 제출한 서류에 대하여 허위적인 기재 및 오해적 진술이 있는지 여부를 심사하여야 한다. 그러므로 신주를 발행할 때 발행회사는 여러 기관으로부터 각종 심사를 받아야 하고, 이는 투자자이익을 강력히 보호하는 장점이 존재하지만, 발행비용을 높이고 복잡한 절차로 신주발행의 효율성이 떨어지는 단점이 존재한다.

2. 신주인수 출자방식의 단일성

중국 회사법에서는 회사 설립 시 현물출자를 허용하고 있지만,[297] 신주발행 시 신주대금을 현물출자로 납입할 수 있는지 여부에 관한 규정은 없다. 한국 상법에 의하면, 현물출자자가 있는 경우, 이사는 이를 조사하기 위하여 검사인의 선임을 법원에 청구하여야 한다(한국 상법 제422조 제1항 제1문). 다만 공인된 감정인의 감정으로 검사인의 조사에 갈음할 수 있고(한국 상법 제422조 제1항 제2문), 한국 상법에서 정한 일정한 요건에 부합하면 검사인에 의한 조사나 공인된 감정인의 감정을 받을 필요도 없다(한국 상법 제422조 제2항).

중국에서 회사 성립 후 신주발행 시 신주대금을 현물출자로 납입할 수 있는지 여부에 관한 연구는 없다. 생각건대, 중국 회사법에 의하면 공개적인 방식으로 신주를 발행할 때 반드시 지정한 은행에 신주인수대금을 납입하여 하

297 주주는 화폐로 출자할 수도 있고, 지적재산권 및 토지사용권 등 화폐로 가격확정이 가능하고, 법에 의하여 양도 가능한 비화폐재산으로 출자할 수 있다. 다만 법률, 행정법규에서 정한 출자 불가능한 재산으로 출자하지 못한다. 비화폐재산으로 출자하는 경우, 반드시 가치평가하여야 하며, 과도로 높거나 낮은 가격으로 평가하여서는 아니 된다(中會 제27조).

므로(中會 제88조), 공개발행 시 현물출자가 허용되지 않는다. 그러나 해당 규정은 비공개발행에 준용되지 않으므로 비공개로 신주를 발행하는 경우 회사설립에서 정한 현물출자에 관한 규정을 준용하여, 평가 및 양도 가능한 재산으로 신주를 인수할 수 있다고 본다.

3. 실권주 처리규정 미비로 인한 신주발행 실패의 용이성

현행 중국 회사법에서는 주주의 신주인수권을 법정하고 있지 않지만, 주주총회결의에 의하여 주주배정의 방식으로 신주를 발행할 수 있다. 주주배정의 방식으로 신주를 발행할 때, 주주가 신주에 대하여 청약하지 않거나 주식대금을 납입하지 않는 경우 실권주가 발생할 수 있는데, 이에 대하여 중국법에서는 아무런 규정이 없다. 한국의 경우, 실권주는 미발행주식으로 남게 할 수도 있고, 회사가 사전에 이사회가 임의로 실권주를 처리할 수 있음을 미리 공고한 경우에는 (특정인에게 배당하여 회사의 지배권 변동을 초래하는 경우에는 제외) 자유로이 제3자에게 배정할 수 있다고 해석한다.[298] 그러므로 한국에서는 주주배정의 방식으로 신주를 발행할 때, 기존주주가 자력이 없거나 또는 기타 원인으로 신주인수를 원하지 않아 발생하는 실권주에 대하여 어떻게 처리할 것인가를 법에서는 규정이 없으나 위와 같이 해석하고 있다.

앞서 본 바와 같이, 중국에서도 한국에서 관행으로 하여 온 실권주의 처리를 이사회에게 위임하는 방식을 본받으면, 주주배정의 방식으로 신주를 발행할 때 실권주의 과대 발생으로 인한 70% 미만의 신주인수율을 초래하는 신주발행 실패를 사전에 예방할 수 있다. 그리고 앞에서 주주의 신주인수권을 법정하여야 한다고 주장하였는데, 주주의 신주인수권으로부터 회사의 자금조달을 추구할 수 있는 방법 중의 하나가 실권주에 관한 규정을 명확히 하는 것이다. 그 원인은 주주의 신주인수권을 인정하면 신주발행 시 주주의 신주인수권을 배제하지 않는 한 주주에게 신주를 배정하여야 하는데, 기존주주가 특정한 원인으로 신주를 인수할 수 없다면 신주인수권을 법정하는 것이 회사

298 정찬형, 전게서(주 1), 1075면.

의 자금조달에 해가 될 수 있다. 그러므로 주주의 신주인수권을 법정하는 동시에 실권주에 관한 규정을 입법하면, 자금조달과 기존주주의 이익보호를 함께 실현할 수 있다.

제7절 중국 증권법상 신주발행의 특례

I. 발행시장 및 규제방식

1. 서론

증권시장은 증권거래, 즉 증권과 자금의 교환거래가 행하여지는 시장을 말하며, 투자자들은 증권시장을 통하여 증권거래를 한다. 이러한 증권시장은 발행시장(primary market)과 유통시장(secondary market)으로 나눌 수 있다. 발행시장이란 New Market으로서, 기업이 증권을 투자자들에게 직접 발행하여 일반 투자자로부터 자금을 공급받아 신규증권과 자금의 교환거래가 행하여지는 것을 말하며, 유통시장이란 Resale Market으로서 이미 발행된 증권이 투자자들 사이에서 매매되어 증권의 유통성이 실현되는 것을 말한다.[299]

따라서 발행시장을 규제하는 주요 원인은 회사가 발행시장을 통하여 신주를 발행하여 자금을 조달하는데, 신주를 처음으로 발행하는 회사는 규모가 작고 사업내용도 널리 알려지지 않는 신생기업일 가능성이 크다. 그러므로 자금조달의 목적을 달성하려고 발행회사 또는 발행업무를 위탁받는 증권회사는 지나치게 낙관적인 정보를 제시하고, 투자자들은 그것을 믿고 소홀이 투자결정을 내리게 될 것이다.[300] 만약 이러한 경우에 발행시장에서의 투자를 투자자의 자기책임에 맡긴 채 방치한다면, 건실한 기업보다 오히려 투자자로

---

299 Lee Mason, "The Role of Primary and Secondary Money Markets" (출처: http://www.ehow.com/about_5039222_role-primary-secondary-money-markets.html) (최종 방문일: 2013.4.15.).

300 김건식 · 정순섭, 전게서(주 161), 94면.

부터 무리하게 자금을 끌어 모으는 부실기업들의 남발을 초래할 수 있다. 결과적으로 증권시장은 쇠퇴의 길로 나아갈 수밖에 없을 것이고, 유망한 기업조차 자본시장에서 자금을 조달할 길이 막혀 버리게 될 것이다. 발행회사의 발행행위를 규제하는 것으로 자본시장의 건전한 발전을 추구하는 차원에서 발행시장에 대한 규제가 필요하게 되었다.

이 책의 연구범위는, 이미 설립된 주식회사가 신주의 발행에 의한 유상증자를 하는 것으로 자금조달을 하는 것이므로 증권시장에서의 발행시장에 관한 연구도 이에 포함된다. 왜냐하면 발행주체가 발행시장을 통하여 최초로 증권을 발행하고 투자자가 이를 매수함으로써 자금의 수요자인 발행주체, 즉 기업 · 정부 또는 공공기관에 의하여 신규로 발행된 증권이 일반투자자 및 기관투자자에게 매각된다. 이러한 과정으로 자본이 투자자로부터 발행주체에게 이전되므로, 회사가 신주를 발행하여 자금을 조달을 할 때, 당연히 자본시장 관련 법규의 규제를 받아야 한다.

2. 중국 발행시장 신주발행의 규제형태

발행시장에 대한 규제는 내용규제(merit regulation)와 공시규제(disclosure regulation)가 있다. 내용규제란 규제당국이 부실한 투자대상이라고 판단하는 증권을 투자자로부터 격리시키는 것을 말하고, 공시규제란 규제당국이 투자자로부터 투자대상으로서의 적절한지 여부에 대하여는 관여하지 않고 신주발행정보가 투자자들에게 충분히 제공되는 것만을 담보하는 것을 말한다.[301] 그러므로 공시규제를 기업공시제도라고도 하는데, 이는 기업으로 하여금 발행한 증권의 시장가치에 영향을 줄 수 있는 중요한 정보를 투자자들에게 완전히 공개함으로써, 투자자가 기업의 실체를 정확히고도 신속하게 파악하여 스스로 합리적인 투자결정을 하도록 하는 증권제도이다.[302 303]

301 김건식 · 김순석, 전게서(주 161), 95면.

302 노희종, 〈발행공시제도의 개선에 관한 연구〉, 법학석사학위논문(고려대학교, 2012.6), 4면.

303 공시규제비용부담 면에서 일부 학자는 강제적인 공시규제를 하지 않더라도 발행회사는 투자자를 이끌기 위하여 자진하여 정보를 공시할 것이고, 증권법에서 요구하는 강제적인 공시규제는 단

중국법상 신주발행의 내용규제에서는 증권감독관리위원회의 인준제도를 중심으로 규정하였고, 공시규제에서는 정보공시를 중심으로 규정하였다. 인준제도는 금융당국이 신주발행에 대하여 1차적으로 심사를 하여 발행인이 신주발행을 할 수 있는 자격을 구비하는지 여부를 판단하는 것을 말한다. 금융당국의 인준을 받은 후 발행인은 비로소 신주를 발행하여 자금조달을 할 수 있다. 그러므로 인준제도는 신주를 발행할 수 있는 선결조건이다. 그리고 공시규제는 주로 정보공시를 중심으로 다루고 있는데, 강제적인 공시규제의 합리성 근거는 발행시장에서 공시규제를 함으로써, 투자자에게 투자판단에 필요한 정보를 제공하고, 자본시장에 존재하는 정보의 비대칭을 해소하여 정보의 평등을 실현하며, 정보의 공시를 통하여 내부자거래(insider trading)와 시세조종행위(manipulation)를 억제하고, 투자자가 주주 등의 지위에서 법에서 정한 주주로서의 권리를 제대로 행사하여, 주주권의 형해화를 방지할 수 있는 중요한 기능을 갖고 있다.[304]

3. 발행시장 신주발행의 규제방식

자본시장에서 공모의 방식으로 신주를 발행할 때, 발행인은 발행공시라는 의무를 부담하여야 한다. 즉, 발행공시란 증권의 공급자와 취득자(투자자) 간의 정보 불균형을 해소하기 위하여 증권의 발행인으로 하여금 해당 증권과 증권발행인에 관한 모든 정보를 투자자에게 투명하게 전달하도록 강제하는 일련의 시스템이다.[305] 이러한 시스템은 주로 증권신고서제도와 등록법인제도를 말한다. 등록법인제도(registered corporation)란 비상장법인이 증권발행 전 금융위원회에 등록하여, 사전적으로 발행인으로 하여금 기업공시를 연습하

지 발행시장에서의 복잡한 공시요구를 규정하는 데 불과하고, 실질적인 감독은 아니다(Frank H. Easterbrook/Daniel R. Fischel, "Mandatory Disclosure and the Protection of Investors," 70-4 *Virginia Law Review* 669,670(May,1984).

304 홍성찬, 〈자본시장법상 기업공시제도에 관한 연구 — 유통시장에서의 기업공시를 중심으로〉, 법학석사학위논문(고려대학교, 2010.12), 8-11면.

305 이명수, 〈자본시장법상 공시규제〉, 《BFL》, 서울대학교 금융법센터, 제41호(2010.5), 7-8면,

고 투명한 기업경영을 금융감독당국으로부터 지도받아, 향후 공개예비군으로 관리될 수 있게끔 하는 제도로서 우회적으로 기업공시의 목적을 담고 있다.[306]

중국의 경우, 상장회사의 신주발행(공개와 비공개 포함)과 주식회사의 공개신주발행의 경우 내용규제 차원에서 금융당국(증권감독관리위원회)의 인준을 받아야 한다. 증권감독관리위원회의 이러한 인준제도는 신주발행에 대하여 엄격한 심사를 거쳐 발행회사에게 신주발행 자격을 부여하는 것이다.[307] 현행 중국에서 시행하고 있는 인준제도(核准制度)는 기존의 허가제도(许可制度)와 비교하면, 신주발행을 추진하였지만 여전히 발행회사의 신주발행의 효율성을 저해하고 있는 문제점이 존재한다.[308] 아래에서는 먼저 증권법상 신주발행에 대한 감독당국의 심사에 대하여 살펴보고, 다음으로 투자자보호를 위한 발행회사의 공시제도를 살펴본 후, 현행 제도상 문제점 및 개선방안을 제시하겠다.

II. 중국 신주 공개발행 시의 내용규제

1. 연혁

가. 중국 신주발행제도의 초창기

중국의 신주발행제도는 1980년대부터 시작되었으며, 중국은행 · 중국은행의 각 지역지사와 지역정부 · 지역행정주관부처에서 제정한 1984년의 주식발행잠행관리방법(關與發行股票的暫行管理方法)[309]과 1987년의 주식과 채권

306 김용재, 전게서(주 162), 231면.

307 현행 인준제도하에서 기업이 주식을 발행할 수 있는지 여부는 인준기관이 결정하므로, 자본시장의 활력을 저해하였다는 비판이 있다[金安祠 · 吴荣亮, 〈论我国IPO核准制度的改革和完善〉, 《法制博览(Legality Vision)》, 第6期(2012), 196면].

308 文玉春, 〈核准制度下中国新股发行定价效率研究〉, 《统计与信息论坛》, 第25卷 第7期(2010), 64면.

309 1984년 중국인민은행에서 처음으로 신주발행 규제에 관한 법규 — 주식발행잠행관리방법을 제정하였다. 동 법규에서 신주발행심사허가권을 각 지역 중국인민은행 지사에게 귀속하였고, 처음으로

에 관한 관리통지(關與加强股票債券管理的通知)[310]에 의하여 신주발행이 발전하기 시작하였다.

중국에서 처음으로 신주발행에 대하여 규제할 때, 주식이란 증권 자체가 아직도 대중들에게 익숙하지 않으므로 신주발행을 규제하여야 할 필요성만 느꼈을 뿐, 구체적인 규제절차가 없었다. 그리고 감독기관을 중국인민은행과 정부부처로 지정하여, 통일적인 감독기관이 없었다. 이 밖에 신주발행주체를 집단소유제기업[311]으로 한정하였고, 전민소유제기업[312]은 일반 대중을 상대로 주식을 발행하지 못한다(1987주식과채권에 관한 관리통지 제1조 · 제2조). 그러므로 이 시기 신주발행의 특징은 현지 정부가 기업을 통하여 사회유동자금을 흡수하여 현지 경제발전을 추진하는 방식이므로, 신주발행감독기구가 통일되지 않고 엄격한 심사허가절차를 거쳐야 하였다.

신주발행에 있어 발행조건과 절차 등을 규정하였다. 동 법에 의하면, "정부 또는 공상행정관리부처로부터 사업자등록증을 발급받는 기업은 자금조달의 수요하에 은행에게 주식모집원인 · 기업명칭 · 발행주식총액 · 발행가액 및 발행기한 등을 기재한 주식모집설명서를 직접 관할 은행에게 제출하거나 은행 신탁부서에 위탁하여 중국인민은행 상해지점 금융행정관리처의 허가를 받은 후에야 비로소 주식을 발행할 수 있다(주식발행잠행관리방법 제1조).

310 1987년 국무원에서는 주식과 채권에 관한 관리통지를 제정하였다. 동 법규에서는 신주발행심사허가권을 인민은행에게 부여하였지만, 주식회사 관할지역의 정부는 이에 대하여 감독권을 갖고 있다. 그러므로 사실상 이때 신주발행 심사허가권은 양 기관에서 수행하고 있으며, 신주발행허가를 엄격하게 심사하는 것이 특징이다. 동 법에 의하면 "주식을 발행함에 있어 엄격한 감독과 지배하에 허가를 취득한 집단소유제기업에서만 가능하고, 전민소유제기업은 대중들을 상대로 주식을 발행하지 못한다."(주식과 채권에 관한 관리통지 제1조 · 제2조).

311 집단소유제기업이란 생산수단의 노동대중집단소유제를 기초로 집단적으로 경영하고 노동에 따라 배분하는 사회주의경제조직을 말한다. 중국에서는 전통적으로 집단소유제기업이 국유기업과 더불어 사회주의 공유제경제의 중요한 구성 부분이 되어 왔다. 집단기업은 도시집단기업과 농촌집단기업으로 나눌 수 있다. 집단기업법은 국가가 집단기업을 관리하는 과정에서 집단기업의 내부조직관리와 생산경영활동 중에서 발생하는 경제관계를 규율하는 법적 규범의 총칙이다[오일환, 〈중국 기업입법의 발전과 기업법의 구조〉, 《기업법연구》(한국기업법학회), 제12집(2003.3), 25면].

312 전민소유제기업이란 "법에 의하여 경영하고, 손해를 부담하며, 독립적으로 회계체계를 갖고 있는 사회주의 상품을 생산하는 기업이다. 기업의 재산은 전체 국민이 소유하고, 국가는 소유권과 경영권 분리의 원칙으로 기업을 경영한다. 기업은 국가가 수권한 경영범위 내에서 기업의 재산에 대하여 점유 · 사용 · 처분할 권한을 갖고 있다"(全民所有制工业企业法 제2조).

나. 중국 신주발행 심사제도의 도입

1980년대 일어난 주식화 개혁으로 중국에서 처음으로 주식회사가 나타나기 시작하였는데, 이는 신주발행제도가 나타날 수 있는 기초가 되었다.[313] 주식화 개혁은 "자금의 사용과 배치문제", "정부행위문제" 및 "기업행위문제" 등 세 가지 문제를 해결하는 것을 목적으로 하고 있다.[314]

1992년 덩샤오핑(邓小平)의 "南巡讲话"[315] 및 "8 · 10주식인수 추첨사건"[316]은 신주발행제도가 나타나는 계기가 되었다. 특히 "8 · 10주식인수추

313 주식화 개혁은 1986년 5월1986년상업체제개혁에 관한 문제(关于1986年商业体制改革的几个问题的通知)에서 처음으로 제기되었으며, 1987년 10월 중국공산당 제13차 회의에서 긍정적으로 평가 되어 사회주의 기업의 유형으로 주식형 회사를 인정하였다. 1988년 4월전민소유제공업기업법(全民所有制工业企业法)에서 "주식"이란 용어를 처음 사용하기 시작하였다. 그리고 1992년 5월에 주식회사시행방법(股份有限公司试点办法), 주식회사규범의견(股份有限公司规范意见) 및 유한회사규범의견(有限责任公司规范意见)의 제정으로 전국 범위 내에서 주식제 회사에 관한 법규가 처음으로 시행되어 주식형 회사가 중국에서 정착되기 시작하였으며, 1993년 12월 중국에서 중국 회사법을 제정하는 것으로 중국에서도 시대에 부합하는 현대 회사지배구조가 형성되기 시작하였다.

314 "자금의 사용과 배치문제"란 국유기업이 국가자금을 무상으로 사용하는 현상과 국가자금 이외의 사회자금의 효율적인 사용을 말하고, "정부행위문제"란 국유기업의 소유권과 경영권의 분리를 추진하는 것을 말하며, "기업행위문제"란 기업경영에 있어 장기투자의 부족을 말한다[吴稼祥 · 金立佐, 〈股份化：进一步改革的一种思路〉, 《经济发展与体制改革》, 第1期(1984), 第1版].

315 덩샤오핑의 "南巡讲话"에서는 1978년 개혁개방으로부터 1992년까지 취득한 성과를 요약하고 1992년부터의 중국 발전의 방향을 제시하는 데 큰 영향을 미쳤다. 1992년부터 중국의 발전 방향은 개혁개방을 계속 진행하는 동시, 과학과 기술에 중점을 두고 개혁개방을 판단하는데 "자본주의"와 "사회주의"를 불문하고 생산력을 향상하고, 국가의 국력을 강화하며, 국민 생활수준을 개선하는 것을 유일한 기준으로 하여야 한다고 제시하였다(출처: 1992년 邓小平南巡讲话).

316 "8 · 10주식인수추첨사건": 1992년 8월 7일 중국인미은행썬쩐시 지사 · 썬쩐시 공상국 · 공안국 · 감찰국에서 연합하여 1992년신주인수추첨에 관한 공문을 제정하여 1992년썬쩐시 신주발행 서막을 개시하였다. 동 공문에 의하면 "썬쩐시는 일반 대중을 상대로 발행가액이 5억 위안에 해당하는 주식을 추첨의 방식으로 발행한다. 8월 9일 및 10일 이틀에 거쳐 당첨율이 10%에 해당하는 500만 장의 추첨표 한 장당 100위안으로 판매하고, 추첨에 당첨한 자는 10장의 주민등록증으로 1000주 신주를 인수할 수 있다." 공문을 제정한 날 오후부터 수많은 사람들은 줄을 서서 신주추첨표를 구매하기 시작하였고, 첫날 오전 신주추첨표는 매진되었다. 사람들이 신주추첨표를 구매하는 열정은 주로 신주를 인수한 후 회사가 상장을 하게 되면 주가가 몇 배로 올라가기 때문이다. 이러한 투기적인 원인하에 투자자들은 신주추첨표를 구매하려고 온갖 수단을 다 동원하였다. 이러한 신주인수가 발행가액보다 몇 배에 달하는 유통가격으로 전환될 수 있다는 유혹 때문에 신주인수에 있어서도 비리가 발생하게 된다. "8 · 10신주추첨사건"에서도 비리가 존재한다는 것이 발견되었다. 동 해 12월 10일 회사 내부 경영자 및 종업원이 사적으로 판매한 신주추첨표 105399장이 발견되었으며, 이러한 비리가 적발됨에 따라 썬쩐 주식시가는 2918로부터 1529로 47.6% 하락하게 되었다(출처: http://roll.sohu.com/20120810/n350316991.shtml)(최종방문일: 2013.4.15).

첨사건"으로 현지 정부 및 은행에 의한 주식발행 심사허가제도는 더 이상 경제의 발전에 부합하지 않는다는 것을 인식하였다. 이로 인하여 국가 차원에서 통일적인 신주발행제도를 설립하여 신주발행을 규율할 필요성을 느끼게 되었다.

동 사건을 계기로 1992년 10월 중국에서는 국무원증권위원회(國務院證券委員會)[317]와 증권감독관리위원회를 설립하게 되었다. 국무원증권위원회의 주요 기능은 "증권시장의 관련 법규를 제정하고, 증권시장의 발전을 계획하고 감독하며, 증권감독관리위원회의 업무를 감독하는 데 있다." 그리고 증권감독관리위원회의 경우 "전문가들로 구성되어, 국무원증권위원회의 수권에 따라 증권시장관리규칙을 제정하고, 증권회사 업무에 대하여 감독하며, 국내기업 해외상장에 대하여 감독한다." 국무원증권위원회와 증권감독관리위원회의 설립은 증권시장에 대한 감독권이 점차적으로 중앙정부로 이전되었다는 것을 알 수 있다. 이는 또한 중국에서 증권시장에 대한 감독이 점차적으로 통일화되고 있다는 것을 엿볼 수 있다.

다. 중국 신주발행 심사제도의 발전

(1) 허가제도(审批制)(1993-1999년)

중국 증권법 제정 전,[318] 1993년 제정 중국 회사법과 주식발행과 거래관리잠

---

317 1992년 10월에 국무원증권위원회와 중국증권감독위원회를 설립하였다. 국무원증권위원회는 증권시장을 통일적으로 관리하는 정부기관이고 증권감독관리위원회는 국무원증권위원회의 산하기관이며 구체적으로 증권시장에 대하여 감독권을 행사하는 기관이며, 증권회사들은 중국인민은행의 감독을 받는다. 1997년 8월 상하이, 썬쩐증권거래소는 중국증권감독위원회의 감독을 받게 되었으며, 기존 중국인민은행의 감독을 받는 증권회사들도 이때부터 중국 증권감독관리위원회의 감독을 받게 되었다. 1998년 4월, 국무원증권위원회와 중국 증권감독관리위원회는 하나로 통일되었으며, 중국 증권감독관리위원회는 이때부터 전국 증권시장 · 옵션시장 등을 감독하게 되었다.

318 1992년부터 제정 작업에 들어선 구증권법은 1998년에 이르러야 비로소 제정하게 되었다. 구증권법은 증권규제법과 증권거래법을 통합하여 입법한 것인데, 동법 제정 전 중국 국내의 증권거래소에서 이미 증권거래가 활발하게 이루어지고 있었고, 증권시장 규제 부족으로 인한 증권시장이 혼잡하였다. 1997년 썬쩐증권거래소에서는 총 375개의 상장회사가 상장되었으며, 상장기업 중 총 49개의 기업이 적자였으며, 적자액이 총 29.40억 위안에 달하였다(深圳證券交易所上市公司年鑒1997, 중국금융출판사, 1998년판, 5-6면). 그리고 1996년 발생한 회계분식으로 인한 엄중한 증권사기사

행조례(股票发行与交易管理暂行条例)의 제정으로, 신주발행에 대하여 허가제도를 시행하였다. 허가제도란 신주발행 자격을 충족한 주식회사가 내부적으로 신주발행을 결의한 후 정부 관련 부처의 허가를 받아야만 신주발행을 행할 수 있다는 것이다. 이 시기 신주발행의 허가제에 대하여 요약하면, 신주를 발행할 주식회사는 법에서 정한 요건을 충족하여야만 발행자격을 취득할 수 있다. 그리고 법에서 규정한 절차에 따라 발행사항을 사전에 행정기관 및 감독기관의 허가를 받아야 한다. 허가신청을 받은 발행 허가 기관에서는 발행인이 법에서 정한 요건을 구비하였는지 여부에 대하여 실질적 심사를 한다.

(2) 인준제(核准制)(1999-2003년)

1998년 제정 중국 증권법 및 주식발행방식을 진일보로 개선하는 데 관한 통지(关于进一步完善股票发行方式的通知)의 시행으로 신주발행에 대하여 인준제를 채택하였다. 인준제란 기존 허가제와 달리 실질적인 심사요건을 간소화하고, 발행가액 · 발행방식 및 발행규모 등 결정권한을 신주발행회사와 증권회사에 부여하였다. 그리고 허가제와는 달리 인준제에서는 정보공시 요건을 강화하고, 신주발행이 단지 자금조달의 효과에만 그치지 않고, 기업 지배구조 개선 등의 효과도 기대하였다.

라. 평가(사견)

(1) 신주발행 사항에 대한 과도한 행정 관여

1978년 개혁개방으로 중국은 점차적으로 계획경제체제로부터 시장경제체제로 전환되기 시작하였고, 1980년대부터 시장경제에 부합하기 위하여 주식화 개혁을 진행하였다. 기업이 주식화 개혁을 진행하는 과정에서 정부의 과

건 ― "琼民源회사사건"과 1998년 허위재무제표공시로 인한 "紅光회사사건" ― 으로 인하여 정부에서는 증권시장에 사기현상 및 시세조정현상이 대량 존재한다는 것을 인식하고 1998년 제정 중국 증권법을 개정하였다.

도한 행정 관여로 발행할 신주의 수와 규모 등을 정부로부터 허가를 받아야 한다. 그러므로 이 시기의 행정 관여는 기업의 자금조달 편의성을 도모하는 데 악영향을 미쳤을 뿐만 아니라 나아가 시장경제의 발전에도 불리하게 작용하였다.

(2) 투자자 보호에 관한 정부의 과도한 관여

1980년대 주식화 개혁으로 중국에서 처음으로 주식회사가 나타나고, 이러한 회사가 자금조달의 수단으로 신주를 발행할 때 신주를 인수하는 자는 주식에 장기적으로 투자하는 것보다는 단기적인 투기 목적을 지닌 자가 대부분이다. 투기의 목적을 지닌 투자자들은 전문화된 지식이 부족할 뿐만 아니라, 위험을 부담할 수 있는 능력도 상대적으로 낮았다. 그러므로 이 시기 정부는 투자정보를 투자자에게 충분히 공개하는 것으로 투자자 이익을 보호하는 것이 아니라, 실질적으로 신주발행을 심사하여 투자자 이익을 보호하였다고 생각한다.

(3) 신주발행 기업에 대한 정부의 실질적 심사

신주발행을 통하여 자금조달을 하려는 기업은 정부의 실질적 심사를 받아야 한다. 정부가 실질적 심사를 하는 주요 원인은 국유자산에 의하여 설립한 국유기업이 회사화 개혁으로 주식회사가 되었고, 이렇게 설립된 주식회사가 신주를 발행하려고 하기 때문이다. 그러므로 신주발행은 회사에서 국유자산이 차지하는 비중을 희석할 수 있으므로 국유자산의 희석화를 예방하기 위하여 사전에 국유자산관리부처(国有资产管理部)의 허가를 받는 것이라고 본다.

2. 현행 신주발행 심사제도

가. 개관

중국 증권법(中国证券法)의 개정으로 중국에서는 신주발행에 있어 보증추천제를 채택하기 시작하였는데. 이러한 보증추천제는 신주발행 시 반드시 보증추천인을 선임해야 한다는 규정에서 유래한 용어인데, 사실상 국무원 증권감독관리위원회의 인허를 받아야 한다는 측면에서 볼 때, 이는 또한 일종의 개정된 인준제이기도 하다. 인준제와 차별하기 위하여 이를 보증추천제라고 불렀을 뿐이다.

2005년 개정 중국 회사법에서는 신주발행의 요건 및 구체적인 절차들에 관한 규정을 모두 삭제하고, 단지 신주발행에 있어 회사 내부에서 거쳐야 할 절차 및 신주발행 사항에 대하여만 규정을 하였다. 즉, 발행회사의 요건 및 외부적인 행정절차는 2005년 개정 중국 증권법에서 규정하였다.

나. 규제법규

(1) 중국 회사법

중국 회사법에서는 신주발행에 있어 "동종주식 · 동등대우"의 원칙을 확립하여,[319] 동 종류 주식의 발행가격과 발행조건이 동일하여야 한다고 규정하였다. 따라서 회사의 신주발행 시 원칙적으로 보통주를 발행하고, 국무원의 규정으로 기타 종류주식을 발행할 수 있다(中會 제131조). 그리고 발행가액과 관련하여 액면발행 및 액면초과발행은 허용되나, 액면미달발행의 경우 확정자본제도하에서 자본충실의 원칙과 어긋나기 때문에 허용되지 않는다(中會 제127조).

중국의 경우, 회사가 신주를 발행할 때, 원칙적으로 주주총회결의를 거쳐야 하고, 주주총회에서 반드시 (i) 신주의 종류 및 규모, (ii) 신주발행가격, (iii) 신주발행의 개시 및 종료일, (iv) 기존주주에게 배당할 신주의 종류 및 규모 등에 대하여 결의하여야 한다(中會 제133조). 그리고 확정자본제도를 채택하고 있으므로 신주발행 종료 후 자본금 변경의 결과를 초래하므로 등기기관

319 2005년부터 중국에서는 주식유통화개혁을 시행하여 비유통주식을 유통주식으로 전환하는 활동을 진행하였고, 2005년 회사법 개정으로 신주발행가액과 관련하여 "동일시기 발행한 동종 주식의 주식당 발행조건과 발행가액은 동일하여야 한다"(舊中會 제126조 제2항)고 규정하여, "동종주식 · 동등대우"의 원칙을 확립하였다. 2013년 회사법 개정 후 동 원칙을 그대로 유지하였다(中會 제126조).

에서 변경등기도 마쳐야 한다(中會 제136조).

(2) 중국 증권법

현행 2005년 개정 중국 증권법에서는 1993년 제정 중국 회사법에서 규정한 신주발행요건 및 절차를 제2장에서 규정하였고, 신주발행 시 주주총회 특별결의를 거치는 외에 중국 증권법에서는 요구하는 발행회사에 관한 요건에도 부합하여야 한다. 중국 증권법에 의하면 발행회사는 (i) 건전한 조직구성이 있어야 하고, (ii) 지속적인 영업능력과 재무상태가 좋아야 하며, (iii) 최근 3년 이내 재무상 허위적인 기록이 없고 중대한 위법행위를 행하지 않아야 한다.

중국 증권법 제정 후, 신주의 공개발행의 심사제도에 관하여 기존 인준제로부터 보증추천제로 변경하였다. 보증추천제는 신주의 공개발행 시 발행회사가 자력이 있는 보증추천인을 선임하여, 보증추천인이 일차적으로 발행회사의 신청서류 및 공시자료에 대하여 심사하고, 국무원 증권감독관리위원회에서 2차적으로 보증추천인이 서명한 신주발행 신청서류 및 공시자료에 대하여 심사하여 신주발행을 인준한다.[320] 그러므로 실질적으로 볼 때, 보증추천제는 여전히 기존의 인준제도와 별 차이가 없으며, 단지 투자자를 보호하는 입장에서 보증추천인이 중간에서 공시자료에 대하여 재실사하는 것이다.

이 밖에 개정된 중국 증권법에서는 기존 증권법에서 규정하지 않는, 비공개발행에 대하여 규정하였는데, 신주의 비공개발행도 공개발행과 동일하게 국무원 증권감독관리위원회의 인준을 받아야 한다고 규정하였다(中證 제13조 제2항). 그러므로 비공개의 방식으로 신주를 발행하는 것도 인준제를 적용

320 신주발행인은 국무원 증권감독관리위원회의 인허를 받기 위하여 아래 서류들을 제출하여야 한다.

1. 회사 사업자등록증
2. 회사 정관
3. 주주총회결의
4. 신주모집설명서
5. 재무회계보고
6. 신주대금 납부 은행 이름 및 주소
7. 증권회사 이름 및 증권회사와의 관련 계약
8. 보증추천인이 발행한 보증추천서

한다.[321]

3. 소결

가. 발행시장에서의 엄격한 공시규제

중국은 계획경제체제로부터 시장경제체제로 전환되면서 정부는 적극적인 법규 제정으로 자본의 사회화와 시장화를 추진하였다. 중국에서 자본의 시장화의 특징은 정부의 추진으로 형성되는 것이고, 초기 신주발행에 대한 심사기관이 통일성을 이루지 못하여 지역별 심사기준이 상이한 문제점이 존재하였다. 그러나 자본시장이 점차적으로 발전되고, 이에 따라 신주발행에 대한 심사기관도 국무원 증권감독관리위원회로 통일하였다. 그러므로 발행회사는 법에 의하여 국무원 증권감독관리위원회에서 요구하는 정보를 완전히 공개하여야 하고, 그에 의한 실질적인 심사를 받아야 한다.[322]

중국 증권법의 규정으로 감독당국은 실질적 심사권을 갖고 있다. 이는 또한 신주발행에 절차적으로 복잡하고, 소요되는 시간이 길며, 발행비용이 높은 문제점을 야기하였다. 자금조달이 시급한 발행회사는 앞서 말한 문제점으로 인하여 신주발행보다 은행차입에 의하여 자금조달을 할 것이다. 그러므로 중국에서 신주발행에 의한 직접적인 자금조달을 추진하려면, 반드시 현행 공시규제를 개정하여야 한다.

나. 공개발행과 비공개발행에 대한 동일한 심사기준

현행 중국 증권법에서는 신주의 발행방식으로 공개발행과 비공개발행을 허용하고 있다. 그러나 상장회사의 신주발행(공개발행 · 비공개발행 포함)과 주

321 상장회사 신주발행에 관하여 중국에서는 국무원 증권감독관리위원회가 따로 법규를 제정하여 규율하고 있는데, 상장회사 신주의 공개발행에 관하여는 上市公司证券发行管理办法를 적용하고, 상장회사 신주의 비공개발행에는 上市公司非公开发行证券实施细则를 적용한다. 해당 법규에 대한 자세한 내용은 이 책의 제2장 제4절의 내용을 참조 바람.

322 施天涛,《商法学(第三版)》(北京: 法律出版社, 2006), 312면.

식회사의 공개발행은 모두 금융당국(증권감독관리위원회)의 인준을 받아야 한다(中證 제13조 제2항). 그러나 미국 · 독일 · 일본 및 한국은 발행시장의 규제로 신고서제도를 인정하고 있으며, 신고서제도 또한 공개발행으로만 한정하여 적용하였다. 그러므로 사모에 대하여는 공시규제를 면제하고 있다. 이에 비해 중국에서 시행하고 있는 인준제는 사실상 주식발행 결정권을 감독기관에게 부여하는 것으로 신주발행이 활성화되지 못하고 있다.[323]

그러면 현재 중국의 인준제도는 과연 투자자이익을 보호할 수 있는지가 의문된다. 인준제로 인하여 발행회사는 자금조달이 어렵게 되었다. 그러나 투자자의 입장에서 볼 때, 인준을 받은 발행회사는 경영이 건전하다고 판단하여 신주에 투자하게 된다. 따라서 엄격한 인준제로 신주를 발행하려는 회사는 많고, 인준받는 회사는 적기 때문에 주식시장의 주식은 적고 이에 투자하려는 투자자는 많은 결과를 초래하였다. 이는 또한 결과적으로 주식의 유통가격이 발행가격보다 몇 배에 달하는 가격에 거래되는 현상을 초래하였다.

이 밖에 신주발행에 관한 규제권한을 국무원 증권감독관리위원회에게 위임하고, 국무원 증권감독관리위원회가 최종 인가권을 갖고 있으므로, 이는 감독기관의 비리를 초래할 수 있다. 즉, 중국 현행 자본시장의 상황에서 신주발행으로 거액의 자금조달을 할 수 있는 것이 사실이므로, 발행회사는 국무원 증권감독관리위원회의 인준을 받으려고 수단방법을 가리지 않을 것이다. 그러므로 인준제로 인하여 비리를 초래하면 불공정한 신주발행을 유발할 수도 있기 때문에 인준제는 결코 투자자 이익보호에 이로운 것은 아니다. 인준제도를 신고서제도로 변경하고, 비공개발행을 인준제의 적용 범위에서 제외시키며,[324] 신주발행 공시규제에 대하여 국무원 증권감독관리위원회에게 형식적인 심사권을 부여하는 것을 명확히 하여, 자본시장에서의 신주발행을 추진함으로써, 기업의 직접적인 자금조달의 이용률을 높여야 한다.

---

323 현행 인준제도하에서 기업이 주식을 발행할 수 있는지 여부는 인준기관이 결정하므로 자본시장의 활력을 저해하였다는 비판이 있다[金安嗣 · 吴荣亮, 전게 논문(주 307), 196면].

324 章一春-翟丽媛, 〈论我国证券发行核准制度调整便捷的重构 — 兼评《证券法》第十条的适用〉, 《特区经济》, 2011.11, 133면.

〈표 12〉 중국 신주발행 인준제도의 발전 연혁

	新株發行決定機關	規制法規
初創期(1980's)	中國銀行 & 現地政府	关于加强股票债券管理的通知
許可制(1993-1998)	中央企業管轄部處 & 現地政府	舊公司法 株式發行與交易管理潛行條例
核準制(1999-2004)	證券監督管理委員會	舊證券法 关于進一步完善股份發行方式的通知
保薦制(2005-현재)	證券監督管理委員會	公司法 證券法

다. 심사절차 제외 경우에 대한 규제 결여

현행 중국 증권법에서는 신주발행 시, 국무원 증권감독관리위원회의 인준을 반드시 받아야 하고, 적용면제증권과 적용면제거래에 관한 규정이 없는 상황이다. 해당 규정 미비로 일정한 정도에서 중국에서의 신주발행이 적극적으로 추진되지 못하고 있다.

미국 · 독일 · 일본 및 한국의 경우에는 원칙적으로 신고서제도를 적용하여야 한다고 규정되어 있지만, 예외적인 규정도 함께 법에서 규정하고 있다. 여기서 말한 예외적인 규정이란 적용면제증권과 적용면제거래를 의미하고, 이로써 제도적인 측면에서 신주발행을 용이하게 하고, 자본시장을 이용한 자금조달을 추진하였다. 중국에서도 해당 입법방식을 참조하여, 현재의 인준제도를 신고서제도로 개정하는 동시에 신고서제도의 적용면제도 함께 규정하여, 자본시장에서의 신주발행에 의한 유상증자의 이용을 활성화하여야 한다.

III. 중국 신주발행 시의 정보공시규제

1. 서설

현행 중국에서는 신주발행 시 중국 증권법과 상장회사정보공시관리방법(이하 "정보공시관리방법"이라고 약칭함)에 따라 정보공시의무를 이행하여야 한다. 신주발행 시 발행인에게 정보공시의무를 부과하는 원인은 투자자들에게 발행회사의 정보를 공개함으로써 투자자가 기업의 실체를 정확히 파악하고 스스로 합리적인 투자결정을 내리도록 돕기 위한 것이다. 중국 증권법에서는 신주발행 시 정보공시에 대하여 원칙적인 규정만을 두었다. 즉, 발행인이 공시한 정보는 반드시 진실 · 정확하여야 하고 완전하여야 하며, 허위적 기재 또는 오해적 진술이 없어야 한다(中證 제63조). 중국 증권법에서 정보공시에 관한 구체적인 기준을 정하고 있지 않으므로 정보공시관리방법에서 정한 정보공시의 기준을 적용하여 정보공시를 규제한다. 아래에서는 해당 법규를 중점으로 신주발행 시 발행인이 부담하여야 할 정보공시 의무에 대하여 살펴보겠다.

2. 신주모집설명서의 정보공시

가. 정보공시 의무자

정보공시 의무자란 정보공시 유형에 따라 주식모집설명서 · 상장공고서(上市公告书) · 정기보고서 및 임시보고서 등을 공시할 의무가 있는 자를 말한다.[325] 그러므로 신주발행 시 정보공시 의무자는 주식모집설명서를 공시할 의무를 부담하고 있는 발행인을 말한다.

나. 정보공시의 방법 및 시기

신주 공개발행의 경우, 발행인은 증권감독관리위원회의 인준을 취득한 후 신주발행 전 모집설명서를 공고하여야 하는데(정보공시관리방법 제11조), 모집설명서를 공고하기 전 반드시 공고서류 등을 증권거래소에 등록하는 절차를 밟아야 한다(정보공시관리방법 제6조 제1조). 그러므로 증권거래소에 공시서류를 등록한 후 공시의무자는 비로소 증권감독관리위원회가 지정한 매체(媒体)에 공고할 수 있다(정보공시관리방법 제6조 제1조).[326]

325 정보공시의 유형에는 모집설명서 · 상장공고서 · 정기보고서 · 임시보고서 등이 있다(정보공시관리방법 제5조).

326 이 밖에 처음으로 신주를 공개발행하는 경우, 증권감독관리위원회에게 신청서류를 제출한 후 발행인은 가격정보 등을 기재하지 않는 모집설명서의 신청본(招股说明书申报稿)을 증권감독관리위원회 사이트에서 사전공시(预先披露)를 하여야 한다(정보공시관리방법 제13조).

정보공시 의무자는 회사 사이트 또는 기타 매체에 정보를 공시하는 경우, 증권감독관리기구가 지정한 매체보다 먼저 공시하여서는 아니 되고, 지정 매체에서의 공시는 기자회견 등의 방식으로 대체되어서도 아니 된다(정보공시관리방법 제6조 제2항). 그리고 정보공시 의무자는 정보공시 관련 서류 등을 회사등록지의 증권감독관리국에서 송부하여야 하고 회사 주소지에 비치하여 일반공중들이 수시로 열람할 수 있도록 하여야 한다(정보공시관리방법 제7조). 그리고 공시한 정보는 중국어로 기술하며, 발행회사의 해외투자자들에게도 정보를 공시하여야 한다. 필요 시 영어로도 기술이 가능하고, 영어로 번역한 글이나 단어의 뜻이 중국어와 차이가 있으면, 중국어를 기준으로 한다.[327]

다. 정보공시에 대한 감독기관

증권감독관리위원회는 내용 규제에 대하여 감독하고, 증권거래소는 정보공시에 대하여 감독한다. 즉, 증권거래소는 정보공시 의무자가 법에 의하여 정확하고 적시에 정보공시의무를 이행할 것을 감독하여야 한다(정보공시관리방법 제9조 제2항). 그리고 증권감독관리위원회는 증권거래소가 제정한 정보공시규칙에 대하여 최종 결재권을 갖는다(정보공시관리방법 제9조 제2항 후단). 즉, 증권거래소에서 구체적인 정보공시규칙을 제정하여 증권감독관리위원회의 결재를 받은 후에, 비로소 공시의무자는 해당 정보공시규칙을 적용하여 정보공시를 이행할 수 있다.

라. 정보공시의 보증과 책임

중국 증권법의 규정에 따라 공시된 정보는 진실하고 정확하며 완전하고 적법할 것을 요구하고 있다. 그리고 공시된 정보에 대하여 공시의무자가 법정 책임을 부담하는 것 외에, 중국에서는 증권발행과 거래에 관련된 일정한 자에게 공시된 정보가 앞서 언급한 기준에 부합할 것을 보증하는 책임을 인정하

327 倪浩嫣,《证券法法律制度研究》(北京: 中国检察官出版社, 2006), 105면.

였다.[328]

구체적으로 신주발행의 정보를 공시하는 경우, 발행인을 비롯한 이사 · 감사 · 고급관리인원은 충실하고 성실하게 자신의 권한을 수행하여야 하며, 공시된 정보가 진실 · 정확 · 완전 · 적시 · 공평하게 될 것을 담보하여야 한다(정보공시관리방법 제3조). 그러므로 이사 · 감사 · 고급관리인원은 정보공시의무자가 공시한 정보에 대하여 담보책임을 부담하는데, 이러한 담보책임은 법정책임이다. 즉, 향후 공시한 정보가 진실 · 정확 · 완전 · 적시 · 공평에 부합하지 않는 경우, 충실의무를 이행하였다는 증거를 제기할 수 없으면 손해배상책임을 부담하여야 한다.

그리고 발행인의 위탁을 받은 증권회사는 주식모집설명서를 작성하는 것에 협조하여야 하고, 주식모집설명서에 허위적 기재 또는 오해될 수 있는 진술이 없을 것을 보증하여야 한다. 이를 증명하지 못하는 증권회사는 발행회사와 연대하여 손해배상책임을 부담하여야 한다(中證 제69조). 이 밖에 발행회사가 위탁하는 변호사들은 신주발행업무에 법률자문을 할 때, 주식모집설명서에 기재한 내용의 진실성과 정확성을 확인하여야 하는 책임을 부담한다(中證 제223조).

3. 소결

가. 공시정보의 범위 불명확

현행 중국 증권법에 의하면 발행인이 공시한 정보는 반드시 진실 · 정확하여야 하고, 완전하여야 하며, 허위적 기재 또는 오해적 진술이 없어야 한다(中證 제63조). 해당 규정은 공시정보에 대한 범위를 명확히 하지 않고 있으므로 적용면에서 문제 발생의 소지가 있다.

해당 조문에서 기재한 공시정보의 범위는 모집설명서만을 말하는지 아니면 모집설명서에 부수된 기타 자료 및 예비투자설명서도 포함하는지가 의문

328 김명아, 《중국 증권법 바로알기》(경기도: 이담출판사, 2009), 260면.

이 된다. 공시정보의 범위를 좁게 해석하면 정보공시 의무자는 공모 개시 전 잠재적인 투자자를 상대로 제공한 예비투자설명서 및 투자권유자료 등에 허위적 기재 또는 오해적 진술이 있는 정보를 기재하여 투자를 권유할 것이다. 현실적으로 볼 때, 많은 투자자들은 공모 시 모집설명서를 참조하지 않는 채 자기의 판단에 의하여 투자하는 것이 관행이므로, 공시정보의 범위를 좁게 해석하는 것은 투자자이익보호에 불리할 수 있다. 그러므로 투자자이익을 보호하고자 하면, 공시정보의 범위는 명칭에 관계없이 증권의 공모를 위하여 일반공중에게 제공되는 투자권유문서 등이 모두 포함되어야 한다고 생각한다.

나. 공시정보의 질적 요건 불명확

현행 중국 증권법에 의하면 발행인이 공시한 정보는 반드시 진실 · 정확하여야 하고 완전하여야 하며, 허위적 기재 또는 오해적 진술이 없어야 한다(中證 제63조). 해당 규정은 공시정보에 대한 요건을 너무 원칙적으로만 규정하고 있어, 적용 면에서 일정한 문제점을 일으킬 소지가 있다.

공시정보의 질적 요건에서 말하는 허위적 기재와 오해적 진술과 관련하여, 구체적인 정의가 어떻게 되는지가 의문이다. 즉, 중요한 사항이 아니더라도 허위의 기재가 될 수 있는지 여부와 진실한 정보이지만 추가 설명이 없어 오해를 일으킬 수 있는 것도 오해적 진술에 포함되는지 여부이다.

생각건대, 앞서 살펴본 바와 같이 공시정보의 범위를 좁게 해석하는 것은 타당하지 않으므로 허위적 기재에 대하여도 중요한 사항뿐만 아니라 기타 사항을 포함시켜야 한다. 그리고 오해적 진술 또는 오인표시(misleading statement)는 표시 자체가 "애매한 표시"와 표시된 사실은 진실하지만 투자자의 오인을 막기 위하여 필요한 사실이 누락되어 오해를 야기하는 "반진실표시"가 포함된다.[329] 그러므로 중국에서 말하는 오해적 진술도 앞서 말한 오인표시의 범위과 동일하게 해석하여야 할 것으로 본다.

이 밖에 누락기재를 공시정보의 질적 요건에 포함시킬지 여부가 문제된

329 김건식 · 정순섭, 전게서(주 161), 148면.

다. 한국의 자본시장법에서는 공시정보에 기재누락이 없어야 한다고 명시하고 있지만(한국 자본시장법 제125조 제1항), 중국에서는 이러한 요건이 없다. 생각건대, 필요한 정보를 누락 기재하여 투자자들에게 오해를 야기할 수 있으면 기재누락도 오해적 진술에 포함될 수 있다. 그러므로 중국에서 정보공시관리방법을 개정하여, 공시정보가 허위적이지 않고 오해적 진술이 없어야 하는 구체적인 요건을 명시하는 것이 필요하다고 본다.

IV. 중국 신주발행 규제 위반 시의 처벌

1. 민사책임

1990년대 초기 중국에서 자본시장이 성립된 후, 구증권법이 제정되기까지, 증권위법행위에 대하여 행정처벌과 형사처벌만을 허용하였다. 1999년 구증권법이 제정된 후, 증권 관련 민사책임의 특수성과 중요성을 인식하지 못하고, 공시규제를 위반한 경우, 단지 발행인과 중개기구인 증권회사, 그리고 책임이 있는 이사 · 감사 · 경리에게 손해배상책임을 인정하였다.[330] 그러나 해당 규정은 매우 간략히 규정되어 실효성이 없었다. 이러한 원인으로 2001년 9월 21일 최고인민법원에서는 증권민사배상사건을 접수하지 않는 데 관한 통지(关于涉证券民事赔偿案件暂不予受理的通知)를 제정하여, 전국 법원은 증권사기에 관한 손해배상책임의 소송을 접수하지 못하게 하였다. 그러나 2002년에 와서 최고인민법원은 민사책임의 중요성을 깨닫고, 다시 증권시장 허위진술로 인한 불법해위사건을 접수하는 데 관한 통지(关于受理证券市场虚假陈述引发的民事侵权纠纷案件有关问题的通知)를 제정하여 허위진술로 인한 불법행위에 관한 손해배상책임의 소를 허용하였다. 뒤이어, 2003년 1월 9일 최고인민법원은 증권시장 허위진술로 인한 불법행위사건을 심리하는 데 관한 규정

330 1998년 제정 중국 증권법 제63조: 발행인, 증권회사가 공고한 모집설명서에 허위적 기재, 오해적 진술 및 중대한 누락으로 인하여, 투자자가 증권거래활동에서 손해를 입은 경우, 발행인과 증권회사는 손해배상책임을 부담하여야 한다. 이사 · 감사 · 경리가 책임이 있는 경우, 연대책임을 부담한다.

(关于审理证券市场因虚假陈述引发的民事侵权纠纷案件有关问题的若干规定)을 제정하여, 허위진술로 인한 증권민사책임소송의 손해배상액의 책정 · 귀책사유 및 증명책임 등에 관하여 상세한 규정을 두었다. 2005년 10월 27일 증권법이 개정되면서, 공시규제 위반 시의 처벌, 허위진술 및 오해적 진술에 관한 책임을 발행인에게만 국한하지 않고, 정보공시 의무자에게로 확대 적용하게 함으로써, 민사책임을 보다 더 체계적으로 규정하였다.

현행 중국 증권법에서는 "증권의 발행인이 정보공시자료에 대하여 허위적 기재 · 오해적 진술 또는 중대한 누락이 있는 경우, 이사 · 감사 · 고급관리임원 및 증권발행을 주관한 증권회사는 연대하여 손해배상책임을 부담하여야 한다"(中證 제69조)고 규정하여, 공시규제 위반 행위에 대하여 사법상의 효력으로 위반자의 손해배상책임을 인정하였다. 따라서 공시규제위반으로 인한 손해배상책임에 관한 구체적인 규정은 최고인민법원이 제정한 증권시장 허위진술로 인한 불법행위사건을 심리하는 데 관한 규정(关于审理证券市场因虚假陈述引发的民事侵权纠纷案件有关问题的若干规定)을 적용한다. 최고인민법원의 동 규정에서는 책임주체를 발행인과 이사 · 감사 · 고급관리임원 및 증권발행을 주관한 증권회사 외에 실제지배자가 지배주주인 경우, 지배주주도 포함하였다(증권시장 허위진술로 인한 불법행위사건을 심리하는 데 관한 규정 제7조 제1항). 다만 발행인 및 실제지배자인 지배주주를 제외한 자는 잘못이 없다는 것을 증명할 수 있는 경우에 한하여 손해배상책임을 부담하지 않는다(증권시장 허위진술로 인한 불법행위사건을 심리하는 데 관한 규정 제22조 제1항). 그리고 투자자는 허위진술을 믿고 증권을 매입하였다는 것과 손해가 발생한 사실에 대하여만 증명한다. 즉, 나머지 인과관계와 악의의 항변 등에 관한 증명은 배상의 책임을 부담할 자가 증명한다(증권시장 허위진술로 인한 불법행위사건을 심리하는 데 관한 규정 제18조 · 제19조).[331] 그리고 손해배상의 범위는 실

331 증권시장 허위진술로 인한 불법행위사건을 심리하는 데 관한 규정 제18조: 투자자가 아래 경우에 해당할 때, 법원은 허위진술과 손해간에 인과관계가 존재한다고 인정한다. (i) 투자자가 투자한 대상은 허위진술과 직접 관계 있는 증권, (ii) 투자자가 허위진술 시행 이후부터 허위진술 정정 전까지 동 증권을 매입한 사실이 존재, (iii) 투자자가 허위진술 시행 후 또는 정정 전까지, 동 증권을 매도하

제 발생한 손해액을 기준으로 한다.

2. 행정책임

증권감독관리위원회의 인준을 받지 않고, 증권을 발행하는 경우, 발행정지명령을 내릴 수 있으며, 위법적으로 모집한 자금의 1% 이상 5% 이하에 해당하는 과징금을 부담할 수 있다(中證 제188조). 그리고 발행인이 사실상 법에서 요구하는 발행자격에 미달하고, 사기적인 수단으로 발행인준을 취득한 경우, 증권을 발행하지 않았더라도 30만 위안 이상 60만 위안 이하의 벌금의 처벌을 받고, 직접 책임자에 대하여는 3만 위안 이상 30만 이하의 벌금의 처벌을 받는다(中證 제189조 제1항). 지배주주 및 실제지배인이 해당 위법행위에 관여한 경우, 주요 책임자와 동일하게 처벌한다(中證 제189조 제1항).

이 밖에 발행인 및 기타 정보공시 의무자가 제공한 공시자료에 허위적 기재 또는 오해적 진술 및 중대한 누락이 있는 경우, 증권감독관리위원회는 정정명령 및 경고처분을 할 수 있고, 주요 책임자에 대하여 30만 위안 이상 60만 이하의 벌금을 부담시킨다(中證 제193조 제1항). 지배주주 및 실제 지배인이 해당 위법행위에 관여한 경우, 주요 책임자와 동일하게 처벌한다(中證 제193조 제3항).

3. 형사책임

정보공시규제를 위반한 형사책임은 중국 형법에서 규정하고 있다. 즉, 증권

여 손해가 발생하거나 또는 지속적으로 동 증권을 보유함으로 손해가 발생할 때.

제19조: 원고에게 아래 행위가 존재하다는 것을 피고가 증명할 수 있는 경우, 법원은 허위진술과 손해 간에 인과관계가 존재하지 않는다고 인정하여야 한다. (i) 허위진술이 밝혀진 날 또는 정정 전 증권을 매도한 사실, (ii) 허위진술이 밝혀진 날 또는 정정 전 투자를 한 사실, (iii) 허위진술이 존재하다는 것을 알면서 투자한 사실, (iv) 손실 또는 부분 손실이 증권시장 시스템 위험 등 기타 요소들로 초래한 사실, (v) 악의투자, 증권가격을 조종하는 행위에 해당하는 사실.

감독관리위원회의 인준을 받지 않고, 함부로 주식 · 회사채 등을 대량으로 발행하여 나쁜 영향을 초래한 경우, 5년 이하의 유기징역 및 모집자금의 1% 이상 5% 이하 벌금형에 처할 수 있다(中刑 제179조 제1항). 회사 명의로 상기 위법행위를 행한 경우, 회사는 벌금형에 처하고, 주요 책임자는 유기징역에 처한다(中刑 제179조 제2항).

공시규제를 위반하여 형사책임을 부담하는 전제적 조건으로 "대량으로 발행"과 "악영향을 초래할 때" 등 두 가지 요건이 있다. 형사책임에 대하여는 2007년 최고인민검찰청 · 경찰청에서 공동으로 제정한 경제범죄사건 형사책임추궁기준에 관한 규정(经济犯罪案件追诉标准的规定)을 적용한다. 해당 규정에 의하면, 국가 관련 주관 부처의 허가 없이 자의적으로 주식 또는 회사채를 발행하여, (i) 발행가액이 50만 위안 이상일 때, (ii) 즉시 환불하지 못할 때, (iii) 악영향을 초래할 때에 한하여, 형사책임을 추궁할 수 있다(경제범죄사건 형사책임추궁기준에 관한 규정 제28조). 비록 경제범죄사건 형사책임추궁기준에 관한 규정에서는 공시규제 위반 시의 처벌규정을 보다 구체적으로 규정하였지만, "악영향"에 대하여 역시 명확한 기준을 제시하지 못하였다. 이에 대하여 각 지역 법원 및 검찰청의 재량권에 맡기므로 법을 집행하는 데 있어 비리 발생의 가능성을 제공한다는 비판이 있다.[332]

4. 소결

가. 각종 법규에 혼재되어 통일성 결여

정보공시규제를 위반하는 데 관한 책임규정이 각종 법률 · 행정법규 및 사법해석에 혼재되어 있어, 개념들을 중첩적으로 규성하는 상황이 존재한다. 예를 들면, 중국 증권법에서는 행정책임을 주로 규정하였고, 중국 형법에서는 형사책임을 주로 규정하였으며, 민사책임에 관한 구체적인 증명책임 및 손해배상액의 계산에 관한 내용은 최고인민법원의 사법해석을 적용한다. 이로써

332 魏炜, 〈"恶劣社会影响"是什么评价标准〉, 《中国青年报》, 2003. 11. 21.

행정책임 · 형사책임을 민사책임과 동일한 법률 차원에서 규정하고 있지 않는 것을 알 수 있으며, 이러한 규정방식은 법률 적용면에서 타당하지 않다고 생각한다.

나. 형사처벌기준의 불명확성으로 처벌 자의성 존재

정보공시규제를 위반행위에 관한 형사처벌 규정이 과도하게 간략하여 구체적으로 적용함에 있어 실효성이 떨어진다. 예컨대, 공시규제를 위반하여 주식이나 회사채를 발행함으로써 자금조달을 하는 경우, 최고검찰원에서 제정한 사법해석에 의하여 위법과 형사책임의 부담을 판단한다. 동 사법해석에서는 책임부담 요건으로 "악영향"을 규정하였지만 이에 대한 구체적 적용기준은 없다. 그러므로 해당 규정은 형사책임을 부담하는 근거 규정으로 모호성이 존재하고, 이러한 모호성은 다시 법률 적용면에서 자의성을 초래할 수 있으며, 자의성으로 비리를 유발할 수 있다.

다. 감독당국의 조사권 부재로 인한 재발 위험 존재

증권감독관리위원회는 상장회사가 제출한 서류에만 의존하여 법에서 요구하는 형식을 구비하지 못하면, 처벌만 받을 뿐 의심되는 문제에 대하여 조사할 권한이 없다. 그러므로 상장회사의 위법한 정보공개에 대하여 감독기관으로서 부과할 수 있는 처분은 단지 정정 및 벌금밖에 없으므로 처벌력이 미약하다. 이러한 미약한 처벌은 재발의 위험을 초래하였다. 통계에 의하면 5% 내지 32%에 달하는 상장회사는 증권감독관리위원회의 처벌을 받은 후 1년 또는 2년 내에 다시 규제를 위반한다는 것이다.[333] 그러므로 한국처럼 금융위원회의 수사기관에 대한 통보 및 임원해임권고 등의 권한도 부여하는 것이 효율적인 감독을 위하여 필요하다고 본다.

---

333 闫國慶, 〈上市公司違規處罰實證分析〉, 《經濟論壇》, 第4期(2006), 112면.

제4장

중국법상 신주발행제도의 문제점 및 개선방안

제1절 중국법상 신주발행제도의 문제점

I. 신주발행의 기동성 결여

새로 개정된 2013년 중국 회사법에서 비록 주주자치에 의한 자본금 납입을 허용하였지만, 여전히 확정자본제도를 채택하였다. 그러므로 자본금의 전액 납입의 방식이나 분할납입의 방식이나 모두 확정자본제도에 포함되는 개념이고, 이는 다시 회사설립을 용이하게 하는 제도로서, 회사 자금조달의 편의성 및 기동성을 추진할 수 있는 것은 결코 아니다. 그러므로 비록 분할납입을 허용하였지만, 중국은 여전히 확정자본제도이며, 자본금은 정관의 필요적 기재사항이다(中會 제81조).[334] 신주발행으로 인한 자금조달 시, 자본금의 변동을 초래하므로 주주총회 특별결의에 의하여 회사 정관도 함께 변경해야 하는 번거로움이 존재한다.

중국의 확정자본제도하에서 신주발행으로 자금조달 시 주주총회결의를

334 중국 회사법 제82조 제4항: 주식회사 정관에서는 회사의 주식총수, 주식당 액면가액 및 등록자본을 기재하여야 한다.

거쳐야 하므로, 자금조달의 기동성과 편의성을 추구할 수 없다. 그 원인은 주주총회를 개최하는 데 소요되는 비용이 클 뿐만 아니라, 시간도 길기 때문이다. 구체적으로 현행 중국 회사법에서 정한 주주총회 개최와 관련된 규정을 살펴보면, 주주총회는 정기주주총회와 임시주주총회로 나뉘고, 정기주주총회는 1년에 한 번씩, 임시주주총회는 회사법에서 정한 특정한 요건을 충족하면 2개월 내에 소집될 수 있다.[335] 그러므로 신주발행에 의한 자금조달이 필요하는 경우 최소 2개월은 기다려야 하므로 자금조달의 적시(適時)를 놓칠 수 있는 단점이 존재한다.

이러한 중국의 자본제도하에서 신주발행은 주주총회결의에 의하여 결정된다. 그러나 중국 현재 주식소유구조하에서 지배주주가 주주총회를 부당하게 지배하고 있어 불공정한 신주발행이 용이하게 되었다.[336] 그러므로 현행 중국의 자본제도를 개정함으로써 신주발행의 기동성 및 불공정한 신주발행이 나타나는 확률을 줄여야 할 필요성이 있다.

II. 신주인수권의 임의화에 따른 주주보호의 약화

중국의 경우, 신주인수권에 대하여 유한회사와 주식회사의 특징에 따라 서로 상이한 입법모델을 취하였다. 유한회사의 경우 회사의 인적 개성(소규모 폐쇄

335 중국 회사법 제101조: 주주총회는 반드시 1년에 1번 개최하여야 하며, 다음의 경우에 2개월 내에 임시주주총회를 개최할 수 있다. (i) 이사의 수가 회사법 또는 회사 정관에서 정한 수의 2/3 미만인 경우, (ii) 회사의 손익이 자본총액의 1/3 이상인 경우, (iii) 단독 또는 공동으로 발행주식총수의 10% 이상 주식을 보유하는 자가 제기할 때, (iv) 이사회가 필요하다고 인정할 때, (v) 감사회가 소집을 제의할 때, (vi) 회사 정관에서 정한 기타 경우에 해당하는 경우.

336 이와 관련한 寶鋼株式會社 증자사례를 살펴보겠다. 寶山鐵鋼株式會社는 上海寶鋼그룹 산하의 상장 자회사로, 상해시 寶山區에 소재하고 있으며 중국에서 최대 규모의 철강회사이다. 2000년 11월 해당 회사는 18.77억RMB에 달하는 A주식을 발행하여 77.03억RMB의 자금을 조달하였다. 해당 신주발행 결의에서 회사법상 요구되는 주주총회결의를 경유하는 과정에서 기관투자자로 하여금 부당한 의결권을 행사하도록 지시했던 것이 문제되었다. 즉, 기존 이사의 증자안에 대하여 반대하였던 기관투자자들이 갑자기 견해를 바꾸어 결의에 찬성하여, 최종 증자안이 통과되었다[고재종, 〈중국 회사법상 신주발행 규제에 관한 검토〉, 《외법논집》(한국외국어대학교), 제27집(2007.8), 440-441면].

성)을 강조하여, "모든 주주는 자기의 주식보유비율에 의하여 신주를 배정받을 권한이 있다"고 규정하여, 적극적으로 주주의 추상적인 신주인수권을 인정하였다(中會 제34조). 그러나 주식회사의 경우, "신주발행 시 주주총회 특별결의에 의하여 기존주주에게 신주를 배정할지 여부 및 배정할 주식수를 결정한다"(中會 제133조 제4항)라고 되어 있어, 기존주주에게 신주인수권을 부여할지 여부는 주주총회결의사항으로 정하였다. 상장회사의 경우에도 주식회사와 동일한 입장을 취하고 있다. 즉, 신주발행 시 주주총회결의사항으로 주주의 신주인수권을 결정하는 것이다(증권발행관리방법 제41조 제2항).

중국의 신주발행 유형[337]과 비교할 때, 중국 회사법에서 주식회사의 신주인수권을 인정하고 있지 않았으므로 정당한 목적 없이 주주총회결의에만 의하여 제3자에게 신주를 발행할 수 있는데, 이는 기존주주가 보유하고 있는 지분비율이 저하되어 기존주주의 이익을 해할 수 있다. 그리고 중국에서는 신주발행에 대하여 시가발행이 정착되지 않아, 신주의 발행가액이 상대적으로 시가에 비하여 낮기 때문에, 기존주주의 신주인수권을 인정하지 않는 것은 신주발행 시 기존주주가 경제적인 손실을 부담하는 현상을 초래할 수 있다. 이 밖에 중국에서 거의 다수의 대형 주식회사는 국유기업이므로, 주주의 신주인수권을 인정하지 않고 제3자 발행으로 자본을 조달하는 경우, 국유주식이 차지하는 비중이 하락하게 되어, 국가의 지배적 이익을 해할 수 있는 문제점들이 존재한다.

III. 불공정한 신주발행에 대한 구제수단의 부재

현행 중국 회사법의 규정에서는 주식회사에 대하여 기존주주의 신주인수권을 인정하지 않고 신주발행 시 주주총회결의에서 기존주주에게 배정할 신주의 수를 결의할 것을 규정하였다(中會 제133조 제4항). 그러므로 신주발행이

337 중국 상장회사에서 시행되고 있는 신주발행 유형은 주주배정(配股), 제3자 배정 및 일반공모증자(增發) 등이 있다.

불공정하게 이루어지는 경우, 주주총회결의 하자의 소를 제기하여 구제할 수 밖에 없다. 즉, 신주발행 시 주주총회에서 기존주주에게 신주를 배정할 것인지 여부를 무시하고 신주를 발행한 경우, 기존주주는 주식회사의 주주총회결의가 법률 · 행정법규를 위반한 이유로 주주총회결의 무효의 소를 제기할 수 있다(中會 제22조 제1항). 그리고 회사 정관에서 기존주주의 신주인수권을 인정하였지만, 신주발행 시 주주총회결의사항에서 이를 무시하고, 신주발행을 하였다면, 기존주주는 주주총회결의가 회사 정관을 위반하였다는 이유로 주주총회결의취소의 소를 제기할 수 있다(中會 제22조 제2항 전반). 그러므로 현행 중국 회사법의 규정은 불공정한 신주발행을 구제하는 수단이 단순하고 기존주주의 이익을 충분히 보호하지 못하고 있다.

IV. 증권공모 시의 인준제

현재 중국에서는 상장회사의 신주발행과 비상장회사의 신주의 공개발행에 대하여 보증추천제를 시행하고 있다. 즉, 국무원 증권감독관리위원회가 선임한 자력 있는 보증추천인이 서류에 대하여 1차적으로 심사를 하고, 국무원 증권감독관리위원회가 2차적으로 서류를 심시하여, 신주의 발행에 대하여 인준을 하여야만 비로소 신주를 발행할 수 있는 제도이다. 이로부터 중국 증권법에서 정한 신주발행에 대한 규제는 절차적으로 복잡하고, 긴 시간이 소요되며, 발행비용도 높은 문제점이 존재한다.

자금조달이 시급한 회사 측면에서 볼 때, 앞서 말한 문제점으로 인하여 신주발행이 효율적이지 못하여, 신주발행에 의한 자금조달 이용률은 단지 10% 밖에 되지 않고, 자금조달은 거의 은행차입에 의하여 이루어지고 있는 실정이다. 그러므로 신주발행으로서의 자금조달 수단의 이용률을 추진하려면 현행 증권법에서 규정한 인준제를 개선할 필요성이 있다.

V. 정보공시의무의 불명확

현행 자본시장법상 신주발행에 대한 특례규정으로는 감독당국의 인준세노 외에 강제적인 정보공시의무도 포함된다. 즉, 중국 증권법에 의하면 발행인이 공시한 정보는 반드시 진실 · 정확하고 완전하여야 하며, 허위적 기재 또는 오해적 진술이 없어야 한다(中證 제63조). 그리고 정보공시관리방법은 발행인의 정보공시의무에 대하여 의무의 이행방법 및 시기 등 사항에 대하여 구체적으로 규정을 하였다. 즉, 증권감독관리위원회의 인준을 받은 후 모집설명서를 증권거래소에 등록하여야 하며, 등록완료 후 증권감독관리위원회가 지정한 매체(媒体)에 모집설명서를 공고하여야 한다(정보관리방법 제6조 · 제11조). 이 밖에 정보공시 서류를 회사주소지에 비치하여 일반 공중들로 하여금 수시로 열람할 수 있게 하여야 한다(정보공시관리방법 제7조).

그러나 중국 증권법과 정보공시관리방법에서는 공시할 정보에 대하여 "허위적 기재와 오해적 진술"이 없어야 한다만 규정하고 있어, 구체적으로 "허위적 기재와 오해적 진술"의 의미 및 적용범위에 대한 자세한 규정은 미비하다. 그러므로 적용면에서 허위적 기재의 적용범위와 오해적 진술에 해당하는 경우를 판단함에 있어 문제를 일으킬 소지가 있다.

VI. 발행규제 위반 시 처벌규정의 미비

현재 중국에서 발행시장의 규제 위반 시 발행인은 경우에 따라 민사책임 · 행정책임 및 형사책임 등을 부담한다. 즉, 증권의 발행인이 정보공시자료에 대하여 허위적 기재와 오해적 진술 또는 중내한 누락이 있는 경우, 이사 · 감사 · 고급관리임원 및 증권발행을 주관한 증권회사는 함께 연대하여 민사책임으로 손해배상책임을 부담한다(中證 제69조). 그러나 중국 증권법에서 정한 손해배상책임은 원칙적인 규정에 불과하고, 구체적으로는 증권시장 허위진술로 인한 불법행위사건을 심리하는 데 관한 규정을 적용하여 손해배상책임을 판단한다. 이 밖에 형사책임을 부담하는 요건으로는 "대량으로 증권을 발행할 때"와 "악영향을 초래할 때" 등 두 개의 요건을 규정하였다(中刑 제179조 제1항). 이에 관한 구체적인 해석도 존재하지 않아 형사책임을 묻는 데 문제가 있다.

앞서 언급한 공시규제 위반 시 부담할 책임에 대하여 민사책임 · 행정책임 및 형사책임을 규정하였지만, 책임부담 법규와 관련하여 법률 · 행정법규 및 사법해석이 혼재되어 불통일한 문제점이 존재한다. 예컨대, 증권법에서 규정한 민사책임은 너무 간략하고, 실무에서는 구체적으로 최고인민법원이 제정한 사법해석에 의하여 민사책임을 묻는데, 이는 행정책임과 형사책임과 비교하였을 때 동급의 법규 차원에서 규제하고 있지 않다는 문제점이 존재한다. 그리고 형사책임 부담 요건에 모호한 규정이 존재하여, 법률 적용면에서 판사의 재량이 너무 커서 처벌에 있어 자의성이 존재할 수 있을 뿐만 아니라 일정한 정도에서 비리 발생의 가능성도 있다.

제2절 중국법상 신주발행 문제점의 개선방안

I. 수권자본제도 또는 인허자본제도의 도입

현행 중국 회사법에서 규정한 확정자본제도는 자금조달의 기동성 결여의 문제점이 존재한다. 독일에서도 중국과 같은 확정자본제도를 채택하였는데, 자금조달의 기동성 및 편의성을 해결하기 위하여, 회사 성립 후 또는 정관변경 후 최장 5년까지 기본자본의 2분의 1을 넘지 않는 범위 내에서 이사회가 감사회의 동의만으로 신주발행을 할 수 있게 하는 인허자본제도(genehmigtes Kapital)를 채택하였다(독일 주식법 제202조).

그러므로 중국에서 현행 신주발행으로 인한 자금조달의 기동성 및 편의성의 결여 문제를 해결하는 방안으로는 한국의 입법례를 본받아 수권자본제도로 개정하든지, 아니면 독일의 입법례를 본받아 인허자본제로 개정하든지 두 가지 방법이 존재한다.

먼저, 중국에서 독일의 입법례를 본받아, 자금조달의 기동성 및 편의성을 추구하기 위하여 감사회의 동의로 이사회에게 신주발행권한을 부여하는 문제에 대하여 검토하겠다. 중국 회사법에서 규정한 회사지배구조는 삼각제를 채택하고 있다.[338] 즉, 주식회사의 지배구조에 있어 주주총회 하위기관으로 이사회와 감사회를 두고, 이사회와 감사회는 동일한 지위에 있으므로,[339] 중국에서 말하는 감사회는 독일 주식법상의 감사회와 차원이 다르다. 독일 주식법에서 말하는 감사회는 이사회에 대하여 감독 기능이 있으므로, 이는 중국 회사법의 주주총회에 해당한다. 그러므로 독일의 입법례를 본받아 인허자본제도를 채택하려면 중국에서 주주총회 동의로 기본자본의 2분의 1의 범위 내에서 감사회의 동의로 이사회에게 신주발행권을 부여하여야 한다. 그리고 한국의 입법례를 본받아 수권자본제도를 도입하려면 현재의 확정자본제도를 개정하여 정관의 필요적 기재사항인 등록자본을 삭제하고 그 대신 발행할 주식총수(수권주식총수)를 기재하도록 하여야 하며, 이사회에게 신주발행의 권한을 부여하여야 한다. 수권자본제도하에서 이사회가 신주발행 권한을 남용하여, 지배권 유지의 목적으로 신주를 발행하거나, 기존주주의 이익을 해하여 신주를 발행하는 것을 방지하기 위하여, 기존주주에게 신주인수권을 법정하고, 신주발행에 대한 기존주주의 구제권을 강화하는 제도(예컨대 주주의 신주발행유지청구권 등)을 두어야 한다고 생각한다.

그리고 현행 중국 주식회사의 주식소유 구조의 특징으로 인하여 지배주주가 주주총회를 지배하여 주주총회결의가 사실상 지배주주의 의사에 따라 결의되는, 주주총회 형해화 문제 및 주주총회 형해화로 인한 불공정 신주발행의 문제를 해결하기 위하여, 자본제도를 개정함으로써 신주발행의 결정기관

338 남옥매, 전게 논문(주 291), 42면.

339 감사회와 이사회는 주주총회 산하의 평등한 회사기관이므로 이사회에 대하여 효율적인 감사를 하지 못하고 있다. 감사회의 기능 미비 문제점을 해결하기 위하여 중국에서는 이사회 내 사외이사를 두는 사외이사제도를 도입하였다.

을 주주총회로부터 이사회로 변경하는 것이 바람직하다고 생각한다.

앞서 살펴본 바와 같이, 현행 중국의 확정자본제도하에서 신주발행에 의한 유상증자는 반드시 회사자본금의 증가를 가져오기 때문에 주주총회 특별결의에 의하여 신주발행사항을 결의하여야 한다. 그러므로 앞서 본 회사자본제도의 개선방안에서 제시한 인허자본제도 또는 수권자본제도의 도입은 결과적으로 회사 신주발행 결정기관을 이사회로 변경하는 것이므로, 이로써 주주총회결의의 형해화 문제도 또한 함께 해결될 수 있다. 그리고 이사회 결의의 전문성을 높이기 위하여 이사회 내 전문경영인을 영입하여 지배주주로부터 독립된 이사회 결의를 할 수 있도록 하여야 한다.

II. 신주인수권의 법정

현행 중국 회사법에서는 신주인수권에 대하여 유한회사와 주식회사의 특징에 따라 서로 다른 입법 모델을 취하였다. 유한회사의 경우 회사의 인적 개성(소규모 폐쇄성)을 강조하여 신주인수권을 법정하였지만(中會 제34조), 주식회사는 주주총회결의에 의하여 신주인수권을 부여할 수 있는지 여부를 규정하고 있다(中會 제133조 제4항).

중국 주식회사의 자금조달 현황에 비추어 볼 때, 중국에서 신주인수권을 법정하는 것은 신주발행에 의한 자금조달을 더욱 어렵게 하는 것이 아닌가 하는 문제점이 있다. 생각건대, 현재 중국에서 신주발행으로 인한 자금조달이 어려운 것은 현행 중국법상 확장자본제도 등 제도상의 문제이지 주주이익을 위한 신주인수권 도입의 문제와는 관련이 없고, 주주의 신주인수권을 인정하는 것은 기존주주의 이익보호와 관련된 문제이므로, 신주발행으로 기존주주의 이익을 해하면 아니 된다. 그리고 앞에서 제시한 "신주인수권 임의화에 따른 주주보호의 약화"에서 언급한 문제점을 해결하려면, 반드시 주주의 신주인수권을 인정하여야만 한다.

그러면 주주의 신주인수권을 인정하는 것과 회사의 자금조달 기동성을 기하는 것을 어떻게 조화할 것인가? 신주인수권을 법정한다는 것과 회사의 자금조달의 기동성은 일정한 부분에서 모순되지만, 합리적인 법적 규제로 뒷받침한다면 일거양득(一擧兩得)의 효과를 얻을 수 있다. 신주인수권을 법정하는 한국의 경우, 주주의 신주인수권으로부터 회사 자금조달의 편의성을 도모하기 위하여, 정관상 규정이 있고 또한 "신기술의 도입, 재무구조의 개선 등 회사의 경영상 목적을 달성하기 위하여 필요한 경우는" 주주의 신주인수권을 배제할 수 있다(한국 상법 제418조 제2항). 그러므로 중국에서도 주식회사에서 신주인수권을 인정하고, 자금조달의 기동성과 관련하여서는 신주인수권이 배제되는 경우를 함께 규정하여, 주주이익과 자금조달의 기동성을 함께 추구하여야 한다.

III. 신주발행유지청구권 및 신주발행무효 소의 도입

현행 중국 회사법에서는 주식회사에 대하여 주주총회결의에 의하여 기존주주에게 신주인수권을 인정할지의 여부가 결정된다(中會 제133조 제4항). 이러한 규정으로부터 신주발행이 불공정하게 이루어질 경우, 주주총회결의 하자에 의하여만 구제될 수 있다. 즉, 불공정한 신주발행을 구제하는 수단이 충분하지 못하고 제한적이다.

한국에서는 신주발행에 대하여 기존주주에게 사전적인 차원에서 신주발행유지청구권을 규정하였고, 사후적으로 신주발행무효의 소를 규정하였다. 즉, 불공정한 신주발행으로 인하여 불이익을 받을 염려가 있는 각 주주는 회사에 대하여 신주발행유지청구권을 행사할 수 있거나(한국 상법 제424조), 신주를 발행한 날로부터 6개월 내에 주주는 회사를 상대로 신주발행무효의 소를 제기할 수 있다(한국 상법 제429조부터 제432조). 중국에서도 앞서 제시한 신주인수권의 인정에 관한 개선방안에 따라 신주인수권의 인정하고, 한국 상법에서 규정한 불공정한 신주발행에 관한 구제수단을 도입하여 불공정한 신주발행에 대한 구제수단을 보다 풍부하게 하는 것이 타당하다고 생각한다.

IV. 증권공모 시 신고제의 도입

중국 증권법에서 정한 신주발행에 대한 인준제도는 절차 면에서 복잡하고, 소요되는 시간이 길며, 발행비용도 높은 문제점이 존재한다. 인준제도에 따른 이러한 문제점으로 인하여 현재 중국 기업은 신주발행을 통하여 자금조달을 하는 것이 아니라, 은행차입에 의한 경우가 많다. 그러므로 신주발행을 추진하려면, 현행 인준제도를 개정할 필요성이 있다.

세계 추세에 따라, 중국에서도 국무원 증권감독관리위원회의 인준제도로부터 신고서제도로 개정하는 것이 타당하다고 생각한다. 한국의 경우, 공모의 방식으로 신주를 발행하는 경우, 자본시장법에서 요구하는 서류를 금융위원회에 제출하고, 금융위원회에서는 해당 서류에 대하여 형식적인 심사를 하는 증권신고서 제도를 시행하고 있다. 그리고 자본시장에서 신주발행에 의한 자금조달의 기동성을 추구하기 위하여, 증권신고서에 일정한 요건에 부합한 예측정보의 기재도 허용하고 있으며, 일괄신고서제도도 허용하고 있다. 생각건대, 중국에서도 한국 자본시장법에서 규정한 신고서제도를 도입하여, 신주발행에 대하여 금융당국의 형식적 심사권만을 인정하고, 사모를 신고 범위에서 제외하는 등 일련의 규정을 개정하면 신주발행에 의한 자금조달의 편의를 기할 수 있다.

V. 정보공시의무의 명확화

현행 중국 증권법에서는 정보공시의무를 규정하여 신주발행 시 정보공시 의무자에게 법에서 정한 정보를 강제로 공시할 것을 요구하고 있다. 다만 정보공시 의무자가 정보를 어느 정도로 공시할 것인지에 대한 규정은 모호하다. 즉, 중국 증권법에 의하면 공시한 정보는 반드시 진실 · 정확하고 완전하여야 하며, 허위적 기재 또는 오해적 진술이 없어야 한다(中證 제63조). 그러나 구체적으로 허위적 기재를 적용하고 있는 공시서류의 범위와 오해적 진술의 구체적 의미에 대한 규정은 미흡하다.

생각건대, 허위적 기재의 적용 범위를 중요한 사항뿐만 아니라 기타 사항에도 확대 적용하여야 하고, 오해적 진술은 표시 자체가 "애매한 표시"와 표시된 사실은 진실하지만 투자자의 오인을 막기 위하여 필요한 사실이 누락되어 오해를 야기하는 "반진실 표시"를 포함하여야 한다. 이 밖에 필요한 정보를 누락 기재하여 투자자들에게 오해를 야기할 수 있으면 기재누락도 오해적 진술에 포함된다고 해석하여 공시된 정보에는 기재누락도 없어야 한다.

VI. 규제 위반 시 처벌규정의 체계화 및 엄격화

현행 중국에서 발행시장 공시규제 위반 시 처벌규정에 존재하는 법규의 불통일성, 그리고 법률규정의 모호성 및 감독당국의 조사권 부재 등 문제점이 존재한다. 발행시장에 존재하는 이러한 문제점으로 인하여, 비록 발행시장 공시규제에 대하여 사전적으로 엄격한 감독관리를 하고 있지만, 사후적인 면에서 발행시장에서의 위법행위가 지속적으로 존재한다. 이는 또한 발행인으로 하여금 수단 방법을 가리지 않고, 금융당국의 인준을 취득하도록 부추기고 있다.

생각건대, 중국에서 규제 위반 시의 처벌규정에 대하여 사후적인 감독을 강화하는 것이 타당하다. 한국의 경우, 자본시장법에서는 규제 위반 시 민사책임 · 행정책임 및 형사책임에 관한 적용을 구체적으로 규정하여, 법규 차원에서의 통일성을 이루고 있을 뿐만 아니라 행정책임 면에서도 다양한 행정처벌을 규정하여 재발을 효과적으로 방지하고 있다. 그러므로 중국에서도 한국의 규정을 본받아, 신고서제도를 채택하여 사전적인 측면에서 자금조달의 편의성을 도모하는 것으로 신주발행을 용이하게 하는 한편, 사후적인 측면에서 처벌규정을 엄격히 함으로써 자본시장의 질서를 유지하는 방향으로 법을 개정하여야 한다.

제5장
결론

1. 주식회사는 대규모의 자금을 조달할 수 있는 특징으로 투자자들을 모아 대자본을 형성하고 대규모의 기업에 가장 적합한 기업형태이다. 주식회사 설립 후 운영자금(자본확충 · 부채상환 · 원재료구입) · 투자자금(시설투자 · 타법인출자) · 차환자금 등을 확보하기 위하여 신주발행에 의하여 직접적으로 자금을 조달할 수 있다. 그러므로 신주발행에 의한 회사의 직접적인 자금조달은 자본시장에서 주식회사의 생존 및 발전과 긴밀한 관계가 있다. 그러나 중국은 현재 금융기관에 의한 자금조달이 절대적인 비중을 차지하고 있고, 신주에 의한 자금조달이 전체 자금조달 규모에서 10% 내외를 차지하고 있다. 신주발행에 의한 자금조달 수단이 활성화되지 못하고 있는 원인은 중국 현행 신주발행과 관련된 법적 규제 면의 문제가 중요하게 작용하고 있다.

2. 중국은 현재 확정자본제도하에서 신주발행을 주주총회 특별결의사항으로 규정하고 있다. 이러한 규정은 신주발행에 많은 시간과 비용이 소요되게 하는, 비효율적인 자금조달 수단을 만들었다. 그리고 현행 중국 회사법에서는 신주발행 시 기존주주의 비례적 및 경제적 이익을 유지하는 데 중요한 작용을 하고 있는 주주의 신주인수권을 인정하지 않고 있다. 신주인수권을 인정하지 않으면 기존주주는 신주발행 시 신주를 인수할 권리가 보장되지 않

아, 회사에 대한 지배비율에 따른 손해를 입을 수 있을 뿐만 아니라, 발행가액과 유통가액 간에 존재하는 큰 차이로 인하여 경제적인 손실을 입을 수 있다. 회사의 자금조달의 편의성과 기존주주의 이익보호 간의 이익형량 문제를 해결하기 위하여, 중국 회사법에서는 다음과 같이 입법하여야 한다고 본다. 즉, 독일이나 한국의 입법례를 본받아, 회사의 자본제도를 인허자본제도 또는 수권자본제도로 변경하고 신주발행사항을 이사회 결의사항으로 하되, 기존주주의 신주인수권을 인정하는 동시에 신주인수권의 양도를 허용하여야 한다. 신주인수권의 양도를 허용하면, 신주를 인수할 자력이 없는 기존주주가 신주인수권을 양도함으로써 자신의 경제적 이익을 보호할 수 있다.

3. 중국 증권법에서는 신주의 공개발행과 비공개발행에 대하여 인준제를 시행하고 있는데, 인준제는 발행비용과 소요시간에서 효율적이지 못할 뿐만 아니라 결코 투자자보호를 위한 것도 아니다. 그 원인은 진입규제만 엄격히 하고 사후 감독을 소홀히 하여 비리의 발생을 초래하였으며, 인준제에 따른 처벌규정이 미약하여 재발의 위험도 높았다. 그러므로 입법론적으로 중국에서는 한국의 입법례를 본받아 신고서제도로 법을 개정하고, 사모를 발행규제에서 제외하며, 사후적인 제재조치를 강화하는 것이 투자자보호와 자본시장의 활성화를 추진하는 데 타당하다고 생각한다.

4. 중국에서도 자본시장의 지속적인 발전으로 신주발행에 의한 자금조달의 수요가 날로 증가할 것이다. 그러나 현재 중국의 신주발행 제도가 원인이 돼 신주발행이 어렵게 되었으며, 이로 인하여 발행회사는 해외 자본시장에 의하여 자금을 조달하고 있다. 자본시장의 수요와 함께 중국 신주발행 관련 법적 제도를 개정하여, 중국에서도 신주발행에 의한 자금조달이 원활하게 이루어질 수 있기를 기대한다.

참고문헌

한국문헌

김건식 · 정순섭, 《자본시장법》, 서울: 두성사, 2009.

김용재, 《자본시장과 법(상)》, 서울: 고려대학교출판부, 2011.

김화진, 《상법강의》, 서울: 박영사, 2013.

김홍식, 《M&A개론》, 서울: 박영사, 2009.

김명아, 《중국 증권법 바로알기》, 경기도: 이담, 2009.

임재연, 《미국회사법》, 서울: 박영사, 2006.

______, 《미국 증권법》, 서울: 박영사, 2009.

이철송, 《회사법강의(제22판)》, 서울:박영사, 2014.

안옥화 · 김은화, 《중국 주식시장 특성과 외국기업의 활용방안》, 서울: 자본시장연구원, 2011.

이용우, 《EU 금융서비스 통합 시행계획(FSAP)의 구조와 체계》, 서울: 자본시장연구원, 2011.

정찬형, 《상법강의(상)(제18판)》, 서울: 박영사, 2015.

고재종, 〈중국 회사법상 신주발행 규제에 관한 검토〉, 《외법논집》(한국외국어대학교), 제27집(2007.8).

김이수, 〈현행 상법에 비추어 본 주주의 신주인수권 제도의 당위성에 관한 고찰〉, 《상사판례연구》(상사판례법학회), 제23권 제4호(2010).

김영곤, 〈신주인수권 법리〉, 《법학연구》(한국법학회), 제22권(2006).

김은경, 〈독일의 2012년 개정주식법에 관한 소고〉, 《상사법연구》(한국상사법학회), 제31권 제1호(2012년).

김교창, 〈M&A에 관련된 최근 일본의 재판례〉, 《상사법연구》(한국상사법학회), 9집(1991).

김정호, 〈경영권 방어와 비례의 원칙 — 대판 2009.1.30. 2008 다 50776 판결의 평석을 겸하여〉, 《경영법률》(한국경영법률학회), 제21권 제3호(2011).

김재범, 〈주주평등의(株主平等) 원칙을 개관함〉, 《안암법학》(안암법학회), 제4호(1996).

김병연, 〈미국 연방증권법상 부실공시에 대한 민사책임과 예측정보에 대한 면책조항〉, 《연세법학》(연세법학회), 제8권 제2호(2002년).

김재형, 〈일본의 신주예약권에 관한 최근의 동향과 시사점 — 스톡옵션으로서의 신주예약권을 중심으로〉, 《법학논총》(조선대학교 법학연구원), 제18권 제2호(2011).

구기보, 〈중국 상장 국유기업의 비유통주 개혁이 주식시장에 미친 영향〉, 《중국연구》 제

41권(2008).
권순희, 〈독일 자본시장법의 주요내용에 관한 소고〉, 《경제법연구》(삼성출판사), 제6권 1호(2007).
권종호, 〈발행시장규제 — 일본 금융상품거래법 해설(3)〉, 《일감법학》(건국대학교), 제13호(2008).
남옥매, 〈상장회사 사외이사의 권한 및 그 행사방식에 관한 한중 비교연구〉, 《중국법연구》(한중법학회), 제16집(2011).
______, 〈자금조달수단으로서의 중국 우선주제도에 관한 연구〉, 《법학연구》(인하대학교법학연구소), 제17집 제3호(2014).
______, 〈중국 사채시장의 시장화 개혁 및 법적 과제〉, 《고려법학》(고려대학교법학연구원), 제77집(2015).
류혁선 · 임재연, 〈일본 금융상품거래법상의 유가증권 개념에 대한 연구 — 자본시장법상 증권 개념과의 비교연구를 중심으로〉, 《성균관법학》(성균관대학교), 제21권 제2호(2009.8).
이정원, 〈신주의 제3자 배정의 적법성: 대법원 2009.1.30. 선고 2008다50776판결의 평성을 겸하여〉, 《홍익법학」(홍익대학교) 제13권 제3호(2012).
이근, 〈중국의 사회주의 시장경제의 현실과 전망〉, 《경제논집》(서울대학교 경제연구소), 1993년.
이동승, 〈독일의 신주인수권론 — 신주인수권배제원리를 중심으로〉, 《강원법학》(강원대학교), 제9권(1997).
______, 〈주주의 신주인수권 배제와 정당화 — 비교법적 고찰을 중심으로〉, 《경영법률》(한국경영법학회), 제7권(1997)
______, 〈신주인수권의 현대적 의의〉, 《상사법연구》(한국상사법학회), 제18권 제1호(1999).
이안초, 〈중국 상업은행 사외이사 독립성에 관한 연구〉, 《일감법학》(건국대학교 법학연구소) 제23호(2012.10).
이명수, 〈자본시장법상 공시규제〉, 《BFL》(서울대학교 금융법센터), 제41호(2010.5).
이준섭, 〈공모의 법적 규제〉, 《증권법연구》(한국증권법학회), 제1권 제1호(2000).
이철송, 〈신주의 제3자 배정과 주주의 보호〉, 《현대상사법의 제문제(설성이윤성선생정년기념논문집)》.
이철송, 〈신주 및 특수사채의 제삼자 배정의 법리〉, 《법률신문》 제2587호(1997년)
양만식, 〈신주의 발행과 주주의 지배적 이익에 관해서〉, 《법학논총》(단국대학교 법학연구소), 제36권 제2호.
양승규, 〈주식회사의 자금조달과 증권발행〉, 《상사법연구》(한국상사법학회), 창간호(1980.11).
오일환, 〈중국 기업입법의 발전과 기업법의 구조〉, 《기업법연구》(한국기업법학회), 제

12집(2003.3).
안수현, 〈일본의 금융상품거래법 제정배경과 주요 내용〉, 《BFL》(서울대학교금융법센터), 제17호(2006.5).
유영일, 〈적대적 공개매수에 대한 일본 방어법제의 최근 동향 ― 2007년 불독소스 결정을 중심으로〉, 《상사판례연구》(한국상사판례학회), 제21집 제3권(2008.09).
[獨]Karsten Schmidt, [譯]안성포, 〈Deutsches Aktienrecht ― Reform in Permanenz(독일 주식법 ― 지속적인 개혁)〉, 《상사법연구》(한국상사법학회) 제22권 제1호(2003년).
정영진, 〈경영권방어목적의 신주발행적법성〉, 《민사법연구》(대한민사법학회), 제2호(2006).
정주환, 〈자금조달과 신주인수권〉, 《경영법률》(한국경영법률학회), 제18집 제1호(2007.10).
_____, 〈신주인수권의 배제와 회사의 이익에 관한 연구(1)〉, 《사법행정》(한국사법행정학회), 1979.
정찬형, 〈2000년 정부의 상법개장안에 대한 검토의견〉, 《상사법연구》(한국상사법학회), 제20권 제1호(2001.5).
_____, 〈주식회사의 지배구조와 권한의 분배〉, 《상사판례연구》(상사판례법학회), 제16권(2004).
정성구, 〈해외원주상장과 관련한 국내법상의 문제점〉, 《BFL》(서울대학교 금융법센터), 2005년 제14호.
정기봉, 〈비례의 원칙의 사법상 적용 ― 주식회사 경영권 방어의 적법성 판단〉, 《법학연구》(연세대학교 법학연구원), 제20권 제3호(2010).
최문희, 〈신주(예약권)의 제3자 배정에 의한 경영권 방어의 적법성 ― 일본방송사건에 비추어 본 일본 판례의 분석을 중심으로〉, 《BFL》(Business Finance Law)(서울대학교 금융법센터), 제12호(2005).
_____, 〈일본의 포이즌필 발행 사례와 법적 쟁점 ― 불독 사건에 관한 최고재판소 판례를 중심으로〉, 《BFL》(서울대학교 금융법센터), 제26호(2007.11).
황동욱, 〈미국의 소프트정보공시제도〉, 《증권조사월보》 209호(1994.9).

김경매, 〈한중 회사법상 주식회사의 자금조달에 관한 비교연구〉, 석사학위논문, 조선대학교, 2008.12.
김세경, 〈신주의 제3자 배정의 정당성 심사기준 ― 적대적 M&A에 대한 방어가능성 검토〉, 법학석사학위논문, 고려대학교, 2011.12.
남옥매, 〈상장회사공개매수제도에 관한 연구〉, 법학석사학위논문, 고려대학교, 2010.6.
노희종, 〈발행공시제도의 개선에 관한 연구〉, 법학석사학위논문, 고려대학교, 2012.6.
마리리, 〈회사법상 자본관련제도에 관한 연구 ― 한국과 중국의 비교를 중심으로〉, 법학박사학위논문, 전남대학교, 2011.2.
문준우, 〈주식회사의 자금조달에 관한 연구: 주식과 사채를 중심으로〉, 법학박사학위논문, 고려대학교, 2010.6.
이동승, 〈주주의 신주인수권에 관한 연구: 그 배제요건을 중심으로〉, 법학박사학위논문, 고려대학교, 1998.6.
최완진, 〈주식회사의 신주반행에 관한 법적고찰〉, 법학식사학위논문, 고려대학교, 1976.12.
홍성찬, 〈자본시장법상 기업공시제도에 관한 연구 — 유통시장에서의 기업공시를 중심으로〉, 법학석사학위논문, 고려대학교, 2010.12.

중국문헌

葉林,《證券法》, 北京: 中國人民大學校出版社, 2008.
刘俊海,《股份有限公司股东权的保护》, 北京: 法律出版社, 2005.
[德]托马斯 莱赛尔·[德]吕迪格 法伊尔, [译]高旭军·单晓光·刘晓海·方晓敏,《德国资合公司法(Recht der Kapital-gesellschaften)(第三版)》, 北京: 法律出版社, 2005.
[日]前田 庸, [译]王作全,《公司法入门(第12版)》, 北京: 北京大学出版社, 2012.
鄭振龍,《中國證券發展簡史》, 北京: 經濟科學出版社, 2000.
赵旭东,《公司法学(第二版)》, 北京: 高等教育出版社, 2008.
李建偉,《公司法學》, 北京: 中國人民出版社, 2008.
施天涛,《商法学(第三版)》, 北京: 法律出版社, 2006.
吴日焕,《韩国投资法律实务(尚未出版)》, 2013.
倪浩嫣,《证券法法律制度研究》, 北京: 中国检察官出版社, 2006.

顾肖荣·陈历幸,〈股东如何维护新股优先认购权不受侵害〉,《上海证券报》, 2005.4.6.
杨大泉,〈老株主也可能失去新株认购權〉,《上海證券報》, 2000.8.26.
王东光,〈论新股优先认购权及其排除〉,《甘肃政法学院学报》, 总期第100期(2008.9).
赵万一·胡军,〈论公司收购中控制股东的诚信义务〉,《郑州大学学报(哲学社会科学版)》, 第38卷 第1期(2005.1).
吴文琦,〈公司对抗性反收购策略的法律问题研究〉,《安徽大学学报(哲学社会科学版)》第30卷 第3期(2006.5).
周正义,〈新株發行制度的弊端及其改革〉,《中國證券期貨》, 2012.6.
郭双元,〈新股发行对市场的影响〉,《卓越理财(Wise Money)》, 2006.7
陶止斌,〈新股发行市场化并非救市政策〉,《证券导刊》, 2004.8.16.
王林,〈我国股票票发行制度变迁及若干思考〉,《经济理论与经济管理》, 第3期(2011).
田利辉,〈金融管制、投资风险和新股发行的超额抑价〉,《金融研究》, 第4期(2010).
罗力,〈新股不败深化谁是幕后导演?〉,《证券时报》, 2011.8.
张卫星,〈解决流通股与非流通股问题, 也许很简单〉,《法律与生活》, 第3期(2002.3).
张国军,〈我国股权分置改革及其对资本市场的影响〉,《魅力中国》, 2008.8.

赵春丽,〈计划经济体制的反思－试论社会主义国家改革的必要性〉,《沙洋师范高等专科学校学报(Journal of Shayang Teachers College)》, 第6期(2004).
马健,〈国有企业改制中存在问题的分析与思考〉,《吉林省驾驭学院学报》, 第7卷 第25号(2009).
伍耿奕·刘春,〈湛江市股份制公司一股独大之弊端及对策〉,《湛江师范学院学报》, 第26卷 第4期(2008.8).
刘俊海,〈新股认购: 股东优先权〉,《法制日报》, 1994.7.26.
黄辉,〈公司资本制度: 国际经验及对我国的启示〉,《商事法论集》, 第21卷 第1期(2012).
姚惠超·黄建军,〈我国公司资本制度的几点思考〉,《特区经济》, 第5期(2005.5.25.)
张宇冰,〈浅议我国公司资本制度〉,《安徽警官职业学院学报(Journal of Anhui Vocational College of Police Officer)》, 第3期 第3卷(2004).
金安祠·吴荣亮,〈论我国IPO核准制度的改革和完善〉,《法制博览(Legality Vision)》, 第6期(2012).
文玉春,〈核准制度下中国新股发行定价效率研究〉,《统计与信息论坛》, 第25卷 第7期(2010).
吴稼祥·金立佐,〈股份化: 进一步改革的一种思路〉,《经济发展与体制改革》,第1期(1984).
章一春·翟丽媛,〈论我国证券发行核准制度调整便捷的重构 — 兼评《证券法》第十条的适用〉,《特区经济》, 2011.11.
魏炜,〈恶劣社会影响 是什么评价标准〉,《中国青年报》, 2003.11.21.
闫國慶,〈上市公司違規處罰實證分析〉,《經濟論壇》, 第4期(2006).
孙珏鹏·占超,〈关于当前形势下我国股权再融资监管的思考〉,《金融经济》, 第7期(2008).
宋睿·刘晓春·高倩,〈我国上市公司再融资存在的问题及对策〉,《北方工业大学学报》, 第20卷 第4期(2008.12).
童安生·潘李美,〈关于证券法修改的若干看法〉,《中国金融》, 第22期(2005).
朱慈蕴,〈资本多数决原则与控制股东的诚信义务〉,《法学研究》, 第4期(2004).
谢贤賢,〈股东新股认购权研究〉, 法學碩士學位論文, 中国政法大学, 2008.7.
卜治溢,〈股东新股认购优先权研究〉, 法學碩士學位論文, 中国政法大学, 2006.7.

기타 외국문헌

阪埜,《新株引受权の法理》, 东京: 庆应义塾大学法学研究所, 1970.
川村正辛,《金融商品取引法(第四版)》, 东京: 中央经济社, 2012.
Balotti,R.Franklin/Jesse A. Finkelstein, *The Delaware Law of Corporations & Business Organizations*(Statutory Deskbook 2010 Edition), Austin:Wolters Kluwer Law & Business, 2010.

Hamilton, Robert W., *The Law of Corporations* 5th Ed., Minneseta: West Group, 2000.
Henn, Harry G./John R. Alexander, *Laws of Corporation*, 3th Ed., Minneseta: West Publishing Co., 1983.

洲岐博史,〈不公正な新株发行とその规制(1)〉,《民商法杂誌》(有斐阁), 94卷5号(1986).
Drinker, Henry S, "The preemptive right of shareholders to subscribe to new shares," 43-3 *Harvard Law Review* 587(Feb,1930).
Eisenberg, Melvin A. "The Legal Role of Shareholders and Management in Modern Corporate Decisionmaking[J]," 57-1 *California Law Review* 1(Jan,1969).
Easterbrook, Frank H./Daniel R. Fischel, "Mandatory Disclosure and the Protection of Investors," 70-4 *Virginia Law Review* 569(May,1984).
Frey, Alexander Hamilton, "Shareholders' Preemptive Rights," 38-5 *Yale Law Journal*, 563(March.1929).
Morawetz, Victor, "The Preemptive Right of Shareholders," 42-2 *Harvard Law Review* 188(Dec,1928).
Willston, Samuel, "History of the Law of Business Corporation before 1800 Ⅱ," 2-3 *Harvard Law Review* 149(Oct 15,1888).
Rishi, Smeeta S, "Impact of the SEC's Rule 415 on Individual Investors," 46 *Ohio State Law Journal* 223, 224(1985).

참고판례

삼성에버랜드사건(수원지방법원 1997. 12. 17. 선고, 97가합12863 판결;서울고등법원 2000. 6.23. 선고 98나4608 판결;대법원 2004. 6.25. 선고 2000다37326 판결).
유비케이사건(서울남부지방법원 제14민사부 2004.11.25. 선고 2003가합16871).
환화종합금융사건(서울지방법원 제50민사부 1997.2.6. 선고 97카합118결정, 서울고등법원 1997.5.13. 선고 97라36 결정).
현대엘리베이터 사건(수원지방법원 여주지원 2003.12.12. 선고 2003카합369 결정(신주발행금지가처분).
SK사건(서울지방법원 제50민사부 2003.12.23. 선고 2003카합44154 결정).
忠实屋(추지츠야) · いなげゃ(이나게야)事件(东京地方裁判所决定, 平成元年(1989)7.25., 判例时报第1317号).
불독소스사건(東京高決 2005.3.23. 判示 제1899호).
Cheff v. Mathes, 199 A. 2d 548(Del. 1964)
Unocal. v. Mesa Petroleum Co. 493 A. 2d 946(Del. 1985)
Gray v. Portland Bank 3 Mass. 364(1807)
Stokes v. Continental Trust Co.(186 N.Y.285,78 N.E.1090(1906)

N.Y.285,78 N.E.1090(1906)
Cummings v. United Artists Theatre Circuit, Inc., 237 Md(1964).
Trustees of Dartmouth College v. Woodward, 17 U.S. 518(1819)
Ross Transport, Inc. v. Crothers, 45 A.2d 267 Md(1946).
Cheff v. Mathes, 199 A. 2d 548(Del. 1964).
Unocal. v. Mesa Petroleum Co. 493 A. 2d 946(Del. 1985).
Foster v. Blackwell, 747 So.2d 1203
Handley v. Stutz, 139 U.S. 417(1891):
Scully v. Automobile Finance Co., 109 A. 49(Del. 1920).
William E. Dee Co. v. Proviso Coal Co., 125 N.E. 24
First Nat. Bank of Council Bluffs v. One Craig Place, Ltd., 303 N.W.2d 688(1981).
Handley v. Stutz, 139 U.S. 417(1891)
BGHZ 33, 175(186ff)-Minimax

참고법규

중국 회사법(中国公司法)(2006)
중국 증권법(中国证券法)(2006)
구중국 회사법(旧中国公司法)(1993)
구중국 증권법(旧中国证券法)(1998)
중국 형법(中國刑法)(1997)
상장회사 증권발행 관리방법(上市公司证券发行管理办法)(2006)
증권발행 및 인수에 관한 관리방법(证券发行与承销管理办法)(2012)
최초 주식공개발행 및 상장에 관한 관리방법(首次公开发行股票并上市管理办法)(2006)
상장회사 정보공시 관리방법(上市公司信息披露管理办法)(2007)
상장회사 주식비공개발행에 관한 시행세칙(上市公司非公开发行股票实施细则)(2007)
비상장공중회사 감독관리방법(非上市公众公司监督管理办法)(2012)
1986년 상업체제개혁에 관한 문제(关于1986年商业体制改革的几个问题的通知)(1986)
전민소유제공업기업법(全民所有制工业企业法)(1988)
주식회사 시행방법(股份有限公司试点办法)(1992)
유한회사 규범의견(有限责任公司规范意见)(1992)
주식회사 규범의견(股份有限公司规范意见)(1992)
주식발행과 거래 관리잠행조례(股票发行与交易管理暂行条例)(1993)
2013년 저축형 국채판매 지정은행명단에 관한 통지(关于确定2013年储蓄国债网上银行销售试点银行名单的通知)(2013)
회사채 발행방법(公司债券发行试点办法)(2007)
전환사채 관리잠행방법(可转换公司债券管理暂行办法)(2006)

상장회사가 전환사채를 발행하는데 관한 시행방법(上市公司发行可转换公司债实施办法)(2001)
상해 거래소 워런트 관리잠행방법(上海证券交易所权证管理暂行办法)(2005)
주식발행방식을 진일보로 개선하는 데 관한 동시(关于进一步完善股票发行方式的通知)(1999)
증권 민사배상사건을 접수하지 않는데 관한 통지(关于涉证券民事赔偿案件暂不予受理的通知)(2001)
증권시장 허위진술로 인한 불법해위사건을 접수하는데 관한 통지(关于受理证券市场虚假陈述引发的民事侵权纠纷案件有关问题的通知)(2002)
증권시장 허위진술로 인한 불법행위사건을 심리하는데 관한 규정(关于审理证券市场因虚假陈述引发的民事侵权纠纷案件有关问题的若干规定)(2001)
경제범죄사건 형사책임추궁기준에 관한 규정(经济犯罪案件追诉标准的规定)(2001)
한국 상법(2012)
한국 증권거래법(2006)
한국 자본시장과 금융투자업에 관한 법률(2007)
미국 모범사업회사법(MBCA)(2006)
New York Business Corporation Law(2013)
Delaware General Corporation Law(2013)
Securities Act of 1933(1933)
Securities Exchange Act of 1934(1934)
EEC Directive on Company's Capital(2012)
Prospectus Directive(증권신고서지침)(2003)
독일주식법(AktG)(2012)
독일 증권거래법(Wertpapierhandelsgesetz: WpHG)(1994)
독일 공모사업설명서법(Gesetz über Wertpapierverkaufsprospekte und Änderung von Vorschriften über Wertpapierevom)(1999)
일본 회사법(2005)
일본 금융상품거래법(2008)

참고 사이트

www.esma.europa.eu
http://baike.baidu.com/view/1159899.htm,
http://www.csrc.gov.cn/pub/newsite/sjtj/zqscyb/
http://www.china.com.cn
http://www.cninfo.com.cn
http://roll.sohu.com/

중국 주식회사 신주발행의 법적 규제

초판발행 1쇄 2016년 6월 15일

지은이 남옥매

펴낸곳 고려대학교출판문화원

www.kupress.com

kupress@korea.ac.kr

02841 서울특별시 성북구 안암로 145

02-3290-4230, 4232

Fax 923-6311

찍은곳 한국컴퓨터인쇄정보

ISBN 978-89-7641-903-3 93360

값 32,000원

* 잘못 만들어진 책은 바꿔드립니다.